公法系列教材

法律职业伦理
〈第五版〉

李本森 | 主编

马宏俊　陈　宜 | 副主编

本书是对法律职业伦理进行全面介绍和阐述的教材。本书以现行的法律职业伦理规范为基础,详细介绍了审判伦理、检察伦理、律师伦理、公证伦理和仲裁伦理的基本内容,同时对法律职业伦理的基本范畴、基本规范以及与法律职业伦理有关的法律职业责任、法律职业伦理的养成和教育等问题进行了较为深入的分析,力求从理论和实践两个方面对现有的法律职业伦理进行总体描述和初步归纳。在编写方法上,本书力求创新,突出表现在本书的每章后都附有一节"阅读与思考",选择了一些法律职业伦理的经典论述或者典型案例作为阅读与思考的材料提供给读者,同时配以"提示与问题",引导读者对法律职业伦理中的深层次问题进行思考,以此训练和培养读者法律职业伦理方面的识别能力和推理能力。本书既适用于高等院校法学专业的学生,也适用于从事法律工作的专业人士和参加法律职业资格考试的读者。

撰稿人（以撰写章节为序）

李本森　程　雷　李卫平
王进喜　马宏俊　程　滔
张陆庆　司　莉　陈　宜

北京大学出版社
PEKING UNIVERSITY PRESS

图书在版编目(CIP)数据

法律职业伦理 / 李本森主编. -- 5 版. -- 北京：北京大学出版社，2025.8. -- (公法系列教材).
ISBN 978-7-301-36582-3

Ⅰ．D90-053

中国国家版本馆 CIP 数据核字第 2025UQ8931 号

书　　　名	法律职业伦理（第五版）
	FALÜ ZHIYE LUNLI(DI-WU BAN)
著作责任者	李本森　主编
责 任 编 辑	张　宁
标 准 书 号	ISBN 978-7-301-36582-3
出 版 发 行	北京大学出版社
地　　　址	北京市海淀区成府路 205 号　100871
网　　　址	http://www.pup.cn
电 子 邮 箱	编辑部 law@pup.cn　总编室 zpup@pup.cn
新 浪 微 博	@北京大学出版社　@北大出版社法律图书
电　　　话	邮购部 010-62752015　发行部 010-62750672
	编辑部 010-62752027
印 刷 者	三河市北燕印装有限公司
经 销 者	新华书店
	890 毫米×1240 毫米　A5　10.75 印张　319 千字
	2005 年 1 月第 1 版　2008 年 11 月第 2 版
	2016 年 3 月第 3 版　2021 年 11 月第 4 版
	2025 年 8 月第 5 版　2025 年 8 月第 1 次印刷
定　　　价	48.00 元

未经许可，不得以任何方式复制或抄袭本书之部分或全部内容。
版权所有，侵权必究
举报电话：010-62752024　电子邮箱：fd@pup.cn
图书如有印装质量问题，请与出版部联系，电话：010-62756370

第五版修订说明

根据教育部相关文件精神,编者在该教材中进一步充实了有关党的十八届四中全会、二十大精神和习近平法治思想等内容,并对部分内容根据最新法律法规等作了相应的修改和调整。

编 者

2025 年 7 月 18 日

第四版修订说明

自本教材 2016 年第三版修订之后,与法律职业伦理相关的法律制度又有新的变化,很多法律法规进行了修订,因此需要及时加以调整更新。本次教材的修订主要涉及三个方面:一是为了保证教材与最新法律法规的一致性,对书中涉及的法律、法规、规范和对应条款等进行了全面的审查和更新。二是对书中援引的法律、法规等条文序号进行了统一,原规范使用汉语数字序号或阿拉伯数字序号的,力求与原规范保持一致。三是对本书上一版修订时遗漏的未更新的内容进行了补正。

具体来说,本次修订中涉及更新的法律文件如下:

1.《中华人民共和国宪法》最新版本是 2018 年 3 月 11 日第十三届全国人民代表大会第一次会议通过的《中华人民共和国宪法修正案》修正。

2.《中华人民共和国刑事诉讼法》最新版本是 2018 年 10 月 26 日第十三届全国人民代表大会常务委员会第六次会议《关于修改〈中华人民共和国刑事诉讼法〉的决定》第三次修正。

3.《中华人民共和国民事诉讼法》最新版本是 2017 年 6 月 27 日第十二届全国人民代表大会常务委员会第二十八次会议《关于修改〈中华人民共和国民事诉讼法〉和〈中华人民共和国行政诉讼法〉的决定》第三次修正。

4.《中华人民共和国法官法》最新版本是 2019 年 4 月 23 日第十三届全国人民代表大会常务委员会第十次会议修订。

5.《中华人民共和国检察官法》最新版本是 2019 年 4 月 23 日第十三届全国人民代表大会常务委员会第十次会议修订。

6.《中华人民共和国律师法》最新版本是 2017 年 9 月 1 日第十二届全国人民代表大会常务委员会第二十九次会议《关于修改〈中华人民共和国法官法〉等八部法律的决定》第三次修正。

7.《中华人民共和国公证法》最新版本是2017年9月1日第十二届全国人民代表大会常务委员会第二十九次会议《关于修改〈中华人民共和国法官法〉等八部法律的决定》第二次修正。

8.《中华人民共和国仲裁法》最新版本是2017年9月1日第十二届全国人民代表大会常务委员会第二十九次会议《关于修改〈中华人民共和国法官法〉等八部法律的决定》第二次修正。

9. 2018年4月28日第140号司法部令公布了《国家统一法律职业资格考试实施办法》，以"法律职业资格考试"取代了"司法考试"。

本次修订工作由本书主编李本森教授负责统筹，上海政法学院王绍佳讲师协助完成。

编　者

2020年8月7日

第三版修订说明

　　本教材经过2008年的再版修订后,我国的法律职业伦理在制度和规范的建设方面又有很大的进步。为了使本教材能够适应全面推进依法治国的新形势,根据近年来法官、检察官和律师等职业伦理和司法责任制度的新发展,本书主编对该教材进行了较大幅度的修订。修订后的教材,更新了部分法律职业道德规范的内容,同时在部分章节后增加了新的阅读材料。张陆庆老师根据司法责任制度改革的新要求,更新了第八章的内容。另外,为了使教材更加规范化,本次修订删除了原版的附录部分。

　　第三版的作者分工如下:

　　李本森:第一章,第三章,以及各章后的阅读思考部分

　　程　雷:第二章

　　李卫平:第四章

　　王进喜:第五章

　　马宏俊:第六章

　　程　滔:第七章

　　张陆庆:第八章

　　司　莉:第九章

　　陈　宜:第十章

本书编写组

2015年9月20日

第二版前言

本教材第一版出版于 2005 年年初。之后,《中华人民共和国公证法》出台,《中华人民共和国律师法》也进行了第二次修改。为使教材内容反映法律的发展变化,适应教与学的需要,主编对相应内容作了修改,是为第二版。

编　者

2008 年 9 月

序　言

在国家推进民主与法治的进程中,人们已经开始发现并意识到,仅仅有完善的法律制度对于一个法治国家还远远不够。法律要获得有效的实施,树立法律的权威,必须有一大批高素质的能够正确应用法律的法律人。习近平指出,法律需要人来执行,如果执法的人自己不守法,那法律再好也没用！① 培养什么样的法律人和法律人应该是一种什么样的人,是法学教育面临的一个重大的现实问题。民国时期的法学教育家孙晓楼先生指出,法律人才应当具备三种素质:一是法律道德,二是法律学问,三是社会常识。我理解,他所说的"法律道德"应该是法律人的道德,也就是今天常说的法律职业道德,或法律职业伦理,也有称为司法伦理的。如果法律人不讲法律道德,法律就会成为法律人作奸犯科的工具。在法律领域出现问题的法律人不都是在利用法律为非作歹吗？岂不都是栽在法律道德上面吗？

法律职业伦理从法律职业产生时应该就有了。早在春秋时期,晋文公的司法长官李离因判错案而错杀人,在晋文公的一再宽宥下仍"自裁而死"。《唐律》中规定:"诸官司入人罪者,若入全罪,以全罪论。"在西方,从柏拉图、亚里士多德、孟德斯鸠、培根等大思想家,到卡多佐、丹宁等大法官,对法律职业伦理都有很多精辟的论述。法律职业伦理真正系统化的标志是20世纪以来随着法律职业日益发展而逐步在法律职业伦理内部出现各种规范化的行为准则或道德指引。比如美国律师协会颁布的《职业行为示范规则》《司法行为示范守则》等。由于20世纪70年代美国"水门事件"有多名律师卷入其中,此后美国的法学院加强了法律职业伦理的教育。在美国,律师职业责任(professional responsibility)课程是律师资格考试必考的科

---

① 参见中共中央文献研究室编:《习近平关于全面依法治国论述摘编》,中央文献出版社 2015 年版,第 58 页。

目。我国自 2002 年起实行国家统一司法考试（现已变更为"国家统一法律职业资格考试"）后,已将法律职业道德专门作为一门课程纳入考试范围,现在已经有不少法学院也加强了这方面的教学,这确实体现了法学教育领域的一种进步。

但是,如何培养法律人的法律道德,在大学法学教育里又是一个复杂而困难的问题。有关法律人的大多数职业道德是通过常识或者直觉就可以加以判断的。比如,法官、检察官不可受贿,律师对当事人应当忠诚,这些都是常识,往往不言自明,普通的老百姓都懂得,更何况是法学院的学生。这样的道理要给法学院的学生灌输,学生是很不愿意听的,你说很重要,可学生认为他已经很明白。那应该教什么,怎么教,就成为这门课程教学的难点。我认为法律职业伦理的教育应当把握以下三个方面：

第一,培养学生的社会主义法治价值观,坚持走中国特色社会主义法治道路。无论哪个国家都有自己的国情,走什么样的法治道路都是由特定国家的国情决定的。中国的国情决定了中国必须走社会主义法治道路。坚持中国特色社会主义法治道路,最根本的是坚持中国共产党的领导。习近平指出,坚持党的领导,必须具体体现在党领导立法、保证执法、支持司法、带头守法上。① 培养学生的社会主义法治价值观是新时期法学教育的重要内容,也是法律职业伦理课程教育需要着力加强的内容。在法律职业伦理的课程教育中必须深入开展社会主义核心价值观和社会主义法治理念教育,努力使法律职业道德同社会主义法律规范相互衔接、相互协调、相互促进。

第二,培养学生崇尚法律的正义感和坚守法治的意识。法律人不崇尚法律、不坚持正义,就不是真正意义上的法律人。法律职业和其他任何职业相比较,其道德方面的要求最高。法律人,说到底是法律的实施者,法官是法院判决和执行活动的操作人,检察官是国家法律监督的执行人,律师是当事人合法权益的代理人。不论是哪种法律人,都要对法律负责,对国家负责,对人民负责。一句话,法律人在具

---

① 参见中共中央文献研究室编：《习近平关于全面依法治国论述摘编》,中央文献出版社 2015 年版,第 28 页。

体实施法律的过程中都要体现法律的正义。法律人要学会运用法律和道德观念辨别是非善恶,否则就无法有效执行法律,就会丧失良知,就会将法律玩于股掌之上,就会背离法律的正义。江平先生曾说:"学法律的、运作法律的要有一种善恶观念,要有一种悲天悯人的情怀,要有拯救人们于苦难中的情怀。"① 所谓善恶观念,就是要有正义观念,在法律领域,就是要维护法律正义。法律职业伦理的教学活动首先应当追求这样的目的,即通过教学在学生心目中树立或强化这种崇尚法律的正义感。唯有如此,我们的法律职业伦理教育才算是有成效的。

第三,培养学生在未来的法律职业活动中的伦理识别和推理能力。法律职业伦理从职业道德规范看,是非常明确的,也相对稳定,对与错,是与非,一目了然,这些规范可以直接应用到司法实践中来,指导每个人的法律行为。但是在司法实践中存在着大量的像法律与道德、法律与民情、法律与政治、程序与实体,乃至不同的法律人之间对同一行为的不同道德要求等相互对立、冲突、矛盾的现象。对于法律领域的这些现象,法律人处理起来是需要一定的法律伦理识别能力和法律伦理推理能力的。这些现象实际上就是属于应用伦理学中的伦理悖论、道德冲突的范畴。比如,检察官承担追诉犯罪的职能,律师承担为被告人辩护的职能,二者的关系被看作"对立与统一"的关系,但当律师明知道检察官尚未掌握的被告人的犯罪证据在什么地方,律师是否有义务提供给检察官?或检察官已经掌握了可以使被告人减轻或从轻处罚的证据,检察官是否有义务提供给辩护律师?此外,还有律师执业中的利益冲突问题,法官的自由裁量权问题,等等。这些问题仅仅依靠现行的法律与职业道德规范无法解决,其中大部分没有现成的伦理规则或公式可以帮助解答,而是需要诉诸法律人的法律理性,有的需要诉诸专门的伦理机制。在司法活动中,法律伦理悖论和道德冲突是大量的、经常的。在教学活动中,尽可能多地给学生提供这样的案例,培养学生在遇到司法伦理冲突时主动运用法律伦理规则进行伦理识别和必

---

① 江平:《做人与做律师》,载孙国栋主编:《律师文摘》2003年第4辑,法律出版社2004年版。

要的推理从而作出正确伦理选择的能力,这对于其今后的职业生涯是非常有益的。

本教材在编写过程中试图体现上述的两个目的,以现行的法律职业伦理规范为基础,详细介绍了审判伦理、检察伦理、律师伦理、公证伦理和仲裁伦理的基本内容,同时就法律职业伦理的基本范畴、基本规范以及与法律职业伦理有关的法律职业责任、法律职业伦理的养成和教育等问题进行了较为深入的分析,力求从理论和实践两个方面对现行的法律职业伦理进行总体描述和初步归纳。与此同时,本书的每章后都附有一节"阅读与思考",选择了一些法律职业伦理的经典论述或者典型案例作为阅读与思考的材料提供给读者,配以"提示与问题",引导读者对法律职业伦理中的深层次问题进行思考,以此训练和培养读者法律职业伦理方面的识别能力和推理能力。

法律职业伦理学是法学与伦理学交叉的新兴的边缘学科。由于我国的法律职业伦理教育起步比较晚,现有的职业道德规范比较粗疏,加上本学科学术积淀较浅,在学科体系、学科范畴、历史渊源、研究对象、研究重点、研究价值等方面都缺乏系统的高质量的研究,目前的法律职业伦理的学科建设还处在初创阶段,因此本教材的编写仅仅是一种尝试。由于水平所限,本教材尚存不足之处,希望读者批评指正。

撰稿人分工如下:
李本森:序言、第一章、第二章(第一、二、三、十节)、第三章
程　雷　第二章(第四—九节)
李卫平　第四章
王进喜　第五章
马宏俊　第六章
程　滔　第七章
张陆庆　第八章
司　莉　第九章
陈　宜　第十章

李本森
2004 年 10 月

目　　录

第一章　法律职业与伦理 ……………………………………（1）
　第一节　法律职业伦理的重要性 …………………………（1）
　第二节　法律职业伦理的基本范畴 ………………………（3）
　第三节　法律职业伦理的渊源 ……………………………（18）
　第四节　法律职业伦理的基本原则 ………………………（20）
　第五节　法律职业伦理的社会功能 ………………………（26）
　第六节　法律职业伦理学的学科建设 ……………………（30）
　第七节　阅读与思考 ………………………………………（41）

第二章　法律职业伦理基本规范 ……………………………（56）
　第一节　正义规范 …………………………………………（56）
　第二节　独立规范 …………………………………………（61）
　第三节　效率规范 …………………………………………（64）
　第四节　平等规范 …………………………………………（66）
　第五节　诚信规范 …………………………………………（70）
　第六节　保密规范 …………………………………………（74）
　第七节　勤勉规范 …………………………………………（78）
　第八节　清廉规范 …………………………………………（81）
　第九节　礼仪规范 …………………………………………（83）
　第十节　阅读与思考 ………………………………………（86）

第三章　审判伦理 ……………………………………………（99）
　第一节　审判伦理概述 ……………………………………（100）
　第二节　审判公正规则 ……………………………………（102）
　第三节　审判效率规则 ……………………………………（109）

第四节　审判涵养规则……………………………………(111)
　　第五节　阅读与思考………………………………………(116)

第四章　检察伦理……………………………………………(145)
　　第一节　检察官职业伦理概述……………………………(145)
　　第二节　忠诚规范…………………………………………(157)
　　第三节　公正规范…………………………………………(162)
　　第四节　清廉规范…………………………………………(165)
　　第五节　严明规范…………………………………………(168)
　　第六节　阅读与思考………………………………………(173)

第五章　律师伦理……………………………………………(179)
　　第一节　律师职业伦理概述………………………………(179)
　　第二节　律师与委托人的关系规范………………………(181)
　　第三节　律师在诉讼、仲裁活动中的规范………………(194)
　　第四节　律师职业内部规范………………………………(198)
　　第五节　律师与管理机构关系中的规范…………………(201)
　　第六节　律师执业机构的行为规范………………………(202)
　　第七节　阅读与思考………………………………………(205)

第六章　公证伦理……………………………………………(214)
　　第一节　公证员职业伦理概述……………………………(214)
　　第二节　公证员与当事人的关系规范……………………(217)
　　第三节　公证员同行之间的关系规范……………………(222)
　　第四节　公证员与律师的关系规范………………………(225)
　　第五节　公证员与司法人员的关系规范…………………(227)
　　第六节　阅读与思考………………………………………(229)

第七章　仲裁伦理……………………………………………(232)
　　第一节　仲裁员职业行为规范概述………………………(232)
　　第二节　仲裁员职业行为规范的内容……………………(234)
　　第三节　我国仲裁员职业行为规范的完善………………(245)

第四节　阅读与思考·····································（247）

第八章　司法职业责任·····································（249）
　　第一节　建立司法责任制度的意义·····················（249）
　　第二节　我国司法责任制度的现状和问题·············（253）
　　第三节　司法责任制度的改革路径和措施·············（254）
　　第四节　阅读与思考·····································（262）

第九章　法律职业伦理的养成······························（273）
　　第一节　法律职业伦理内化概述·······················（273）
　　第二节　法律职业伦理内化的内容····················（279）
　　第三节　影响法律职业伦理内化的因素···············（285）
　　第四节　法律职业伦理内化和养成的途径············（299）
　　第五节　阅读与思考·····································（305）

第十章　法律职业伦理教育·································（311）
　　第一节　法律职业伦理教育概述·······················（311）
　　第二节　法律职业伦理教育的任务····················（316）
　　第三节　法律职业伦理教育的途径和方法············（320）
　　第四节　阅读与思考·····································（323）

第一章　法律职业与伦理

　　法律职业与伦理的关系是一个不言自明的问题，却也是一个极容易被忽视的问题。在法学领域，法学家关注的是法律制度问题，而很少涉及法律职业的伦理问题，认为这个问题法律领域无法解决或者不需要解决，法学家只要能够设计出优良的法律制度就大功告成了；在伦理学领域，伦理学家关注的是整个社会的伦理问题，而对于法律职业这个特殊职业的伦理问题，也很少涉猎。因此法律职业与伦理问题，包括法律与伦理的问题，几成"被遗忘的角落"。实际上，近年来司法领域暴露出来的很多问题，比如司法官员的腐败，律师缺乏诚信等，都与法律职业伦理有着密切的关系。固然，制度的改革非常重要，但是再好的制度也需要人来执行，若法律职业人员的伦理道德水平不提高，仅仅依靠制度上的修修补补并不能从根本上解决问题。当然，任何学科在解决社会问题方面都有自身的局限性，法律职业伦理就试图在探索推动中国的法治进步的进程中扮演一个也许不是很重要，但又是不可缺少的角色。

第一节　法律职业伦理的重要性

　　法律职业为什么要尤其重视职业伦理？法律职业人的伦理对于法律的实施和社会正义的维护究竟发挥着什么作用？这是每一个法律人都要思考的问题，也是其职业生涯中不可回避的问题。我们国家"已经初步建立起与社会主义市场经济体制相适应的法律体系"，但是，我们能宣称"已经造就了具备高度的法律职业伦理，能够实现社会正义的法律家职业群体"吗？显然，对这个问题还不能给出一个令人满意的答案。对于一个法治国家来说，仅仅有法律还远远不够，没有大批甘愿为法律献身的法律职业人，依法治国就会成为一句空话。西方的《圣经》中有一句话："我们知道法律体现着正义，但这也要人能正确地运用它。"中国古代哲人孟子所说的"徒法不能以自行",表达的也是这个道理。

法律职业伦理教育的目的,不仅仅是告诉未来的法律职业者或现在的法律职业者,法律职业是一种什么样的职业,有哪些特殊的伦理的要求,而且要通过法律职业伦理教育,培养未来的法律职业者运用职业伦理规则处理各种复杂的法律问题的能力,以及对法律职业所应有的根植于灵魂深处的神圣感、敬畏感和责任感。如果没有达到这种目的,那么我们的法律职业教育就是不成功的,甚至可以说是失败的。

法律与伦理问题是法律哲学的永恒主题。法律脱胎于伦理,成为以国家强制力量作为保障的社会控制手段。但是法律的这种控制不可能像机器人一样依照事先设计的指令性的操作程序机械地完成。法律所具有的功能必须通过国家的法律机构和运作法律机构的法律人来实现。这样一群以法律为职业的法律人就构成了法律职业共同体。法律职业人员在长期的司法实践中养成的职业意识、行为逐渐地演化为这个职业特有的伦理规范和伦理要求。可以说,在司法活动中,脱离法律谈伦理和脱离伦理谈法律一样,都是不可思议的。

习近平指出,职业良知来源于职业道德。要把强化公正廉洁的职业道德作为必修课,教育引导广大干警自觉用职业道德约束自己,认识到不公不廉是最大耻辱,做到对群众深恶痛绝的事零容忍、对群众急需急盼的事零懈怠,树立惩恶扬善、执法如山的浩然正气。[①] 中国长期以来是官本位的社会,有道是"学而优则仕","十年寒窗无人问,一举成名天下知",千百年来人们向往着"朝为田舍郎,暮登天子堂"的境界。过去,当官是实现人生价值最重要的途径。而且中国历史上司法权与行政权不分离,官员拥有生杀予夺的大权,令很多人向往。我们不能说当官不好,但是把当官的直接目的与自己的切身利益联系起来的时候,就会走到问题的另一面。因为从本质上看,当官是要奉献的,不是索取的;从事法律职业,是要维护法律,而不能利用职业的优势破坏法律。"维持一种实在法体系,有赖于那些对它的管

---

① 参见中共中央文献研究室编:《习近平关于全面依法治国论述摘编》,中央文献出版社2015年版,第97页。

理和执行负有责任的人如法官、警察和法律界人士的笃诚。如果他们到了腐败的地步,那么法律的作用就会遭到削弱。人们就无法指望得到法律的平等保护,也无法指望利用法律所提供的种种便利。"[①]在我国,法官、检察官,甚至律师(过去也是国家干部身份)都被赋予了官员的权力和身份。要转变这种观念,不是短时间能够实现的。目前在法律职业中出现的许多与法律职业伦理极为不协调的现象,一个重要的原因就是这些传统的观念在人们的潜意识里没有从根本上祛除。

第二节 法律职业伦理的基本范畴

一、伦理、道德

"伦理"两字合用,最早见于秦汉时期成书的《礼记》:"乐者,通伦理者也。"什么是伦理?简单地说,伦理就是处理人与人、人与社会、人与自然之间关系的规范。伦者,常也;理者,道理也。伦与理原本是两个词,许慎在《说文解字》中,对伦和理的解释是"伦,辈也,从人,……曰道也";"理,治玉也,从玉"。中国古代有"五伦""五常"之说。中国古代的伦理更多地局限在亲属之间、君臣之间的关系。在西方,"伦理"一词源于希腊文 Ethos,该词后来演变为"伦理的""德性的"。现代伦理学的研究范围早已超越了亲属、君臣领域,扩展到人与人、人与社会的各种关系。伦理学是哲学的一个重要分支,由于其以道德为研究对象,因此又被称作道德哲学。

在中国古代,道德是作为两个词分开使用的。"道"原意是道路,如"周道如砥,其直如矢",后引申为支配自然和人类社会的规律、法度和规范等;"德"原本是依正道而行、心中有德之意,宋朝朱熹在注释《论语》时,对德注释为"德者,得也。得其道于心,而不失之谓也"。我国最早把"道德"二字连用,始于荀子《劝学》:"故学至乎礼而止矣,夫是之谓道德之极。"在西方,道德一词起源于拉丁语(Mores),意思

[①] 〔英〕A.J.M.米尔恩:《人的权利与人的多样性——人权哲学》,夏勇、张志铭译,中国大百科全书出版社1995年版,第35页。

是风俗习惯,引申为规则、规范之意。古希腊哲学家苏格拉底指出,罪恶即对于道德的无知。① 法国的霍尔巴赫(Paul Heinrich Dietrich)指出,做善事,为他人的幸福尽力、扶助他人,就是道德。② 总之,从道德的起源和社会对于道德的一般理解来看,道德一般意为人们的行为规则或规范,是人类社会特有的普遍的主流意识。

伦理与道德是两个相互联系又有区别的概念。德国著名的哲学家与辩证法大师黑格尔第一次明确地区分伦理和道德两个概念,指出伦理是社会的道德,道德是个人的道德。一般而言,伦理和道德并没有严格的区分。伦理更多地倾向于主体、集体、团体、社会、客观等,道德更多地与个体、个人、主观相联系。伦理学研究的就是道德问题。当表示规范、理论的时候,更多地使用伦理的概念,当对具体个体或者一类现象进行描述时则更多地使用道德这个概念。不过在大多数情况下,道德与伦理是被作为同义词来使用的,只是形式和工具上的差别,就其本质内涵而言并无实质的差别。因此,本书论述问题时涉及伦理和道德的概念,在具体使用方面并不作特别的区别。在论述法律职业伦理学科基本理论部分的时候,多使用伦理的概念;而具体到行业伦理方面,为了和司法实践保持一致,则更多地使用道德的概念。从某种意义上看,法律职业道德与法律职业伦理并没有本质的区别,只存在语境上的差别。

二、法律职业

根据《中华人民共和国职业分类大典(2022年版)》,我国现有的职业结构划分为8个大类、75个中类、434个小类和1639个细类(职业)。法律职业是社会生活中众多职业的一种,要了解法律职业的本质,首先要了解职业的特点。"职业的标志是这样一种信念,即这是一个有相当公共意义的工作岗位,从事这一工作要求有非常多的专业的甚至是深奥的知识,这种知识只有通过专门的正式教育或

---

① 参见杜志清主编:《西方哲学史》,高等教育出版社2001年版,第53页。
② 参见〔法〕霍尔巴赫:《自然的体系》(上卷),管士滨译,商务印书馆1964年版,第312—313页。

某种精细监管的学徒制才能获得。""必须强调,一种工作之所以被分类为职业,其关键并不在于其实际拥有社会珍视的专门知识;关键是要有一种确信,即某些群体拥有这样的知识。因为,正是这种确信才使这个群体可以声称其职业性地位,有机会获得因这种地位赋予的独占性的特权以及由此带来的个人利益。"[①]近年来,法学界呼唤建设法律共同体,人们也开始关注法律职业的概念。就法律职业本身下一个描述性的定义也许并不困难,但是要对法律职业的内涵和外延作出令人信服的阐述则显得非常困难。以下是目前学术界关于法律职业的阐释,从中我们可以看出各种说法并不一致。

埃尔曼(Ehrmann)在其《比较法律文化》一书中把法律职业分为五类:第一类是那些对法律冲突予以裁判的人,其中最重要的是法官和治安官,另外还有仲裁人、检察官、在准司法机构以及行政法院中工作的官员等;第二类是代理人,即代表有关当事人出席各种审判机构审判的人员;第三类是法律顾问,通常他们不出席法庭;第四类是法律学者;第五类是一种各国极不一致,然而其重要性却在不断增强的人员,即受雇于政府机构或私人企业的法律职业者。[②]

"在中国,'法律职业'一词可以指所有从事法律工作的人。但一般仅指以下四者:法官、检察官、律师、法律教学与研究人员。一般地说,这四个集团享有同等的地位。他们之间的横向交流在法律制度上并无阻碍。一个法律教师或律师可以改任法官或检察官,反过来也是一样。但在事实上,这种流动性是不大的。"[③]法律职业共同体是由法官、检察官、律师、法学学者所构成,是一个意义共同体、事业共同体、解释共同体、利益共同体,表现出独立与互涉的特征。[④]

"法律职业(legal profession)是指专门从事法律适用、法律服务工作的特定职业。""法律职业者是一群精通法律专门知识并实际操作和运用法律的人,包括法官、检察官、律师。""法律职业者是一个

[①] 〔美〕理查德·A.波斯纳:《道德和法律理论的疑问》,苏力译,中国政法大学出版社 2001 年版,第 216、217 页。
[②] See Henry Walter Ehrmann, *Comparative Legal Culture*, Prentice Hall, 1976.
[③] 沈宗灵:《比较法研究》,北京大学出版社 1998 年版,第 640 页。
[④] 参见张文显、信春鹰、孙谦主编:《司法改革报告:法律职业共同体研究》,法律出版社 2003 年版,第 188 页。

拥有共同专业的法律知识结构、独特的法律思维方式,具有强烈的社会正义感和公正信仰的整体,由于他们以为公众服务为宗旨,所以不同于虽有一定技巧但完全追逐私利的工匠。在现代社会,他们不仅实际操作法律机器,保障社会机制的有效运作,而且被当作法律秩序和社会正义的守护神。"[①]

美国著名学者庞德(Pound)认为,法律职业是指"一群人从事一种有学问修养的艺术,共同发挥替公众服务的精神,虽然附带地以它谋生,但仍不失其替公众服务的宗旨"[②]。

"德国人提起'法律职业',首先想到的不是开业律师,而是那些两度通过国家级考试,成为所谓'训练有素的法学家'(Volljuristen)者。尔后,这些人才有资格成为法官、检察官、公务员、公司雇员或辩护人。""二百多年来,法律职业中,法官和公务员始终占有多数,而辩护人则为少数。近年来,随着高等教育,特别是法律教育的发展,律师的人数在逐步增加。"[③]

法律职业包括法官、律师、检察官,对此应该是没有异议的,这也是一般意义上的法律职业的范围。但是在我国,除了上述三种职业外,与法律职业有着直接或间接关联的还包括法学家、公证人、政府和企业的专职法律顾问、警察、仲裁员、司法调解员、法律服务工作者,对于这些职业是否可以纳入法律职业的范围,则存在较大分歧。笔者认为法律职业是由操作法律事务并以实现法律价值作为共同终极目标的一类人的活动所构成的职业。广义上的法律职业是指所有以操作、研究、实施法律为主要目的的职业,即一般意义上的法律工作者。狭义上的法律职业则主要是指法官、检察官和律师这几种依托深厚法律知识背景而居于法律实施核心层的独立存在的职业。

根据法律职业的历史发展与现实的运行规律,可以概括出法律职业的以下几个特征:法律职业行为具有独立性和排他性;法律职业

---

① 王利明:《法律职业专业化与司法改革》,载苏泽林主编:《法官职业化建设指导与研究》2003年第1辑,人民法院出版社2003年版,第25页。

② 〔美〕哈罗德·伯曼编:《美国法律讲话》,陈若桓译,生活·读书·新知三联书店1988年版,第208页。

③ 宋冰编:《读本:美国与德国的司法制度及司法程序》,中国政法大学出版社1998年版,第213页。

行为直接产生法律实施上的效果;法律职业道德具备一定层面上的贯通性;法律职业具备严格的资格准入制度和惩戒制度。按照以上几个特征,法律职业的范围就比较广泛。就学术层面而言,在大陆法系国家,法律职业主体的范围较广泛,包括法官、检察官、律师、法律顾问、法学学者;在英美法系国家,法律职业主体则更多指律师、法官。从研究的角度,并参照国际惯例,法律职业采取狭义的概念较为合适。但是从我国目前的司法实践的角度看,如果把法律职业仅仅限定在以法官、律师、检察官为中心的较小的范围,将其他直接与狭义上的法律职业关联的行业、机关(包括一些政法机关)从法律职业中排斥出去,也难免有脱离实际、失之过狭之嫌。考虑到目前我国法学院系的学生的职业选择面较宽的现实,本书采取广义上的法律职业概念。

三、职业伦理

职业伦理,也可以称为职业道德,属于专业伦理学或者应用伦理学的范畴。职业伦理是某种职业或专业的从业人员以伦理自然律为基础,根据本行业的专业知识,经过逻辑推演而形成的。职业伦理的历史可以追溯到职业的产生,有职业的产生,就必然有职业伦理的要求,比如医生的办公室里经常挂的"救死扶伤,治病救人"的匾额,就体现了医生这一职业的伦理要求。职业道德是随着职业的出现而产生和逐步发展的,是社会道德在职业领域的具体体现。

由于职业的多样性,职业道德也具有多样性的特征,不同的职业有着不同的职业道德要求。如医生有"医德",艺人有"艺德",教师有"师德",官员有"官德"等。随着职业的日益发展,出现了行业协会,行业协会制定的职业伦理章程、规范和条例等都体现了职业伦理的内容。这些职业伦理的内容中体现的是与非往往是不证自明、一目了然的。但是在职业伦理中也会出现职业伦理的悖论,比如对于律师对当事人的保密义务与维护国家利益的要求之间的冲突,如何处理,需要一定的判断和推理,需要诉诸复杂的理性。

法国著名伦理学家爱弥尔·涂尔干(Émile Durkheim)对职业道德做过精辟的论述:"职业道德的每个分支都是职业群体的产物,

那么它们必然带有群体的性质。一般而言,所有事物都是平等的,群体的结构越牢固,适用于群体的道德规范就越多,群体统摄其成员的权威就越大。群体越紧密地凝聚在一起,个体之间的联系就越紧密、越频繁,这些联系越频繁、越亲密,观念和情感的交流就越多,舆论也越容易扩散并覆盖更多的事物。显然这就是大量事物都能各就其位的缘故……所以我们可以说,职业道德越发达,它们的作用越先进,职业群体自身的组织就越稳定、越合理。"①

恩格斯指出:"实际上,每一个阶级,甚至每一个行业,都各有各的道德,……"②有学者将职业道德定义为"在职业范围内形成的比较稳定的道德观念、行为规范和习俗的总和。它是调节职业集团内部人们之间关系以及职业集团与社会关系各方面的行为准则,是评价从业人员职业行为的善恶、荣辱的标准,对该行业的从业人员有特殊的约束力"③。这个定义可以看作是对职业道德的很好的诠释。职业道德一般包括职业道德意识、职业道德行为和职业道德规则三个层次。职业道德意识是指人们对于职业道德的基本要求的认识,包括职业道德心理和职业道德思想,具有相对稳定的特征。职业道德行为是职业道德意识在职业个体行为的外在体现。从结果上看,它既可以是正面的道德行为,也可以是违反职业道德的行为。职业道德规则是约定俗成或通过一定的规范性形式表现的职业的意识、行为的准则或标准,一般由职业道德原则、职业道德规范和职业纪律组成。职业道德规则是在职业道德意识和职业道德行为的基础上产生和发展起来的,是职业道德的规范化形式。这是职业道德和普通的社会道德的一个重要区别。我们研究法律职业道德更多地侧重职业道德规则。

在职业活动中,如何处理职业活动与社会需要的关系,如何处理职业内部的关系,如何处理职业活动过程中发生的各种利益关系,等等,就构成了职业伦理的内容。职业伦理是社会一般道德或阶级道

---

① 〔法〕爱弥尔·涂尔干:《职业伦理与公民道德》,渠东、付德根译,上海人民出版社2001年版,第9、10页。
② 《马克思恩格斯选集》(第4卷),人民出版社2012年版,第247页。
③ 张学曾主编:《道德科学概论》(修订本),南京大学出版社1992年版,第192页。

德在职业生活中的特殊要求,又带有具体职业或行业的特征,具体表现为以下几个方面的特征:一是主体的特定性。职业道德仅适用于特定行业的职业人员。二是内容上的稳定性。由于社会生活中的大多数职业的形成都要经历漫长的历史过程,由此形成了世代沿袭的职业传统、职业心理和职业习惯、职业规则,这些大多又体现在职业道德内容中,在具体实施的时间上相对连续,内容上具有一定的稳定性。三是职业道德总是与职业惩戒相辅相成。在特定的行业,违反职业道德往往会受到职业组织如行会的制裁,严重的甚至会被所在的行业开除。

四、法律职业伦理

法律职业伦理,是法律职业主体在法律职业活动过程中以及日常生活中所遵循的基本原则和行为规范的总和。而在相关的学术研究中,作为基本范畴的法律职业伦理,其"名"却相当混乱。法律职业伦理,又称司法职业道德、司法道德、司法伦理、法律伦理、法律道德、法律职业行为规则、法律职业道德、法律职业责任等,不一而足。孔子曰,"名不正,则言不顺"。名称上存在混乱,必然造成学术语境上的混乱、内容上的交叉和逻辑上的不一致,不利于对该问题进行深入和科学的研究和把握,因此必须从理论上加以辨析,厘清其中的真正含义。

第一,法律职业伦理与司法职业道德之间的区别。研究法律职业伦理的学者中,有些将法律职业伦理等同于司法职业道德。从司法的概念的本义上看,"司"具有主管、掌管的含义,因此司法的内涵是掌握适用法律和执行法律的权力。通常意义上司法是国家权力机关的执法活动。因此司法机关也通常为具有司法权的国家机关,比如法院、检察院等部门,并不包括律师事务所、仲裁协会、公证人协会等不具有司法职能的部门。同样,司法人员主要是法官、检察官等,而不包括律师、公证员等。司法职业无法涵盖法律职业领域中的非司法人员。与法律职业伦理相比较,司法职业道德的范围显然更窄,司法职业道德内在地包含于法律职业伦理,二者在内容和范围上存在着明显的不同。司法道德、司法伦理也是一样的道理。

第二,法律职业伦理与法律伦理、法律道德的区别。法律伦理存在范围过宽的问题。有学者指出,"广义的法律伦理不仅包括法律职业者从业的道德规范,也包括法律制度本身的内在伦理,而狭义的法律伦理仅指后者"①。可见,法律伦理包括整个法律现象中的道德问题:既包括法律中的道德问题,比如刑法、民法等法律中的道德问题;也包括司法实践中的道德问题,比如立法、司法、守法等活动中的道德现象,其范围十分广泛。法律职业伦理则主要研究法律职业人员在职务活动中的道德准则、标准和规范。显然,从二者的范围看,法律伦理的范围比法律职业伦理的范围要广,并不是同一个概念。一般说来,在西方国家,法律伦理专门指法律职业伦理。英文 legal ethics,直译就是"法律伦理"。在英美国家,有关法律伦理的研究和教科书中的内容就是法律职业伦理,而并不直接涉及法律制度本身的伦理问题。受到西方的影响,我国民国时期的法学家也是称法律职业伦理或法律职业道德为"法律道德"。就约定俗成而言,用法律伦理或法律道德来称呼法律职业伦理似乎并无不可,但是随着时代的发展,法律伦理学科的研究进步,法律伦理已经远远超出了法律职业伦理的内容,如果一味抱残守缺,就无法推动学术研究的进步。

第三,法律职业伦理与法律职业道德的区别。法律职业伦理与法律职业道德的区别主要反映在"伦理"与"道德"的区别上。道德与伦理在西方的词源含义相同,都是指外在的风俗、习惯以及内在的品性、品德,因而说到底也就是指人们应当如何的行为规范。但是在中国,道德与伦理的词源含义却有所不同。伦理是整体,其含义有二,即人际行为事实如何的规律及其应该如何的规范;道德是部分,其含义仅一,即人际行为应该如何的规范。由此,法律职业伦理与法律职业道德并不存在本质上的区别,只不过前者更重推演的理论性,后者偏重实践的操作性。在学术研究的领域,法律职业伦理的名称更合适,因为其中可以包含法律职业伦理形成的规律以及程序上保障的内容。这些内容并不是道德可以完全涵盖的。而在司法实践领域,从日常习惯的角度,法律职业道德更合适,说法律人的行为不合乎法

---

① 齐延平:《论现代法学教育中的法律伦理教育》,载《法律科学》2002年第5期。

律职业道德,而一般不说不合乎法律职业伦理。法律职业道德与法律职业伦理之间主要是语境和范围上的区别,不存在高低的区别。

我国有学者将法律职业伦理与法律职业道德加以区分,认为"作为法律职业活动的重要保障,法律职业伦理是一种外在机制,法律职业道德则是一种内在机制,法律职业伦理外在于法律职业者,它依靠规则的导引和纪律的强制保证法律职业活动的有效展开,法律职业道德则依靠法律职业者对法律职业伦理及其他约束机制的认同和内化,通过自我约束即自律保证法律职业活动的顺利进行"。"法律职业道德作为法律职业伦理和相关法律机制的内化及法律职业活动的自律机制,处于最高层次。"①这样的区分缺乏理论上和实践上的支持。首先,法律职业伦理与法律职业道德并不存在"外在机制"与"内在机制"的区别。法律职业道德的遵守同样需要"规则的导引和纪律的强制"。法律职业伦理的实施也需要法律职业人员的"认同和内化"以及"自我约束"。同时从实践层面看,我国的职业道德规范大都是外在的规则形式,有的还上升为法律的形式,并不能将有纪律约束或法律约束仅仅看作是"伦理"的范畴。至于法律职业道德是否居于法律职业伦理之上,也可以商榷。因为伦理与道德本质上看属于整体和部分的关系,并不存在高低之分。伦理本身是否可以分层?当然从形式上可以划分,表现为法律形式的部分,比如《中华人民共和国法官法》(以下简称《法官法》)、《中华人民共和国检察官法》(以下简称《检察官法》)中关于法官、检察官的义务性与禁止性的规定就属于法官、检察官的底线的伦理或底线的道德。而表现为行业职业行为规范形式的部分比如《中华人民共和国法官职业道德基本准则》(以下简称《法官职业道德基本准则》)、《中华人民共和国检察官职业道德基本准则》(以下简称《检察官职业道德基本准则》),则属于行业规范形式。至于法律和规范之外没有表现出来的则完全属于非规范形式的范畴。当然从执行的效力上看,属于法律层面的伦理具有最高的效力。以此类推,行业规范则依靠行业责任来实现,效力就比法律上的形式要弱,非规范形式的完全靠自律,效力就更弱。单纯地将

---

① 唐永春:《法律职业伦理的几个基本问题》,载《求是学刊》2003年第5期。

职业道德作为职业伦理的最高境界没有任何实践上和理论上的意义。

第四,法律职业伦理与法律职业责任的区别。在美国,关于法律职业伦理,也有称法律职业责任(legal professional responsibility)[①],将法律职业伦理规范看作是法律职业责任法律(the law of professional responsibility)或者是管理律师的法律(the law governing lawyers)。[②]现代应用伦理学发展的一个重要特征是责任伦理的发展,责任伦理是从伦理主体本身所应当承担的伦理上的责任的角度来实现伦理价值,实际上试图解决伦理实现缺乏有效制约的难题,而强调通过给予伦理主体切实的责任来实现伦理的实施的功能。现代法律职业伦理如果仅仅强调伦理的高尚性以及实体性,而不考虑伦理主体的责任和伦理的程序性,那么伦理的实现将是非常困难的。从实际操作的角度看,这是有一定的道理的。但是从学术研究的角度,法律职业责任显然过于局限于操作性和实践性,而可能忽视法律职业伦理的精神和规律层面的内容。西方法律职业伦理著作和教科书往往是从规范到规范,从行为到责任,对于其中的伦理理论层面往往缺乏深入和有效的分析,正是过于注重责任研究的结果。

第五,法律职业伦理与法律职业行为规则的区别。法律职业行为规则属于法律职业伦理的外部表现形式。法律职业伦理行为规则并不能代替法律职业伦理,因为二者存在着本质的区别。法律职业伦理从学科的角度看,构成一个完整的学科体系,法律职业行为规则仅仅是其规范层面。因此对法律职业规则的研究并不能代替对法律职业伦理的研究。对法律职业行为规则的学习绝对不能代替对法律职业伦理的学习。就好像我们学习和研究刑事诉讼法律,绝对不是仅仅限于刑事诉讼法律规范层面。法学院开设的课程是刑事诉讼法学,而不是刑事诉讼行为规则或刑事诉讼法律规则。法律职业伦理之于法律职业行为规则的区别,与上述所言是完全一样的。

---

① See Robert H. Aronson, James R. Devine, William B. Fisch, *Problems, Cases and Materials in Professional Responsibility*, West Publishing Company,1985.

② See James E. Moliterno, *Professional Responsibility*, Aspen Publishers, Inc,2002.

从法律职业伦理的层次上,可以将其划分为三个层次:初级法律职业伦理,中级法律职业伦理,高级法律职业伦理。初级法律职业伦理,表现为该职业最基本的底线伦理。比如要求法官不受贿,不接受当事人的吃请,平等对待当事人,以及《法官法》中规定的法官的义务和禁止的行为,这些实际上是法官的初级伦理或底线伦理。中级法律职业伦理,指法律职业人员能够按照法定程序的要求严格履行相应的职责。中级伦理是绝大多数法律职业人员通过自身的努力能够达到的层次。高级法律职业伦理是指法律职业人员通过自己的法律职业活动最大限度地实现法律正义,是对法律职业伦理的最高要求。它是指法律职业人员在实施法律的过程中达到了程序公正与实体公正、形式公正与实质公正的高度统一。如法官在处理案件时,使得案件处理的影响超越了案件本身,对国家法制的进步、对当事人利益的保护产生了积极的影响。高级法律职业伦理的核心是公正伦理。为什么美国最高法院的大法官掌握了法律的话语权?就是因为他们在处理案件过程中创造了很多规则,这些规则在很大程度上体现了公正,推动了社会的进步与发展。在法律职业人员中只有极少数人能够达到这样的层次。

法律在人们的心目中是正义和权利的体现,是规范社会、惩恶扬善的最后手段,也是最强有力的手段,因此法律职业伦理和其他职业伦理相比具有更强的象征意义和感召作用。作为法律的具体实施者、执行者、裁判者的专业法律人员所应该具有的道德品行必然要高于其他职业的道德要求,这是由法律职业的特殊性所决定的。我国古代的孔子就非常重视"为政以德"的道理,他说:"政者,正也。子帅以正,孰敢不正?""其身正,不令而行;其身不正,虽令不从。"在实践中,有的法律职业人员抱怨自己所承担的社会义务过多、道德要求过高,就是没有清楚地认识到自己所从事的职业的特殊性,没有认识到自己所从事的法律职业在社会生活中的特殊地位和作用。

法律职业道德建设在现实生活和司法实践中具有特殊的意义。在任何一个国家,法律职业的组成都不是单一的,这是法律制度本身使然,因此完整意义上的具有整齐划一的法律职业伦理的法律职业实际上是不存在的。现实中的法律职业是由分散的若干职业群组成,具体可以划分为法官职业、检察官职业、律师职业、公证员职业、警察职业等,虽然这些职业都直接与操作法律有关,但是并不像医生职业那样可以清晰地统一为一体,具体的职业伦理要求也具有很大的差别,比如法官的职业伦理和检察官的职业伦理、律师的职业伦理无论在形式还是内容上都具有极大的差别。由于法律制度本身对不同的法律职业人员的要求不同,因此建立整齐划一并且可以统一实施的法律职业伦理规范在现实中是不可能实现的。虽然如此,但并不妨碍法律职业这样一个意义共同体的存在。社会呼唤所有的以法律为职业的人员担负起建设法治国家的使命,并要求其具有很高的职业道德水平。

法律职业伦理除了具备职业伦理的一般特征外,还有自身的一些特征,主要包括以下几个方面:

第一,主体的多样性与特定性的统一。主体的多样性是指为法律职业伦理所规范的包括法官、检察官、律师等在内的多种法律职业人员,而特定性是指这些职业人员都仅限于专职从事法律工作的人员。

第二,内容的普遍性与特殊性的统一。法律职业伦理内容上的普遍性是指上述这些主体由于所从事的工作直接关系国家法律制度的实施,这些职业的道德规范就应该体现法律职业的特点,也就是无一例外地要求法律职业人员要维护国家法律的尊严、维护当事人的合法权益。这一点在法律职业道德上是具有普遍性的。但是法律职业主体的多样性又决定了不同的法律职业的伦理具有特殊性,比如法官追求司法的公正,律师追求当事人利益的最大化,检察官追求最大限度地保障和实现国家和公众的利益。

第三,形式的规范性与非规范性的统一。一方面,法律职业有大量的伦理规范,如诉讼法、《法官法》《检察官法》《中华人民共和国律师法》(以下简称《律师法》)中的职业道德规范。此外还有行业规范如《法官职业道德基本准则》《检察官职业道德基本准则》《律师职业道德和执业纪律规范》等。另一方面,还存在大量的非规范性的法律职业道德,比如法律职业道德习惯、意识等。可以说,从形式上看,法律职业伦理具体体现为法律职业道德规范性与非规范性的统一。

第四,实施的他律性与自律性的统一。法律职业伦理的终极价值在于在司法实践中能够有效地实施。在实施方面,相较一般社会道德而言,法律职业伦理具有更强的他律性或约束性。违反职业道德的法律从业人员要承担纪律责任,严重的要承担刑事责任。法律职业伦理总是和法律职业责任密切联系在一起的,这就体现了鲜明的他律性特征。实践中,法律职业伦理中的很多内容都以纪律规范形式体现出来,如 2009 年 12 月我国最高人民法院发布的《人民法院工作人员处分条例》、司法部的《律师和律师事务所违法行为处罚办法》、中华全国律师协会的《律师职业道德和执业纪律规范》等,这些纪律规范对于违反相应的职业道德规范的行为规定了具体的处罚办法,这对于法律职业人员遵循职业道德具有十分重要的约束作用。但是,另一方面,我们也要看到,法律职业道德也具有自律性的一面,很多法律职业道德规范要求通过法律职业人员的自我体验、自我约束来实现。现行的许多法律职业道德规范并没有与法律职业责任一一对应,没有对应的部分就是完全依靠法律职业人员的自律来实现。比如,律师职业中广泛存在的利益冲突问题,有的被规范在职业道德中,有的就没有具体的规范要求。律师在执业中遇到这种情况,就要根据职业的使命要求完全靠自律来处理相关的事务,从而不致出现损害当事人利益的情况。法官、检察官、公证人职业规范中也大量地存在自律性规范。因此,法律职业伦理体现了自律与他律的有机统一。

五、法律职业伦理客体

根据辩证唯物主义的基本原理,所谓客体,是指主体行为指向的对象和与主体发生现实的关系的客观存在。客体是"能够自主活动者的活动对象,是活动者的自主活动所指向的对象"[①]。法律职业伦理客体与法律职业伦理主体相对应,是指法律职业伦理主体的行为所影响和作用的对象。法律职业伦理客体是非常广泛、不可能完全被穷尽的,大体上可概括为以下几类:

---

① 王海明:《伦理学方法》,商务印书馆 2003 年版,第 190 页。

1. 法律职业伦理价值

法律职业伦理的价值反映的是关于法律职业主体的伦理行为应该如何的原则,体现的是法律职业伦理的效用。民国时期的法学家杨兆龙先生指出:"法律伦理的重要,大概人所共知的。因为一个人的人格或道德若是不好,那么他的学问或技术愈高,愈会损害社会。学法律的人若是没有人格或道德,那么他的法学愈精,愈会玩弄法律,作奸犯科。"[①]可见法律职业伦理对于法律职业主体具有突出的价值。那么这样的价值如何实现呢?我们知道,法律职业伦理是保障法律职业人员完成法律职业本身的使命而确立的基本准则、规范的总和。任何法律职业主体在从事具体的职业过程中都要通过他们的行为来实现职业目的。比如法官要通过案件的审理实现法律上的公正,依法保障法律的有效实施。律师要通过代理案件实现当事人在法律范围内权利的最大化。法律职业主体的行为直接针对目标的实现。当法律职业主体的行为偏离了目标,法律职业伦理的行为本身就是法律职业伦理所反对或禁止的,法律职业主体在具体的法律活动过程中要按照目标不断地修正自己的行为,以最大的可能来实现法律职业本身的目标。因此,法律职业伦理的目的直接影响行为的走向、规范行为的走向,但是并不能自动地决定法律职业主体行为的正当性。法律职业的价值决定了法律职业伦理的价值走向。法官的职业价值是保障法律的公正,检察官的职业价值是保证国家利益的实现,律师的职业价值是保证当事人利益的实现。因此,法官的职业伦理的最高价值体现为公正,法官行为的伦理上的正当与否都指向这一终极价值。其他法律职业也是如此。因此,法律职业的价值是法律职业主体意志所要指向的对象,并且是行动的指南和评价行为正当与否的依据。

2. 法律职业伦理关系

法律职业伦理关系是社会关系在法律职业伦理领域的体现。"一个客体对主体有价值,主体和客体之间必定存在着某种完全确定

[①] 杨兆龙:《中国法律教育之弱点及其补救之方略》,载孙晓楼:《法学教育》(修订版),王健编校,中国政法大学出版社 2004 年版,第 151 页。

的情况(Beschaffenheit)和完全确定的关系。"①为了实现法律职业伦理上的价值,法律职业伦理主体在执业过程中必然要和其他主体建立各种关系。这些关系有的表现为法律关系,有的则表现为伦理关系。这些关系是否符合法律职业规范和伦理规范的要求,完全取决于法律职业主体的自觉行为。例如,法官要独立和公正地裁判案件,就要求法官与案件当事人之间无利害关系,与案件处理的结果无利害关系,与代理案件的律师无利害关系,等等。如果法律职业伦理关系受到破坏,那么我们就认为法官的行为违背了职业伦理规范的要求,就要受到法律职业的道德谴责甚至是法律上的制裁。因此,法律职业伦理主体如果破坏了法律职业伦理规范所确定的各种关系,就意味着法律职业伦理主体侵犯了法律职业伦理所确定的法律职业主体所应当遵循的各种关系的客体。

3. 法律职业伦理行为

法律职业伦理的行为是法律职业伦理主体的意志的外在反映,是法律职业伦理客体的集中反映。法律职业伦理规范本质上看都是行为规范。法律职业伦理的实现不是伦理本身,而是道德活动;不是规范本身,而是行为。法律职业伦理要研究什么行为属于应当的行为,什么行为属于不应当的行为。因此法律职业伦理行为本身是法律职业伦理研究的要旨。为了实现法律职业伦理的本质,法律职业伦理中存在基本的公理。比如法官只应对法律负责就是法官职业伦理中的公理之一。我们说,法官职业伦理要求法官独立地行使裁判权,法官的裁判权不应当受制于法律之外的因素。法官的行为应当是独立的。进一步推导,法官不应当迎合行政机关、媒体对案件的反应,否则就是不符合法官职业道德要求,不符合法官职业伦理规范的。法律职业伦理的行为应当如何是基于法律职业行为本身的价值判断。"一种道德评价是从三种描述——行为事实的描述和道德目的的描述以及二者关系的描述——产生和推导出来的;肯定的道德评价等于行为事实描述与道德目的描述之相符;否定的道德评价等

---

① 〔德〕莫里茨·石里克:《伦理学问题》,孙美堂译,华夏出版社 2001 年版,第 95 页。

于行为事实描述与道德目的之相违。"①法律职业伦理行为是法律职业主体在与其他主体发生关系时产生的,该行为的正当与否取决于法律职业伦理的基本价值。

第三节 法律职业伦理的渊源

法律职业伦理的渊源是法律职业伦理的表现形式。法律职业伦理的表现形式除了规范形式外,还包括非规范形式,比如法律职业习惯、传统礼仪等。从规范形式看,法律职业伦理的渊源主要表现为以下几个方面:

1. 法律

法律规范必然要吸收伦理道德规范,这是法律与道德的天然关系的结果。习近平指出,法律是成文的道德,道德是内心的法律,法律和道德都具有规范社会行为、维护社会秩序的作用。治理国家、治理社会必须一手抓法治、一手抓德治,既重视发挥法律的规范作用,又重视发挥道德的教化作用,实现法律和道德相辅相成、法治和德治相得益彰。② 习近平还指出,一方面,道德是法律的基础,只有那些合乎道德、具有深厚道德基础的法律才能为更多人所自觉遵行。另一方面,法律是道德的保障,可以通过强制性规范人们行为、惩罚违法行为来引导道德风尚。③ 伦理道德规范中的核心内容或最高层次的内容往往被法律所吸收,上升为法律规范。比如《法官法》第3条规定:"法官必须忠实执行宪法和法律,维护社会公平正义,全心全意为人民服务。"法官在司法实践中应当遵守的一些伦理规范被纳入法官的法律义务规范,比如在《法官法》"总则"一章中就规定法官应当"勤勉尽责,清正廉明,恪守职业道德"。《检察官法》中也有类似规定。《律师法》在总则部分规定:"律师执业必须遵守宪法和法律,恪守律师职业道德和执业纪律",在第四章"律师的业务和权利、义务"

---

① 王海明:《伦理学方法》,商务印书馆2003年版,第326页。
② 参见中共中央文献研究室编:《习近平关于全面依法治国论述摘编》,中央文献出版社2015年版,第29、30页。
③ 同上书,第30页。

中规定了许多律师义务规范，比如与司法人员关系规范、与当事人关系规范，这些都是律师职业道德规范的重要内容。除了上述涉及法律职业主体的法律之外，《中华人民共和国刑事诉讼法》（以下简称《刑事诉讼法》）、《中华人民共和国民事诉讼法》（以下简称《民事诉讼法》）、《中华人民共和国行政诉讼法》（以下简称《行政诉讼法》）三大诉讼法，对于法官、检察官、律师等法律职业人员的职业道德也有规定。比如，我国三大诉讼法关于法律职业人员在执业过程中回避、保密等的规定，就是法律职业伦理的重要内容在法律中的具体体现。

2. 司法解释

这方面主要涉及法官、检察官的职业道德，当然很多内容也涉及了律师、警察等其他法律职业人员的职业道德。比如最高人民法院、最高人民检察院都有关于执行《刑事诉讼法》的司法解释，其中的许多内容涉及法官、检察官、律师的职业道德问题，如有关回避、辩护、审判中立等的规定中就包含大量的法律职业道德的内容。这些内容把基本法律规定的抽象的、原则的和操作性不强的法律职业道德规范加以具体化，变得可以操作，这样也就促进了法律职业伦理规范在司法实践中的实施。

3. 行政法规

这一类规范主要集中在行政管理部门。比如国务院发布的《法律援助条例》中有关律师的法律职业伦理规范。

4. 部门规章

包括司法部、公安部等部门发布的有关法律职业道德的规章，比如司法部制定的《律师和律师事务所违法行为处罚办法》等。

5. 行业规范

目前主要的法律职业大都有自己的行业道德规范，如最高人民法院发布的《法官职业道德基本准则》、最高人民检察院发布的《检察官职业道德基本准则》、中华全国律师协会发布的《律师职业道德和执业纪律规范》、中国公证协会发布的《公证员职业道德基本准则》。这些行业规范集中反映了法律职业的伦理规范。学习和研究法律职业伦理主要依据这些行业规范。

6. 国际公约

这方面主要集中在联合国国际人权公约,特别是有关刑事司法方面的法律文件中,比如《执法人员行为守则》《关于司法机关独立的基本原则》《关于检察官作用的基本准则》《关于律师作用的基本原则》等。这些文件中有大量的对法官、检察官、律师、警察等法律职业人员的伦理要求和规范。

7. 道德规范

除上述渊源外,法律职业伦理的渊源还包括一般的社会伦理道德规范。这方面的规范包括国家制定的有关职业道德规范的内容,其中重要的有党的十四届六中全会通过的《中共中央关于加强社会主义精神文明建设若干重要问题的决议》,以及中共中央、国务院2019年10月印发的《新时代公民道德建设实施纲要》,其中关于职业道德的内容和要求,对于研究和制定法律职业伦理规范也具有直接的指导作用。

第四节 法律职业伦理的基本原则

法律职业伦理的基本原则是法律职业伦理中的一线伦理,是法律职业最为核心的价值原则。法律职业伦理的基本规则为二线伦理。明确法律职业伦理的基本原则对于确定法律职业伦理的基本内容,规范法律职业人员的行为标准,形成法律职业共同体所共同遵循的职业使命要求具有十分重要的作用。不同的社会制度,法律职业伦理的原则有不同的内容,我国是社会主义国家,我国法律职业伦理的原则必然要体现社会主义国家的性质。当然,在体现国家性质的同时,也要体现法律职业道德共同遵循的规律。我国的法律职业伦理原则的要求主要包括:

一、忠实执行宪法和法律

习近平在党的二十大报告中指出,公正司法是维护社会公平正义的最后一道防线。深化司法体制综合配套改革,全面准确落实司法责任制,加快建设公正高效权威的社会主义司法制度,努力让人民群众在每一个司法案件中感受到公平正义。规范司法权力运行,健全公安机关、检察机关、审判机关、司法行政机关各司其职、相互配合、相互制约的体制机制。强化对司法活动的制约监督,促进司法公正。加强检察机关法律监督工作。完善公益诉讼制度。①

我国《法官法》第3条规定:"法官必须忠实执行宪法和法律,维护社会公平正义,全心全意为人民服务。"《检察官法》第3条规定:"检察官必须忠实执行宪法和法律,维护社会公平正义,全心全意为人民服务。"《律师法》第3条第1款规定:"律师执业必须遵守宪法和法律,恪守律师职业道德和执业纪律。"《律师职业道德和执业纪律规范》第4条第1款规定:"律师应当忠于宪法和法律,坚持以事实为根据,以法律为准绳,严格依法执业。"《公证员职业道德基本准则》第1条规定:"公证员应当忠于宪法和法律,自觉践行社会主义法治理念。"无论从法律的规定还是实践的要求看,法律职业人员都必须把忠实执行宪法和法律、维护法律的尊严这一原则作为本职业的首要原则。坚持这一原则,要求法律职业人员明确自己所担负的职业使命,不断通过自己的职业活动服务于国家的改革开放和社会主义经济建设,服务于人民民主专政制度,运用法律手段保障国家的政治、经济、文化等各项建设的顺利进行。

二、以事实为根据,以法律为准绳

以事实为根据,以法律为准绳是我国法治的一项基本原则,法律职业伦理也必然要体现这一原则。我国三部诉讼法中都规定了"以事实为根据,以法律为准绳"的原则。以事实为根据,就是法律工作要做到一切从与案件相关的客观事实出发,以查证属实的证据和凭借这些证据认定的案件事实为基础,而不能以主观想象、推测和查无实据的主观臆想、空口无凭的议论作为根据,必须认真查清事实真相,在充分掌握客观事实的基础上作出判断、决定、行动。以法律为准绳,就是要严格依法办事。作为法律职业人员,遵守法律、依法执

---

① 参见习近平:《高举中国特色社会主义伟大旗帜 为全面建设社会主义现代化国家而团结奋斗——在中国共产党第二十次全国代表大会上的报告》(2022年10月16日)。

业是最基本的道德要求。"科学立法、严格执法、公正司法、全民守法"是法治建设的"新十六字方针"。以事实为根据,以法律为准绳,是法律职业人员贯彻社会主义法治基本原则和正确适用法律的基本要求。法律职业人员在执业中必须坚决贯彻这一原则。这一原则在规范法律职业主体的相关法律中都有反映。《法官法》第6条规定:"法官审判案件,应当以事实为根据,以法律为准绳,秉持客观公正的立场。"《检察官法》第5条规定:"检察官履行职责,应当以事实为根据,以法律为准绳,秉持客观公正的立场。检察官办理刑事案件,应当严格坚持罪刑法定原则,尊重和保障人权,既要追诉犯罪,也要保障无罪的人不受刑事追究。"《律师法》第3条第2款规定:"律师执业必须以事实为根据,以法律为准绳。"《公证员职业道德基本准则》第3条规定:"公证员应当依法办理公证事项,恪守客观、公正的原则,做到以事实为依据,法律为准绳。"可见,"以事实为根据,以法律为准绳"不仅是贯彻社会主义法治的基本原则的要求,而且是法律职业人员的职业道德的基本要求。

三、严明纪律,保守秘密

由于法律职业本身的特殊性,因此客观上要求法律职业人员做到严明纪律和保守秘密。严守纪律是法律职业人员依法履行职责的基本要求。作为法律职业人员必须遵守的行为规范,法律职业纪律是维持法律职业活动的正常秩序的重要措施。没有纪律保障,法律职业人员的职业活动就会失范,这既影响法律人员职业活动的有效性,也会给法律职业人员的形象带来很大的负面影响。这一原则具体体现在法律行业的许多纪律性规范性文件中,如最高人民法院的《人民法院工作人员处分条例》《关于审判人员在诉讼活动中执行回避制度若干问题的规定》,最高人民检察院的《人民检察院刑事诉讼规则》,司法部的《律师和律师事务所违法行为处罚办法》等。对这些法律职业道德规范的具体内容的认真遵守,是法律职业人员完成如审判、侦查、法律监督、起诉、代理、公证等工作的基本保障。不严格遵守法律职业纪律,便没有合理公正的法律行为,更不会有正确的行为结果。

保密问题在法律职业伦理中有着非常重要的地位。保守秘密是严守执业纪律的重要内容。法律职业的特点使得法律职业人员在日常的工作中直接接触各种秘密,包括国家秘密、侦查秘密、审判秘密、商业秘密、个人隐私等,因此,保守秘密成为对法律职业人员从事职业活动的必然要求,我国多项法律制度也都对这一内容作出了明确规定。比如,《法官法》第10条第5项规定,法官应当"保守国家秘密和审判工作秘密,对履行职责中知悉的商业秘密和个人隐私予以保密";《检察官法》第10条第5项也规定,检察官应当"保守国家秘密和检察工作秘密,对履行职责中知悉的商业秘密和个人隐私予以保密";《律师法》第38条第1款规定,"律师应当保守在执业活动中知悉的国家秘密、商业秘密,不得泄露当事人的隐私";等等。法律职业人员泄露职业活动中属于秘密事项的内容不仅会给国家和人民以及当事人的利益造成不同程度的损害,同时也会严重损害法律职业严肃公正的形象。因此保守职业秘密是法律职业人员职业道德中的一项十分重要的内容。

四、互相尊重,相互配合

由于在法律职业活动中,法律职业人员的职务行为不是孤立的,既有职业内部的关系,也有职业外部的关系,法律职业人员必须发挥相互协作、互相配合的精神,才能顺利完成工作。在刑事诉讼领域,法官、检察官、律师各自担负着不同的职责,但是目的是一致的,就是依法惩罚犯罪与维护人权。法律职业人员之间的相互配合表现为两个方面,一方面是法律职业中同一行业的法律职业人员之间的相互配合,如法官之间、检察官之间、律师之间的相互配合、相互协作;另一方面是法律职业内部不同行业的相互配合,如法官、检察官和律师之间的相互配合。

法律职业是享有崇高地位和声望的职业,法官、检察官、律师虽然各司其职、互相区别、互相监督,但是又互相配合、相辅相成。虽然各自担负的职责不同,但是目的相同,就是维护司法公正,维护国家和人民的利益。因此法律职业人员在人格和依法履行职责的地位方面是平等的。如果法官、检察官、律师在履行职责的过程中不能互相尊重,而是互相贬低、互相拆台,就会严重损害法律职业在人们心目中的崇高形象。互相尊重、相互配合,要求法律职业人员在履行法律职责的过程中做到严格职业纪律,依法执业,不超越职权擅自干预和妨碍其他法律职业人员的正常办案。如法官之间不能随便过问其他法官正在办理的案件。法官、律师、检察官在办理案件的过程中,要防止先入为主、固执己见、刚愎自用的心理,要耐心听取不同的法律职业人员的意见。有的法官、检察官在审理案件之前就已经对案件有了自己的看法,于是在案件审理的过程中对律师提出的代理意见、辩护意见采取不耐烦的态度,或打断,或制止,甚至呵斥;有的法官、检察官在法庭上盛气凌人、颐指气使;有的律师在法庭上目中无人,无理取闹。这些都是法律职业人员履行职责中的大忌。

互相尊重、相互配合,要求法律职业人员谦恭有礼,遵守有关司法礼仪。如最高人民法院《法官职业道德基本准则》第22条规定:"尊重当事人和其他诉讼参与人的人格尊严,避免盛气凌人、'冷硬横推'等不良作风;尊重律师,依法保障律师参与诉讼活动的权利。"第24条规定:"坚持文明司法,遵守司法礼仪,在履行职责过程中行为规范、着装得体、语言文明、态度平和,保持良好的职业修养和司法作风。"《律师职业道德和执业纪律规范》第18条规定:"律师应当遵守法庭和仲裁庭纪律,尊重法官、仲裁员,按时提交法律文件、按时出庭。"

五、恪尽职守,勤勉尽责

恪尽职守,勤勉尽责对于法律职业人员而言就是在自身职业活动中严格履行自己的职责,工作积极,认真负责。工作积极就是要求法律职业人员勇挑重担,埋头苦干,兢兢业业,一丝不苟,为国家的法律事业多做贡献,为做好法律工作肯花时间,能够吃苦耐劳,必要时牺牲个人利益把工作做好。认真负责最根本的一条就是对分内的职责负责。为此,法律职业人员既要认清自己的职责,还要在履行职责中以积极的态度想方设法按照职责要求做好每一项工作。恪尽职守、勤勉尽责的法律职业人员能够以负责的态度、积极的行为来完成自己的工作任务。相反,若法律职业人员对待工作的态度是消极的、行为是散漫的,那么其分内的工作任务就不太可能圆满地完成。在司法实践中人民群众对法律职业人员的工作存有很多不满,这些不满不仅来自司法腐败方面的问题,还来自法律职业人员在具体工作方面的一些不尽如人意的表现,比如办案拖拉、态度生硬冷漠,等等。这些行为都是法律职业人员不能很好地恪尽职守、勤勉尽责的表现,其负面影响是明显的。

我国现行的许多法律规范都有对这一原则明确而具体的规定。比如,《法官职业道德基本准则》第11条规定:"严格遵守法定办案时限,提高审判执行效率,及时化解纠纷,注重节约司法资源,杜绝玩忽职守、拖延办案等行为。"《律师法》和《律师职业道德和执业纪律规范》都规定律师在执业过程中,应该尽职尽责向当事人提供法律服务。《律师职业道德和执业纪律规范》第5条规定:"律师应当诚实守信,勤勉尽责,尽职尽责地维护委托人的合法利益。"这些规定一方面以法律的形式确立了对法律职业人员在职业活动中恪尽职守、勤勉尽责的宏观要求,另一方面也明确了这一原则性规定的一些具体要求,这既可增强法律职业人员遵守这一原则的意识,又可提高他们遵守这一原则的能力。

六、清正廉洁,遵纪守法

习近平指出,建设法治国家、法治政府、法治社会,实现科学立法、严格执法、公正司法、全民守法,都离不开一支高素质的法治工作队伍。法治人才培养上不去,法治领域不能人才辈出,全面依法治国就不可能做好。[①] 现代社会的高素质的法治人才必须做到清正廉洁、遵纪守法。从古至今,由中而外,对法律职业的清廉要求是概莫能外。清正廉洁、遵纪守法的原则,就是要求法律职业人员在工作中不利用职务上的方便为自己谋取非法利益,不在从事职业活动的过程中作出违反法律以及行业规章规定的行为,保持一身正气、清正廉洁的优良作风。法律职业人员要识大体,顾大局,不畏权势,不为权

---

① 参见《习近平在中国政法大学考察时强调 立德树人德法兼修抓好法治人才培养 励志勤学刻苦磨炼促进青年成长进步》,载《人民日报》2017年5月4日。

力、地位、名誉、金钱和其他物质利益所动摇,"俯首甘为孺子牛",真正做到一心为公,强化作为法律职业者的服务意识。也就是说,法律职业人员要时时刻刻想到自己是一名法律工作者,自己的一言一行都要表现出良好的职业形象。为民施法是每一个法律职业人员的基本工作。由于法律和权力、权利、利益紧密联系在一起,因此一个法官、检察官或律师如果缺乏无私奉献、敬业献身的精神,就有可能利用法律为自己谋取非法利益,徇私枉法,造成损害他人和国家利益的后果。法律职业人员在司法和提供法律服务的过程中要始终把国家和人民的利益放在首位,保持清正廉洁,秉公执法,取信于民,维护法律职业人员的职业形象。

这一法律职业道德原则具体体现在许多具体的规范性文件中,《法官法》《检察官法》和《律师法》都有关于"清正廉洁"的规定。例如,法官、检察官不能私自会见当事人及其代理人、接受当事人及其代理人的请客送礼。《法官职业道德基本准则》专章对"确保司法廉洁"作出了具体规定,明确规定法官在履行职责时,不得直接或间接地利用职务和地位谋取任何不当利益。

第五节 法律职业伦理的社会功能

蔡元培先生指出:"官吏者,据法治事之人。国民既遵法律,则务勿挠执法者之权而且敬之。非敬其人,敬执法之权也。且法律者,国家之法律,官吏执法,有代表国家之任,吾人又以爱重国家之故而敬官吏也。官吏非有学术才能者不能任。"[1]法律职业人员实际上就是"据法治事之人",因此其职业伦理的外在表现必然会对社会各方面产生影响。法律职业伦理的社会功能包括示范功能、调节功能、提升功能、辐射功能。

一、示范功能

规范意义上的法律职业伦理是对法律职业者个人和法律职业环

---

[1] 蔡元培:《中学修身教科书》,译林出版社2013年版,第95页。

境的具体道德上的描述。一个法官、一个律师、一个检察官的职业道德面貌如何,主要是通过他的职业行为体现出来,而其职业行为本身是否合乎法律职业伦理的基本的内在的要求,又是通过法律职业者的行为本身与法律职业伦理规范的对照反映出来的。我国目前的法律职业大多有成文的职业道德规范,这些规范本身就具有示范性特征。加强法律职业道德建设就是要弘扬这些优秀的法律职业道德,在法律职业人员中树立先进的法律道德意识,培养自觉遵守职业道德规范的良好习惯。

法律职业伦理所具有的示范功能可以为法律职业者的职业行为和个人行为作出分类。法律职业者首先是社会中的一个具体的个人,由于其承担的是法律工作,这种工作的性质就要求他们具有比一般社会公众更高的道德水平和道德素养,这在法律职业伦理规范中就涉及法律职业主体的业外活动规范。这些规范对法律职业者的行为必然具有引导和示范作用。其次,法律职业伦理最本质的内容是通过法律职业主体的执业行为体现出来的,其中反映出来的职业伦理规范为整个执业群体所认可。比如维护司法公正是法官最重要的职业伦理规范,这种规范对于法官的执业必然具有强大的示范作用和影响。法律职业伦理的示范作用不仅在于唤起和影响每一个法律职业者良好的道德品质的形成,更主要的是在法律职业中建立和贯彻一定的道德原则和基本规范,这对于建立为社会所充分认可的法律职业群体具有十分重要的作用。

二、调节功能

法律职业伦理作为一种道德范畴,是整个社会调节系统中的一部分,因此,调节功能是法律职业伦理的最主要功能。法律职业伦理的调节功能是指道德具有以评价等方式指导和纠正法律职业人员的行为和实际活动,以协调法律职业人员之间、法律职业人员与法律职业对象之间关系的能力。法律职业伦理调节可以使法律职业人员的行为实现从现有到应有的转化为目标。法律职业道德具有一定的强制性,但它表现为内心的命令、舆论的压力和传统习俗的束缚,因此具有内在性的特点,即它是以法律职业人员在长期的法律职业实践中所形成的法律职业道德观念、道德感情、道德信念为基础的。总之，法律职业伦理进行调节的特点在于，通过社会舆论、良心、风俗习惯、榜样感化和思想教育等手段，使法律职业人员形成内心的善恶观念和情感、信念，自觉地尽到对他人和社会应尽的责任和义务，以协调各种相关的社会关系。可以说，法律职业道德评价是法律职业道德调节的主要形式。社会舆论、传统习惯和内心信念是法律职业道德所赖以发挥作用的力量。调节的尺度是"应当怎样"，而不是"是怎样"。法律职业道德以"应该不应该"来调节法律职业人员的行为，由此表现出规劝和引导的特点。法律职业道德调节正是以上述特征广泛深入到法律职业人员生活的各个角落，触及其他调节手段所触及不到的地方，以此补充其他社会调节手段。当然，法律职业道德的调节并不是孤立地进行的，它和其他的社会调节处于紧密相连的相互影响之中。

三、提升功能

我国法律职业人员来源较复杂，法律职业伦理水准差异较大，且总体水平不尽如人意。加强法律职业道德建设对于提升整个法律职业队伍的职业道德水平无疑具有十分重要的作用。法律职业道德对于法律职业人员的提升作用是通过法律职业伦理教育来实现的。

所谓法律职业伦理教育是指法律职业伦理能够通过评价、激励等方式，造成社会舆论，形成社会风尚，树立道德榜样，塑造理想人格，来培养法律职业者的职业道德观念、职业道德境界和职业道德行为。法律职业伦理教育的特殊任务是把某种价值体系、行动与观念准则灌输到法律职业人员的意识中，使其形成相应的法律职业道德信念和道德品质，从而在法律职业人员身上展开法律职业道德作用的内部机制，使法律职业人员不仅能在职业道德上自我调节和监督，而且能够参与职业道德的调节过程。可见，对于法律职业人员的职业道德提升来说，道德教育起着非常重要的作用，决定着其职业道德的发展方向和自身的精神面貌。

在法律职业伦理教育过程中，每一位法律职业人员既是受教育者，又是教育者。教育者本身也需要受教育，受教育者自己同时也是教育过程的积极参与者。没有任何一位法律职业人员是只教育别人而自己不需要受教育的。法律职业道德教育是面向整个法律职业、面向一切法律职业人员的,而且任何法律职业人员的职业道德信念、品质以及自我调节和干预职业道德生活的能力形成都不是一次完成的,也不是一经形成就一劳永逸的。他们都需要经常受教育,需要由外界不断灌输法律职业道德知识和职业道德要求。在这个教育过程中,外界灌输的道德知识和道德要求需要个人带有积极性、主动性地去分析、理解,并在理解的基础上把外在的知识变为内在的情感和观念,把社会的要求变成自己的欲求。因此,法律职业道德教育强调把对人的严格要求和对人的个性、愿望的尊重相结合,强调调动个人作为职业道德教育过程参与者的积极性,激发人改变和完善自己、改变和完善社会的热情,以唤起法律职业者自我教育的欲求,激励法律职业人员在职业道德生活中不仅做先进的职业道德思想的理解者、接收者,而且做先进职业道德思想的探索者和传播者。法律职业人员正是在这样的道德教育过程中逐步提升自己的法律职业道德品质的。

四、辐射功能

法律职业人员的执业活动涉及社会生活的方方面面,法律职业人员的道德意识、道德行为对整个社会也会产生影响。加强法律职业道德建设不仅可以树立良好的法律职业队伍的形象,同时对整个社会的道德建设也具有辐射作用,从而带动整个社会的道德文明、精神文明的进步。

法律职业道德以实践—精神的方式掌握世界的特征在于它体现着主体对"应有"的追求,它具有直接启动实践的力量,它不会允许掌握对象毫无变化地存在,而要将之转化为符合主体要求的应有状态。这种理想状态同时又以外化于道德主体的方式对非法律职业道德主体起着影响和感召作用,体现出其辐射性的一面。因此法律职业道德具有激发、鼓励人们的主动性和积极性的作用,一方面促使人们自我发展、自我完善,另一方面促进整个社会关系的进一步人道化。正如克鲁泡特金在《伦理学的起源和发展》一书中所指出的:"新伦理学的职责便在于把那些理想——那些能够激起人们的热忱,而且将建设一个结合个人能力以谋万人福利的生活形态所必需的力量给予人们的理想注入在人们的脑中。"①克鲁泡特金在这里讲的伦理学的功能部分地表明了伦理对社会的辐射功能。法律职业道德作为伦理的范畴之一,当然地会对社会以及非法律职业人员发生辐射作用。

由社会掌握运用,作用于非法律职业人员,这是法律职业道德辐射作用的一种方式。它通过一定的社会机制体现出来,这种社会机制包含道德理想、道德榜样和道德批评三个构成因素。道德理想体现一定的社会道德规范体系的要求,激励人们向往、追求并力图实现完美人格的高尚品德,它为人们的行为提供所应追求的价值目标,向人们展示完美的道德人格应该表现出怎样的精神面貌。道德榜样是道德理想的具体化,他们相对集中地体现了理想人格的至善品德。道德批评运用大众传播工具等各种形式揭露、谴责社会道德生活中的恶行,以克服道德生活发展中的困难和阻碍,只要方法正当,道德批评就既可能达到抑制恶行的目的,也有可能达到激发善行的目的。因此,可以说,道德批评是保持社会体制的生机和活力的重要因素。法律职业道德正是以影响非法律职业人员的道德理想确立、为非法律职业人员塑造道德榜样和引导社会的道德批评方向的方式,实现其对社会以及非法律职业人员的辐射作用的。这种辐射作用不同于被激励对象的自我激励,它是法律职业道德外向作用的方式。

第六节　法律职业伦理学的学科建设

一、法律职业伦理学

伦理学是研究道德的科学。"在人类所关心的一切事情中,道德是最重要的。道德在我们一切交往中是经常有联系的东西。"②法律职业伦理学就是研究法律职业活动中的道德问题的科学。法律职业伦理学是跨法学与伦理学两大领域的新兴的边缘学科。有的学者认

---

① 周辅成编:《西方伦理学名著选辑》(下卷),商务印书馆1987年版,第566页。
② 〔英〕威廉·葛德文:《政治正义论》,何慕李译,商务印书馆1980年版,第528页。

为,法律职业伦理学就是狭义的法律伦理学。实际上法律伦理学与法律职业伦理学还是有严格区别的。法律伦理学研究整个法律现象中的道德问题:既包括法律中的道德问题,比如刑法、民法等法律中的道德问题;也包括司法实践中的道德问题,比如立法、司法、守法等活动中的道德现象。其范围十分广泛。法律职业伦理学则主要研究法律职业人员在职务活动中的道德准则、标准和规范。显然,从研究的范围看,法律伦理学研究的范围要比法律职业伦理学广得多。但是在西方,狭义上的法律伦理学则专指法律职业伦理学。

法律职业伦理学研究什么这个问题,看起来很容易回答。但是法律职业伦理问题本身与法律传统、司法制度,与社会伦理和司法心理等问题密切相关。因此如何界定法律职业伦理的核心和与其他学科的边界就是一个难题。比如,公正问题,从本质上看是一个伦理问题,要达到司法的公正,需要公正的法律,需要有公正的法律职业人员,还需要有可以实现公正的各种法律保障条件。仅仅依靠哪个方面都很难实现公正的目的。因此研究法律职业伦理不可能脱离现行的法律制度和我国现在的司法条件。法律职业伦理在实现司法公正中扮演一个什么样的角色,这是法律职业伦理学科建设中首先要弄清楚的问题。

法律职业伦理学其次要研究的是法律职业伦理的一般原理。法律职业伦理学要研究法律职业伦理的起源、本质和社会作用以及法律职业伦理的构成、法律职业伦理的一般原则。

再次,法律职业伦理学研究的是法律职业伦理发展的一般规律。现代法律职业伦理的形成有一个漫长的历史过程,是伴随着法治发展的进程不断完善和进步的。研究法律职业伦理必然要总结、分析和探求影响法律职业伦理发展的重要因素和其中的内在演变规律。

复次,法律职业伦理学要研究法律职业伦理的一般规则。法律职业伦理是职业道德的组成部分,其表现形式主要是法律职业伦理规范,对于各种法律职业伦理的规范,包括一般规范和特殊规范要加以深入的研究和分析,揭示其内涵,分析其规律,以此为基础构建法律职业伦理的学科体系。

法律职业伦理学还要研究法律职业人员在履行职责过程中的具

体的职业道德问题,包括审判伦理、检察伦理和代理伦理等。这是法律职业伦理研究的重点,也是难点所在。

最后,法律职业伦理学要研究的是法律职业责任问题。要通过法律职业伦理的进一步研究探求法律职业人员在职业上应当承担的伦理责任,以及责任的归属、责任的承担方式和机制等问题。

根据上述法律职业伦理学研究的对象,法律职业伦理学科体系可以分为总论和分论,总论部分主要阐述法律职业伦理学的学科地位、基本范畴、历史渊源、社会功能、伦理规则、内化养成、伦理教育、法律责任,阐述和确立法律职业伦理这门学科的基本理论。分论部分结合法律职业伦理建设的实际,分别阐述法官、检察官、律师、公证员、警察等法律职业的基本伦理要求、规范和实施中的一些具体问题。

法律职业伦理学是法律伦理学的组成部分,不仅研究法律职业主体在实施法律过程中所应具备的基本的道德素质以及职业的行为规则,还要研究法律职业人员在执业过程中遇到法律与伦理冲突的问题时如何选择正确的伦理行为。后者是目前法律职业伦理研究中最为薄弱的环节,比如目前在司法实践中出现的对特殊群体暂缓起诉问题,拘留逮捕犯罪嫌疑人或被告人时采用强制手段的人性化问题,法官在审判案件中遭遇法律与伦理的冲突时应该如何采取正确行为的问题,律师在执业中经常遭遇的种种利益冲突该如何处理的问题,等等。这些都是法律职业人员经常要面对的问题,法律职业伦理学应该给予回答。而目前法律职业伦理学的研究往往停留在法律职业人员应该具备什么样的道德要求上,很少涉及职业的深层次问题,这也直接影响了法律职业伦理学的学科发展。

二、法律职业伦理学研究的价值

目前学界对于法律职业伦理学的理论体系很少关注。随着依法治国进程的推进和司法改革的深入,法律职业伦理问题必将引起高度的重视。因为任何法律的实施以及法律的保障都必须通过法律职业主体来最终完成。要实现法律的目的,显然离不开法律职业主体的伦理问题。法治和人治问题长期以来是政治家和法律家争论不休的问题。实际上只要有国家存在,纯粹的法治和纯粹的人治都是不存在的。就现代法治而言,法治之治也离不开人治,只不过法治之治在于通过接受过严格的法律训练并且崇尚法律的法律人按照正义和规则来推动法律的实施而已。儒家主张的"为政以德"与现代社会的"依法治国"并不是决然对立的。时下,我们的社会不是缺乏法律,而是缺乏法律的权威,缺乏大批可以树立法律权威的法律人。法律职业伦理教育的目的就是培养可以树立法律权威的法律人。因此法律职业伦理的学科建设就显得尤为紧迫。民国时期的法学家孙晓楼先生就指出:"有了法律学问,而没有法律道德,那是不合乎法律本质上的意义,也不合乎法律教育的目的。"[①]要培养高素质的法律人才,必然要进行法律职业伦理教育。

第一,法律职业伦理学的研究有利于解决"依法治国需要什么样的法律人"这样一个重大现实的问题。

要成功实现现代法治,仅有法律规范还远远不够,还需要创造实施法治的内外环境,其中非常重要的是法律人人格的塑造。我们需要什么样的法律人,我们需要什么样的伦理规则,这就是法律职业伦理学要回答的现实问题。法律职业伦理学的研究可以说是社会主义法治建设的历史选择和现实的呼唤。翻开报纸,打开电视或点击互联网都能看到,一方面,今日法律职业人员的职业道德面貌并不理想。有法官因徇私枉法被判刑,出现"三盲"法官,法官与律师沆瀣一气坑骗当事人;有的律师诈骗、行贿、参与伪证;有的检察官刑讯逼供;有的警察飞扬跋扈、与黑恶势力有千丝万缕的联系;有的公证员出假证;等等,不一而足。另一方面我们的司法队伍整顿却一浪高过一浪,每年都要出台各种队伍建设的规章制度,比如法院的错案责任追究制度、检察院的廉政建设、政法委的"三条禁令"、司法行政部门试图建立的律师诚信制度等。随着依法治国方略的实施,人们对法律人员的职业道德问题的关注程度越来越高。司法人员的职业道德问题已经超越司法职业本身,成为社会普遍关注的问题。造成这一问题的原因固然是多方面的,但是职业道德素质绝对是其中的关键

---

① 孙晓楼:《法律教育》,王健校订,商务印书馆2017年版,第23页。

问题。法律职业伦理学的研究和运用,将进一步促进我国法律职业队伍的精神文明建设,培养法律职业主体的法律道德意识,促使其正确运用法律,客观公正处理各类案件和调整人民内部的各种纠纷,促进法律的正确实施。

第二,法律职业伦理学的建立和发展,将引起法学和伦理学研究的新进展和新突破,拓宽法学和伦理学研究的视野。

法律职业伦理学的研究可以进一步推动法律边缘学科的形成。长期以来法律领域的边缘学科始终没有引起学界的高度重视,处于边缘化的状态。实际上,法学的研究不应当仅仅局限在法学领域,法学的研究如果不能广泛借助其他社会科学以及自然科学的研究,必然会落后于这个时代。西方国家法律经济学、法律社会学、法律哲学、法律伦理学的兴起都很能够说明这一点。法与道德的关系是法学理论中由来已久且至今争论不休的重大问题。在依法治国的新时期,有必要重新审视和深入探讨法和道德的关系问题。特别是在党中央提出以德治国方略之后,如何处理依法治国与以德治国的关系,更是一个时代的重大课题,法律职业伦理建设问题必然是其中的一个重要环节。虽然法律与道德之间存在天然联系,但是并未因此在法学与伦理学领域自然催生出法学与伦理学之间的整合。实际上,法学的发展需要借鉴伦理学,以便为法律的创制和实施提供价值评价的依据和标准:一方面,使法律能正确地反映社会主义经济、政治和社会发展的客观规律;另一方面,使法律的实施更好地发挥其社会效果,以便妥善地处理法律与道德规范相冲突的复杂案件。反过来,伦理学的发展也应借鉴法学研究的成果,如吸取法学对人的行为、权利义务和责任的研究成果,从而使伦理学研究摆脱对道德现象空洞的抽象分析而与实践紧密结合。同时,法学和伦理学的结合,将促进法律职业伦理科学体系的建立,进一步丰富伦理学的内容。总之,法律职业伦理学的出现,可以进一步促进法律伦理学的研究。法律职业伦理学的建立与研究无疑将拓宽法学与伦理学研究的视野,促进法学、伦理学研究的繁荣,提高司法实践和道德建设工作的规范性与科学性。

第三,法律职业伦理学研究的价值还表现为其具有教育和认知作用。

  法律职业人才道德素质的提高离不开法律职业规则的严格和专门的训练。美国著名的法官本杰明·卡多佐(Benjamin Cardozo)指出:"法官的训练,如果伴随所谓的司法品性,会在某些程度上帮助他从个人的喜好中解放出来,会扩大他下意识忠实——这是正当的——的群体范围。只要人性还是现在这个样,这些忠诚就永远不会完全消除。"①从现状看,一些法律职业人员在履行职务的过程中不能依法正确履行职责,有的把法律职业当作发财致富的手段,有的甚至因此酿成犯罪,给国家的法治建设带来了严重的负面影响。这在很大程度上与缺乏严格的职业道德训练和良好的职业道德习惯有着密切关系。进行法律职业伦理的研究并在高等院校开设法律职业伦理课程,使未来的法律职业人才接受良好的法律职业规则的专门训练,将有助于从根本上全面提高法律职业人员的总体素质。长期以来,传统的法学教育重视法律知识的传授而忽视了对学生职业规则的严格和系统的训练,不利于培养德才兼备的高素质专业法律人才。我国的法学教育一直重视基本法律知识和基本理论的传授,而对于学生如何在将来的职业实践中运用这些知识来寻求实现法律的公正,如何保持职业的操守、规范以及职业的廉洁性,缺乏系统的、严格的和专门的训练。有关法律职业规则的内容散见于刑事诉讼、民事诉讼、行政诉讼等程序法学和律师学等课程中,而且所占的分量很小,起不到专门的训练与教育的作用。开展法律职业伦理学研究并将法律职业伦理单独作为一门必修的课程在高等法律院校开设将有利于改变这种现状。

  对高等院校法科学生开展法律职业伦理教育,同时也是国际上通行的做法。世界上法律制度和法学教育较发达的国家,法学院都普遍开设法律职业伦理方面的课程,并把学生对法律职业伦理课程的学习与通过考试作为其成为具有执业资格的专业法律人才的必要条件。不仅如此,在法律职业人才的继续教育中,法律职业伦理仍然

---

  ① 〔美〕本杰明·卡多佐:《司法过程的性质》,苏力译,商务印书馆1998年版,第111页。

是必修的内容。法科的学生接受正规的、系统的法律职业伦理的训练,将有助于我国法律职业人员更好地运用法律执业规则处理各种国际法律事务,更好地应对日益广阔的国际法律服务领域的各种挑战,树立中国法律职业队伍的良好的国际形象。2018年4月28日,《国家统一法律职业资格考试实施办法》(中华人民共和国司法部令第140号)公布,以法律职业资格考试取代了存在16年的司法考试。2019年4月23日第十三届全国人民代表大会常务委员会第十次会议修订了《法官法》和《检察官法》,规定初任法官、检察官应当通过国家统一法律职业资格考试取得法律职业资格。2017年9月1日第十二届全国人民代表大会常务委员会第二十九次会议对《律师法》的修改,也规定申请律师执业资格必须通过国家统一司法考试,即法律职业资格考试。法律职业资格考试制度的实施,有助于形成法律职业共同体,有助于各种法律职业人员在处理法律事务上的互相配合与协调,从而提高法律职业人员执法的效率与公正性,这是贯彻依法治国方略、推进司法改革的重大举措。开展法律职业伦理学的研究与教学正是顺应了这一形势。

在法学学科群中,学科之间的发展是不平衡的。改革开放初期,宪法学、法制史学、理论法学、刑法学都是主流学科。后来,随着市场经济的发展,民法学和商法学等学科成为新的主流学科。法律职业伦理学科能否像上述的法学核心学科一样逐步成为法学核心学科,甚至发展为主流学科?笔者认为,答案是肯定的。

第一,法律职业伦理具有和其他法学主流学科相同的三维立体结构。法学主流学科与其他社会科学在学科上的显著不同,就在于法学的主流学科具备三维的立体结构,即集科研、实践与教学三位一体的密不可分的结构。也可以形象地说是法律职业伦理的"三驾马车"。我们可以看到,宪法学、民法学和诉讼法学等,都是科研、立法与教学的三位一体的结构,而且彼此均衡。在法学学科群中,学科不是三位一体,或者即便存在三位一体,但是彼此并不均衡的,就可能被边缘化。只有三位一体,彼此存在均衡的支点学科才有可能成为主流学科。回到法律职业伦理学科来看,法律职业伦理具有很高的理论和科研的功能,具有立法和规则制定的功能,具有培养和形塑法律职业人员的职业道德的功能。这三个方面的功能在学科建设中都是互有优势、互相补充、互为条件的,具备均衡和立体化发展的三维立体的结构稳定性。从这一点上看,法律职业伦理学科与宪法学、刑法学、民法学和刑事诉讼法学等主流学科的特点是具有共性的,是具备主流学科的三维立体或者三位一体的均衡性许可结构的标准条件。

第二,法律职业伦理具有成熟的研究对象。法律职业伦理要成为主流的学科,必须有明确而成熟的研究对象。这是任何主流学科必须具备的基本条件。法律职业伦理作为主流学科的问题,要是在20世纪80年代初就提出来,是无法理解,甚至是不可思议的。道理很简单,那时候,法律职业也还没有成为成熟的职业群体。说到这里,我们有必要回顾一下邓小平关于法律职业建设和法律职业伦理的讲话。1980年1月16日,邓小平在中共中央召集的干部会议上发表重要讲话《目前的形势和任务》,其中专门提到法律专业人才的培养和建设的问题。他指出,我国"具有专业知识、专业能力的干部太少。比如现在我们能担任司法工作的干部,包括法官、律师、审判官、检察官、专业警察,起码缺一百万。可以当律师的,当法官的,学过法律、懂得法律,而且执法公正、品德合格的专业干部很少"。四十多年过去了,中国法律职业的建设所取得的巨大的成就完全可以告慰邓小平,中国目前不仅法律职业人员过百万,而且可以说绝大部分法律职业人员"执法公正、品德合格"。邓小平提出的"执法公正、品德合格"不正是我们法律职业伦理建设的目标和底线吗?法律职业的相对成熟为这门学科提供了明确的研究对象,提供了丰厚的研究土壤。从这个角度看,中国法律职业伦理作为主流学科的发展是时代的产物,是历史的必然,不是由研究者的主观意志所决定,而是由中国法制发展的规律和现实需要所决定的。

第三,法律职业伦理具有总分结合的二元体系的学科范畴。法律职业伦理是法学与伦理学的结合,是职业伦理在法律领域的升华和体现,不仅具有成熟的研究对象,而且具有体系化的学科范畴。从学科内容上看,法律职业伦理初步形成以法律职业伦理为核心的范畴体系,不仅包括总论范畴,譬如法律职业主体、法律职业准入、法律职业行为、法律职业功能、法律执业原则、法律职业责任、职业利益冲突等,还包括各种分论部分的范畴体系,譬如法官职业伦理、检察官职业伦理、律师职业伦理、公证员职业伦理等。当然,这些范畴体系还需要在研究中进一步规范和抽象。具有总论和分论的二元结构的范畴体系是法律职业伦理成为法学主流学科十分重要的条件。

第四,法律职业伦理的研究成果可以进入任何主流的法律学科中。在相对成熟的法学学科中,除了作为一级主流学科的宪法、民法、刑法等学科之外,还有次级主流学科,譬如法律经济学、法律社会学、法律思想史、法律史,这些学科的共同特点就是具有学科的贯通性,在其他任何学科中都能找到它们的地位。法律职业伦理同样具有类似的贯通性,因为任何法律的实施都离不开具体的法律主体的参与,而法律主体的伦理道德是保证法律有效和正确实施的必要条件。当然,"法治之治"并非"法人之治",而是法律人利用法律规范保证法律的正确实施,具备高水平的法律职业伦理是避免法律人治的基本条件,因此,任何法律领域都不可避免地会遇到法律职业伦理的问题。正因为如此,在诉讼法领域大量存在法律职业伦理的问题,譬如辩护律师的伦理、刑事法官的审判伦理等。从这个角度看,法律职业伦理具备成为主流学科的条件。

第五,法律职业伦理具有理论和实践的高度结合性。理论和实践并重是法学主流学科的共性,理论的延展性是学科的重要特点。法律职业伦理不仅具有重要的理论价值,也具有非常重要的实践价值。法律职业伦理的理论研究因为跨哲学和伦理学学科,紧密联系人的行为,在理论研究上具有无限的延展性,具有广阔的拓展的研究疆域,甚至可以构造学术流派。同时,法律职业伦理和其他主流法学学科一样,具有推进和完善法律职业伦理的规范和立法的功能。法律职业伦理的规范性立法在最近十年间有很多的建树,这直接为法律职业伦理的学科研究提供了社会实验的场所和平台,为法律职业伦理的研究成果和效果提供规范性的依据。法律职业伦理体现出高度的理论性和实践性的融合,使其有可能成为真正意义上的主流学科。

三、法律职业伦理学的研究方法

首先,研究法律职业伦理学必须有正确的思想作为指导,即必须以唯物史观为指导,尤其要以习近平新时代中国特色社会主义思想来指导。马克思指出:"物质生活的生产方式制约着整个社会生活、政治生活和精神生活的过程。不是人们的意识决定人们的存在,相反,是人们的社会存在决定人们的意识。"①法律职业伦理学的研究也必然离不开现实的社会经济环境,因为社会的物质生产方式归根结底决定道德的发展。历史唯物主义为法律职业伦理研究指明了根本的方向,也提供了一个根本的方法。

其次,研究法律职业伦理学必须理论联系实际。法律职业伦理学不仅是一门理论科学,也是一门实践性很强的科学。法律职业伦理学必须面向司法实践,回答司法实践中法律职业主体所遇到的各种法律伦理问题,为法律职业主体提供解决道德问题的理论支持。目前法律实施过程中暴露出来的许多尖锐问题都与法律职业的伦理有关。在目前社会转型时期的司法实践中,法律与道德的冲突、新旧道德的冲突非常突出。同时由于历史问题,我国法律职业队伍的构成非常复杂,反映出来的法律职业伦理问题非常严重。在这样一种情况下,对法律职业伦理的研究必然不能脱离现实,必然要为现实服务。因此,研究法律职业伦理必须面向生活,密切关注法律实践,总结分析实践中出现的各种与法律职业伦理相关的案例,并从中探求法律职业伦理的发展规律和解决问题的路径,为实现依法治国和国家民主政治的发展提供理论上的支持。

再次,研究法律职业伦理还必须运用历史考察的方法。列宁指出:"在社会科学问题上有一种最可靠的方法,它是真正养成正确分析这个问题的本领而不致淹没在一大堆细节或大量争执意见之中所必需的,对于用科学眼光分析这个问题来说是最重要的,那就是不要忘记基本的历史联系,考察每个问题都要看某种现象在历史上怎样产生、在发展中经过了哪些主要阶段,并根据它的这种发展去考察这

---

① 《马克思恩格斯文集》(第 2 卷),人民出版社 2009 年版,第 591 页。

一事物现在是怎样的。"① 虽然法律职业伦理学是一门年轻的学科,但是法律职业伦理本身的历史是悠久的,法律职业在人类历史上一产生,就有法律职业伦理问题。对中西方法律职业发展的历史考察无不折射出法律职业伦理在人类法治文明发展进程中所起到的重要作用。因此研究法律职业伦理不能不研究中外法律职业发展的历史,研究职业道德在其中所起的重要作用。只有这样,我们对法律职业伦理的研究才能奠定坚实的基础。

最后,法律职业伦理学的研究还要广泛借助和吸收其他学科的知识和方法,不断丰富和发展自己。现代科学,包括自然科学,发展的重要趋势是渗透式综合发展。由于法律职业伦理学探寻的是传统法学和伦理学很难深入研究的复杂现象和问题,必须把法学和伦理学的方法论优点结合起来,从全新的角度和方法上解答法律职业伦理中的一些复杂问题,因此对于法律职业伦理学的研究不应局限于法学和伦理学范围内,还必须广泛借鉴经济学、社会学、心理学、生物学、政治学、人类学、文化学的方法,以及经济分析的方法、逻辑分析的方法、比较分析的方法。法律职业伦理本身是跨学科的学科,其研究方法必然是多样的、开放的、发展的。任何一种方法只要具有科学性,对学科的建设与发展有促进作用,对学科规律的认识有启发,我们就应该大胆地使用。

虽然我国法律职业伦理的研究起步比较晚,在学术界还没有引起足够的重视,但是随着我国依法治国和政治文明的进步,随着法律职业的专门化、精英化、法治化,社会和法律界对法律职业伦理在接受程度和内在要求上都会越来越高。特别令人欣喜的是,最近十多年来中国法律职业伦理的学科建设与发展都获得了比较大的进步。无论是法律职业伦理的教学,还是法律职业伦理的学术研究都获得了长足的发展与进步。法律职业伦理成为许多大学法学院的必修课,课程的内容更加丰富,教学方法和手段更加灵活多样,学生对该课程的兴趣也在增加;另外法律职业伦理的学术研究,也出现了很有

---

① 《列宁选集》(第4卷),人民出版社2012年版,第26页。

代表性的学术成果。① 虽然这种进步与主流法学学科相比可能还是显得稚嫩,但无论如何法律职业伦理的学科建设已经从过去的"荒芜"中走出,并且不断展露"新芽嫩枝",在不久的将来必将"枝繁叶茂"。可以预见,法律职业伦理的内在体系将越来越完备和精细,法律职业人员的教育将不再局限于一般意义上的思想整顿、教育整顿等传统的思想教育手段,法律职业伦理学的研究和教学必将走向繁荣,从而使法律职业伦理成为全体法律职业人员内在的精神和信仰,成为法律职业取信于民、取信于社会、取信于国家,树立职业尊严、树立法治权威的重要保障。

第七节 阅读与思考

一、立德树人,德法兼修②

习近平在中国政法大学考察时强调:立德树人,德法兼修抓好法治人才培养,励志勤学,刻苦磨炼促进青年成长进步。

习近平指出,全面依法治国,是坚持和发展中国特色社会主义的本质要求和重要保障,事关我们党执政兴国,事关人民幸福安康,事关党和国家事业发展。随着中国特色社会主义事业不断发展,法治建设将承载更多使命、发挥更为重要的作用。推进全面依法治国既要着眼长远、打好基础、建好制度,又要立足当前、突出重点、扎实工作。建设法治国家、法治政府、法治社会,实现科学立法、严格执法、公正司法、全民守法,都离不开一支高素质的法治工作队伍。法治人才培养上不去,法治领域不能人才辈出,全面依法治国就不可能做好。

习近平强调,没有正确的法治理论引领,就不可能有正确的法治实践。高校作为法治人才培养的第一阵地,要充分利用学科齐全、人

---

① 参见刘坤轮:《中国法律职业伦理教育考察》,中国政法大学出版社2014年版,第4—10页。
② 参见《习近平在中国政法大学考察时强调 立德树人德法兼修抓好法治人才培养 励志勤学刻苦磨炼促进青年成长进步》,载《人民日报》2017年5月4日。

才密集的优势，加强法治及其相关领域基础性问题的研究，对复杂现实进行深入分析、作出科学总结，提炼规律性认识，为完善中国特色社会主义法治体系、建设社会主义法治国家提供理论支撑。

习近平指出，法学学科体系建设对于法治人才培养至关重要。我们有我们的历史文化，有我们的体制机制，有我们的国情，我们的国家治理有其他国家不可比拟的特殊性和复杂性，也有我们自己长期积累的经验和优势，在法学学科体系建设上要有底气、有自信。要以我为主、兼收并蓄、突出特色，深入研究和解决好为谁教、教什么、教给谁、怎样教的问题，努力以中国智慧、中国实践为世界法治文明建设作出贡献。对世界上的优秀法治文明成果，要积极吸收借鉴，也要加以甄别，有选择地吸收和转化，不能囫囵吞枣、照搬照抄。

习近平强调，法学学科是实践性很强的学科，法学教育要处理好知识教学和实践教学的关系。要打破高校和社会之间的体制壁垒，将实际工作部门的优质实践教学资源引进高校，加强法学教育、法学研究工作者和法治实际工作者之间的交流。法学专业教师要坚定理想信念，带头践行社会主义核心价值观，在做好理论研究和教学的同时，深入了解法律实际工作，促进理论和实践相结合，多用正能量鼓舞激励学生。

习近平指出，中国特色社会主义法治道路的一个鲜明特点，就是坚持依法治国和以德治国相结合，强调法治和德治两手抓、两手都要硬。法学教育要坚持立德树人，不仅要提高学生的法学知识水平，而且要培养学生的思想道德素养。各级领导干部要做尊法学法守法用法的模范，以实际行动带动全社会崇德向善、尊法守法。

习近平强调，青年处于人生积累阶段，需要像海绵汲水一样汲取知识。广大青年抓学习，既要惜时如金、孜孜不倦，下一番心无旁骛、静谧自怡的功夫，又要突出主干、择其精要，努力做到又博又专、愈博愈专。特别是要克服浮躁之气，静下来多读经典，多知其所以然。

习近平指出，青年时期是培养和训练科学思维方法和思维能力的关键时期，无论在学校还是在社会，都要把学习同思考、观察同思考、实践同思考紧密结合起来，保持对新事物的敏锐，学会用正确的立场观点方法分析问题，善于把握历史和时代的发展方向，善于把握社会生活的主流和支流、现象和本质。要充分发挥青年的创造精神，勇于开拓实践，勇于探索真理。养成了历史思维、辩证思维、系统思维、创新思维的习惯，终身受用。

习近平强调，青年在成长和奋斗中，会收获成功和喜悦，也会面临困难和压力。要正确对待一时的成败得失，处优而不养尊，受挫而不短志，使顺境逆境都成为人生的财富而不是人生的包袱。广大青年人人都是一块玉，要时常用真善美来雕琢自己，不断培养高洁的操行和纯朴的情感，努力使自己成为高尚的人。

[提示与问题]

请结合法律职业伦理教育，谈谈你对习近平关于法学教育要坚持立德树人、德法兼修的理解。

二、职业而非交易①

从职业一词并不能推断出，早期的法律人组成了类似于现代律师协会那样的团体。他们并不认为他们是一个行会，也不认为他们的工作是一种交易。他们没有那么多的阶层意识或自私的利益。帝国建立之前，法律人并不承认他们的工作是一种职业。没有规定的准入要求，也没有职业许可。没有法学院，只有法学教师。成员资格的基础是信任——人们必须有足够的品质和能力，以获得和保持自信以及他人的信任。

但是，有那么一种职业感，来自共同的理想、目标和实践。这种感觉的最初证据——并且一直是真正职业感的标志——就是老成员对新成员的自愿帮助。斯凯沃拉教西塞罗，西塞罗又转而教恺撒（Caesar）和布鲁图（Brutus），并成为奎恩提连以及此后几代人的榜样。奎恩提连（Qaintilian）教普林尼（Pliny）。拉贝奥（Labeo）和卡庇托（Capito）——"两个为和平增添光彩的人"——研习了共和国时代的著作，然后教导奥古斯都和提庇留（Tiberius）统治下的年轻人。早期大师们的著作被追随他们脚步的后来人不断研习，一代人的成

---

① 节选自〔美〕罗伯特·N.威尔金：《法律职业的精神》，王俊峰译，北京大学出版社2013年版，第17—21页。

就鼓舞着下一代人。职业的精神推动一个时代走向成功,甚至超越前一个时代。

这些早期的法律人,既非单纯的职业家,又非法律工匠。他们看不起那些舞文弄墨者和迂腐不化之人。西塞罗表达了他对那些骗子和皮条客的憎恶。奎恩提连谴责那些"雄辩之士",说他们"不去学习,不去理解人的天性,不去探究人类内心的需求,不去寻求公共政策或永恒之正义"。在关于辩说的著作中,他说道,伟大的律师不仅应该研究裁判官的告示和法学家的意见,还应该反思幸福的性质、道德的根基,乃至一切的真和善。奎恩提连认为律师应该像西塞罗一样业绩显著,如加图(Cato)一样道德高尚。这种职业的观念最终体现于《学说汇纂》的开篇:"法学是研究善和正义的学问。"

职业先驱们显示出广泛的知识兴趣。他们也许被划分为辩士(演说家)、顾问、著作家和行政官员,但几乎任何人的作品都不能完全划入某一种类型:斯凯沃拉是著名作家和行政官员;西塞罗是演说家、行政官员和著作家;他的朋友苏庇修斯是顾问、行政官员和著作家;奎恩提连和普林尼是辩士和著作家。

他们的兴趣也远远超出法律。他们大多数都曾担任过军事指挥官,一些还做过海军指挥官。丧生于维苏威火山大喷发的老普林尼,在生命的最后时刻还指挥着他的舰队。他们的研究和写作涉猎甚广,从哲学到农业,从诗歌到财政,不一而足。他们中的大多数人观察入微、足智多谋,都是地位崇高的历史学家。时至今日,他们非正式的和私人的信件——如西塞罗和普林尼的信件——已是极具历史价值的原始资料。

纵观他们的所有兴趣,占据主导地位的罗马特征颇为明显,他们的知识无不与他们对人类本性之法的理解相关。即便是他们在自然科学中的伟大尝试——如老普林尼和塞内卡——也是出于伦理学的考虑。他们可能算不上最伟大的哲学家,但他们将许多希腊哲学注入罗马法之中。"法律面前人人平等",在希腊曾是一种哲学观念,在罗马则是一条法律规定,在现代已然是一种政治信条。如同其他事情一样,罗马法律人在这件事上,给予这种观念最大的实践价值,即使不是它的唯一价值。他们将所有知识服务于法律,并通过法律实践服务于国事。

　　无私,是伟大的罗马法律人一贯的行为标准。这一点,可以从他们在哲学上归属斯多葛派加以推导,还有更加专门的证据予以佐证。一个明显例证是西塞罗写给特列巴齐乌斯的信。我们知道特列巴齐乌斯也是一个法律人。西塞罗给恺撒的信中曾如此描述他:"至于他的品行,我对此可以保证……不会存在比他更为热心、更加勇敢但又不那么自负的人了;此外,因他那无与伦比的记忆力和广博的知识,在其民法职业领域里,他也是出类拔萃的。"

　　在给特列巴齐乌斯的信中,西塞罗写道:"我正琢磨您怎么这么久不来信了。我的朋友潘萨说,您之所以变得冷漠,是因为您已变成一个享乐主义者。坦率地说,自从您跟我的朋友撒鲁斯亲近以来,我对您的原则始终放心不下。如果您将个人利益至上视为座右铭,您怎么协调您的信条跟职业,并为您当事人的利益行事?您怎么好意思在您的契约里加入如下一般条款:'本协议各当事人,皆善良诚挚之士。'对于那些堂而皇之将绝对自私作为出发点的家伙,绝无真实或信任可言。我同样有些担心,您将怎样处理涉及'共有权利'分割的法律。因为,在那些将自身满足作为对错唯一标准的人们之间,没有什么是可以共有的。或者,一边作出誓言,一边认为朱庇特对所有憎恨都无能为力,您认为这样合适吗?总而言之,如果您坚持您那宗派的座右铭——'明智之人不应置身于公共事务之中',那些将他们自身置于您的保护之下的善良之人怎么办?如果您真的抛弃我们,我的诚挚之心,将会非常难过。但是,如果您的转变只不过是一种对潘萨意见的应付性恭维,我将原谅您的掩饰,但是您得尽快让我知道您的事情进展如何,以及我能为此做点事么。再会。"

　　只是一些朋友间打趣的话,一半认真,一半玩笑;但是,它却清晰地向我们展现了罗马共和国时期,法律人施加于自身的对彼此、对当事人、对公众的明确义务。

[提示与问题]

　　法律职业并非交易,这对每一个法律职业人员来说都是极大的警醒,因为当今利用法律进行非法交易的大有人在,实践中暴露出来的法官,甚至很高级别的大法官将法律当作谋取个人私利的交易,玷辱了法律职业的尊严，损毁了法律职业的名声。因此，任何有志于法律职业的人都应当以罗马时代的法律职业的精神来定位自己的职业价值，防止将法律职业扭曲为非法交易的工具。结合上面的资料，谈谈你对"职业而非交易"的看法。

三、关于法律职业[1]

法律家的任务，在拥护天下的正义，惩斥不义，建国家于健全的道德的基础上。

但是，我的孩子啊！

你在从事研究法律之前，须自己三思。

为什么？因为法律家志望者中，像下面所说那样的人不少的缘故。

一般想学习法律的人，常误以为学法律不必要有特殊的才能与优秀的精神，只要有常识就够了。于是，不善数学的，不会绘画的，怕触着尸体的，没有为义而战的热情的家伙，都想去学法律。

法科大学好比是只垃圾桶，其中有蠢物，有没用的东西，有热衷于学位的没出息的纨绔子弟。唎呀，里面还夹有那误认无聊职业为理想职业的愚鲁的优柔者。

学习法律的家伙中，大抵都是以月末取少许俸给为唯一希望的人，无才力胆量去营可以获利的商业的人，以及没有为自由正义而奋斗的勇气却想钻营官僚的人。如果机会碰得凑巧，不消说也许可以占得相当的地位吧。

但垃圾桶中也许有可珍的东西，法律家中也会有少数好的人物。这就是自觉了自己的尊严，以国民的先导自任，而投身于法律的人们。

我的孩子啊！

如果你要为法律家，非做这样的人物不可。倘你自问没有雄飞的天分，那么清洁芳香的田野安闲生活，比之逼人的沉闷与腐臭的官

---

[1] 节选自〔意〕德·亚米契斯：《爱的教育》，夏丏尊译，译林出版社1997年版，第280—283页。

衙空气不知要好到若干倍啊。

律师多的国家绝不是好国家。

国民如果强健活泼,那么,他们应把矿工的斧、农夫的锄、机械师的两脚规看得比恶讼师的短笔头更重。

社会颓废疲弊了,寄生虫乃蠕蠕繁殖。一切的坏律师、恶事务员以及似靠放屁理由捏造不平的下等人,就都是寄生虫。他们把明白的法律弄得乌烟瘴气,把一件纠葛弄成许多纠葛,酿出无谓的麻烦与混乱。

对这样的社会,不禁令人起这样的祈求:"安得再出一个美的正义的代表如亚历山大大王者,把人类的错综纠纷一刀两断啊!"

扰乱正义的恶讼师一味想以蛛网来陪法律,用荆棘来刺正义。他们全然是蛇蝎,他们之中如果有一个生存在世,正义就永无出头的希望。

啊,我不觉言之过甚了。但这也就是我历来受过恶讼师的亏的报复啊。以下我还须平下气,就了法律学的正干,即是职业,来述说其长处与短处。

法律博士的文凭可以诱你起卑贱的野心,也可授予你辩护正义的最上的权利。

就是说,你可以做大理院长,在正邪的判决上取得王公与国会以上的权威;又可以做枢密院议长,掌握亚于国王的权力。

原来,法律家可以做任何的恶计划,也可以攀登任何的高官高位。

所以,你如果以爱护正义的精神,去做一个法学的名家,眼见世界可渐就光明了吧。又,既从法律学中知道了许多的方向,你的应取的方向也可明白无误了吧。

但法律上的方向,无论走哪一条,都须有用了明白的知识与强固的意志去实行的道德。不屈不挠的精神,是主张正义的法律家的生命。

法律家是宣告正义的神之使者。唯有这神圣的正义,才配普施洗礼于国民。

正义如高耸接天的岭上的雪,融化了为潺湲,为泉水,为溪流,最后成了河水，润泽田野。如果这水源有了毒，对于汲饮的人将怎样有害啊。

你如果自信真正有凛凛的勇气，那么就去学法律。你如果自信有替国家去作正义战斗的精神，那么就去学法律。

如果你有宏大的心与燃烧着的临危会爆裂的信实力，你就是高尚的人了。

你如果能这样，你就能无限地向上，恰如由平原登小丘，由小丘上山巅，再由山巅上天空。

绝不要相信所谓新思想的美国式的冒充的东西。那是假扮真理的思想上的歇斯底里，"因为是新的所以是真理"，"今日的东西比昨日的东西还正"……你切不要信任这样的教义。

人的良心中，有战胜一切的神的呼声。良心的呼声，绝不因任何理论而推翻，纵有恶魔的大军，也不敢在它的面前活动。

法政学中，有种种可走的路。

如果你不惯于生活的怒涛急浪，喜求平稳无事，那么你可去棹舟小河，做清闲的官吏吧。

但如果你不怕疾风雷雨的袭来，富于辩才，那么去做法律家吧。

又，你如果对于正义觉得饥渴，对于正义的胜利感到无上的兴奋，那么你就去做裁判官吧。

你如果热爱国家，崇仰国史上历代爱国者的热血，留心于国家的命运与发展，研究不息，不自禁地奋起为国而战的义气，那么你就去做政治家吧。

但，你既选定了这政治家的方向，就该摈除私心，牺牲自己的幸福，抛弃了一切，投入自己的义务里。政敌来嘲骂你好，来迫害你也好，你当全然不顾，一心去求良心的赞慰。凡是怕牺牲与殉教者，绝不配做最伟大的政治家。

如果你想执了笔去论评政治上的问题，你不可不专心一念坚守着下面的话，这话就是："一曰正义！二曰正义！三曰正义！"

你如果能代表正义发挥为热血的文字，那么你的笔就能胜过千万把刀剑。

[提示与问题]

为什么法律家比一般人或其他职业有更高的职业伦理的要求呢？阅读上面的材料，相信你会对法律职业有新的思考。上述材料，在今天看来其中有些观点未免偏激，有的也未必正确。该书的作者虽然已经离开我们一个多世纪了，人类的法治文明在不断进步，但应当看到，其关于法律职业的使命、法律职业人员应该具有的道德素养的论述，在今天仍然具有深刻的现实意义，对于每一位有志于法律事业的人士极具教益。

1. 你为什么选择到法律院校学习，当时是怎么考虑的？

2. 你在学成毕业后，愿意选择法律职业中的哪一种作为你的职业？为什么？

3. 意大利作家亚米契斯指出："律师多的国家绝不是好国家。"① 美国前总统吉米·卡特也说过："我们国家拥有最多的律师，但我们不能说我们就拥有最多的正义。"② 谈谈你的看法。

四、法治与人治

习近平指出，法治和人治问题是人类政治文明史上的一个基本问题，也是各国在实现现代化过程中必须面对和解决的一个重大问题。综观世界近现代史，凡是顺利实现现代化的国家，没有一个不是较好解决了法治和人治问题的。相反，一些国家虽然也一度实现快速发展，但并没有顺利迈进现代化的门槛，而是陷入这样或那样的"陷阱"，出现经济社会发展停滞甚至倒退的局面。后一种情况很大程度上与法治不彰有关。③

"离娄之明，公输子之巧，不以规矩，不能成方圆。师旷之聪，不以六律，不能正五音。尧舜之道，不以仁政，不能平治天下。今有仁

---

① 〔意〕德·亚米契斯：《爱的教育》，陈明歌译，中央编译出版社2005年版，第349页。

② *Public Papers of the Presidents of the United States*: *Jimmy Carter*, *1978*, Book 1, the Office of the Federal Register, National Archives and Records Services, and General Services Administration, 1979, p. 836.

③ 中共中央文献研究室编：《习近平关于全面依法治国论述摘编》，中央文献出版社2015年版，第12页。

心仁闻而民不被其泽,不可法于后世者,不行先王之道也。故曰,徒善不足以为政,徒法不能以自行。"①

[提示与问题]

法治与人治的关系问题是政治、伦理与法律界经久不息的论题。中国古代就有"人亡政息""德主刑辅"之说。我国在经历"文化大革命"之后,开始实行法治,也有一段"人治与法治"之争;近年,中央又提出依法治国与以德治国方略,强调要把依法治国与以德治国结合起来。

1. 请你结合中国的历史,谈谈你对习近平上述有关法治与人治的论述之理解。

2. 在法律职业中强调职业伦理的作用是否会削弱法治的力量,你如何看待这样的问题?

3. 在中国社会,礼教的传统积习很深,你认为礼教中哪些有益于法治,哪些不利于法治? 举例说明。

4. 将上述的孟子的话与孔子提出的"道之以政,齐之以刑,民免而无耻。道之以德,齐之以礼,有耻且格"(《论语·为政》)的观点进行比较,指出其思想上的内在联系与差异。

五、美国法律职业者的品格②

在访问一些美国人并研究他们的法律过程中,我们发现美国人赋予法律职业者以权威,让这些人在政府中发挥影响,这是防止滥用民主的最有力的保障。在我看来,这一效果来源于一个一般原因,研究这个原因大有裨益,因为它可能再现于别处……

对法律做过特别研究的人们会因循旧制,偏爱规范,本能地重视观念之间的规律联系,这使他们自然而然地非常仇视革命的精神和不经反省的激情。

律师在研习过程中获得的专门知识,确保他们从事社会上独立的行业,构成知识分子中的特权阶层。他们的优越感受在执业过程

---

① 《孟子·离娄章句上》。

② Alexis de Tocqueville, *Democrazy in America*. 转引自〔美〕博西格诺等:《法律之门》(第8版)》,邓子滨译,华夏出版社2007年版,第447—450页。

中不断提醒他们:自己是一门尚未普及而又不可缺少的科学的大师,经常充当公民们的仲裁人,而卓有成效地引导诉讼各方盲目激情的习惯,又使他们对于公众的判断怀有一种蔑视。不仅如此,他们还自然地形成一个团体,不是基于相互了解或者共同奋斗的协议,而是基于他们相同的专业和一致的方法,就像共同的利益可以凝聚他们的努力一样。

律师的性格之中会发现贵族的部分品味和习性。他们与贵族一样,对秩序和规范有着本能的热爱,对公众的行动极为反感,对民治的政府有着不可告人的轻蔑。我不想说律师的这些本性无可抗拒地支配着他们,他们也像其他人一样,受个人利益尤其是眼前利益的驱使。

在某一社会状态下,法律职业者在政治上不能获得他们在日常生活中所享有的地位,我们可以肯定,他们一定会成为革命的先锋……

我倾向于相信,一位君王总能够使法律人士成为自己权力最有力的工具。法律人士与行政权的契合,远过于他们与人民的契合,尽管他们经常帮助推翻行政权;同样,贵族与君王的契合,远过于他们与人民的契合,尽管这些社会的高层阶级经常联合下层阶级共同反对君权。

律师们热衷于公共秩序甚于其他任何事物,而公共秩序的最佳保障是权威;也不应忘记,即使他们褒扬自由,一般而言,他们更加珍重法制;他们害怕暴政不如害怕专擅。而且,如果立法剥夺人们的独立自由,律师们便不会有什么不满。

因此我确信,君王面对日益迫近的民主,如果企图损害王国的司法权,削弱律师的政治影响,终将铸成大错,丧失权威的实质而徒有其表。他应明智地让律师加入政府,并且,如果他委政府专制以暴力,也许会发现,政府专制在律师手中有了公正和法律的外貌。

民主政府有利于律师的政治权力。如果将富人、贵族和君王赶出政府,律师将凭他们本身的能力总揽大权,因为他们的知识和敏锐非一般民众所能及,所以他们是民众的选择。律师受品位引导而倾向贵族和君王,但又被利益左右而与民众有密切联系。他们喜欢民主政府,却没有沾染它的偏癖,承袭它的弱点,而能从中汲取双倍的权威并超越它。民主政体下的人民信任法律职业者,因为人民知道法律职业者的利益在于为公益服务;人民听从法律职业者而不气恼,因为人民知道法律职业者不会有邪恶的主张。律师们根本不打算推翻民主政府,但却不断设法以非民主的手段使民主偏离固有的方向。律师从出身和利益方面说,属于人民,而从习惯和品位方面说,则属于贵族,他们可以被看作联系人民和贵族两大阶级的中间环节。

法律职业是唯一能够以非暴力方式与民主的自然因素结合的贵族因素,并且,这种结合有益而恒久。我并未忽视法律职业者固有的缺点,但民主原则如若不与律师的持重相结合,我怀疑民主制度能否长治久安;而且,如果律师对公共事务的影响不随人民权力的增加而增加,我不相信一个共和国能够有望存在下去。

法律职业者常有的这种贵族气质,在美国和英国比在任何其他国家都表现得更加明显,这不是因为英美两国律师的法律研习,而是缘于法律的性质及法律的解释者在这两国所处的地位。英美人保持着判例法,即他们不断地基于先例来寻求法庭意见和法庭裁决。在英美的律师的心目中,对古老东西的嗜好和崇敬几乎总是与对规制和法律秩序的热爱结合起来。

这种秉性对法律职业者的品格和社会的总体动向还有另一种影响。英美的律师调查案件既成的事实,法国的律师探询案件应有的面目;前者创制先例,后者注重判决的理由。一个法国人会惊讶地听到,英美的律师多么经常地引述他人的意见而少有自己的见解,在法国,情况则正好相反。在英美,即使是最小的诉讼,如果没有引证一整套法学思想就无法进行,为了从法庭判决那里赢得一杆土地,不惜讨论法律的基本原则。这种对自己意见的克制和对祖先观点的依从,是英美律师中常见的,思想的盲从必然使英美比法国更加胆怯和保守。

法国的法典往往难以理解,但人人都可阅读,相对地,对外行人而言,再没有比以判例法为基础的法律更使他觉得晦涩和陌生了;在英美,法律援助绝对必要,法律职业者能力的高水准使他们日益脱离人民,成为一个与众不同的阶级。法国的律师仅仅是精通本国法律的人,而英美的律师却像埃及的祭司一样,是一种玄奥科学的唯一诠释者……

在美国,既没有贵族也没有文士,并且人民不信任富人,因而律师自然构成了社会政治上的最高层和最有教养的部分。因此,他们无所进取,为自己爱好秩序的本性增添了保守的志趣。如果有人问我美国的贵族在哪里,我将毫不犹豫地回答,他们不在富人中间,因为没有把富人团结起来的共同纽带,美国的贵族占据着法官的席位,从事着律师的职业。

我们越是反思美国发生的一切,就越是承认,律师作为一个整体,如果不能算是平衡民主的唯一力量,也是平衡民主的最强力量。在美国不难发现法律职业者因其品质甚至缺点,而适于中和平民政府固有的弊端。当美国人陶醉于激情或者因狂热的念头而得意忘形的时候,他们会被法律专家几乎无形的影响所约束和阻止。法律专家们秘密地用自身的贵族习性对抗国家民主的本能,以对古老事物的崇敬对抗民主对创新的钟爱,用拘谨的观点对抗民主的好大喜功,以习惯性的沉稳对抗民主热切的狂躁……

法律习性的影响超过我已确切指出的范围。美国几乎所有的政治问题迟早都要诉诸司法解决,因而所有的党派在日常的论战中都要借用司法程序特有的思想以至语言。由于部分公职人员都是或者曾是法律职业者,他们便将职业的习惯和技巧引入公务管理活动。陪审团制又将这一习惯扩展到所有阶层。这样,司法的语言几乎成为大众的话语;产生于学院和法院的法律精神逐渐透出院墙,渗入社会的内部,直至社会的底层,全体人民最终都沾染了司法官员的习惯和品位。美国的律师形成一个党派,这并不可怕但却难以观察,这个党派没有自己的标志,极其灵活地应对时代的需要,不加抵抗地顺应社会的所有运动。于是,这个党派扩展到整个社会,渗透到所有阶层,在不知不觉中作用于国家,最终按照自己的目的塑造国家。

[提示与问题]

1. 托克维尔描述的律师具有下列品质:偏爱形式主义,厌恶专权、保守,蔑视大众判断并与权力有着天然契合。律师何以获得这些品质?有人认为,这些都是法律教育的结果。这些品质以何种方式贡献于法律职业维护民主机制的功能？

2. 托克维尔想要我们知道法律职业者作为权力掮客的作用。比较下列观点：

> 用不着强调我们也知道，今天的律师即使自身不是政策的制定者，也是我们社会每一负责任的政策制定者不可或缺的顾问——无论政策制定者是政府部门的领导或代表、公司或劳动组织的负责人、商贸组织或其他私人组织的秘书，甚或微不足道的独立创业者或专业人士。当律师作为顾问向政策制定者建议什么是法律上能做或不能做的事时，政策制定者们常常抱怨，律师即便没有制定政策，也是以一种无法抵御的战略姿态影响着政策。①

> 一位律师取得、保持其地位全凭一些社会精英的保护和资助，让精英们相信律师的工作有着特殊的价值。因此，他们的地位由于社会精英的政治和经济影响而得以确保……

> 如果律师特殊地位的缘由得到认可，则律师职业便成为高度文明所独有的职业，因为很容易发现他们不仅是全职的专家，而且是控制大众的有组织的精英集团。进而，这一职业的工作如果不代表或表达那些精英的一些重要信仰和价值观，就不大可能脱颖而出。②

律师可以既是权力的掮客，又是权力的仆人吗？托克维尔是如何认为的？

3. 托克维尔指出，律师"害怕暴政不如害怕专擅"，并且他们能够使政府专制"有了公正和法律的外貌"。在民主社会的背景下，这些观点意味着什么？

4. 托克维尔的主题之一，即法律职业者作为社会控制代理人为国家服务，有着许多当代的鼓吹者。支持这一观点的许多证据来源于对糟糕的法律实践的分析，委托人软弱无力并受律师控制，其怨苦往往被法律体系所漠视。莫琳·盖伊却认为，律师作为控制者的想法忽视了这样一个事实：多数委托人都不是工人阶级，除了范围很小

---

① See Harold Lasswell and Myres McDougal, "Legal Education and Public Policy", *The Yale Law Journal* 52(1943), pp. 208-209.

② See Eliot Freidson, *Profession of Medicine: A Study of the Sociology of Applied Knowledge*, New York: Harper & Row, 1970, pp. 72-73.

的刑事案件。律师的委托人主要是中产阶级和社会上层的个人或他们的组织,他们自己便是资本主义社会国家权力的主要受益者。盖伊解释道,正如托克维尔和许多当代理论家所指出的,律师是把委托人的怨苦转译为其他语汇。但这种转译不是为了压制委托人的期望和利益,而仅仅是将他们的诉求转化为维持社会中上层价值观和利益的、具有普遍性的法律诠释。这样,对大多数委托人而言,国家、阶级和委托人的利益便相互吻合了。

如果这种观点可以接受,它能否回答第2、第3两个问题?

5. 托克维尔预言,美国的法律将变成"大众的话语"——法律的语言和概念会充斥所有机构和社会日常交往。这种预言应验了没有?

第二章 法律职业伦理基本规范

伦理学有元伦理学和规范伦理学之分。元伦理学主要研究伦理术语的意义,其主要目的是阐释和理解伦理理论的语言和主张。规范伦理学研究的是具体的伦理内容,探求的是什么是道德上的正当或不正当,以及什么条件下我们应当承担道德上的责任等。从逻辑上看,元伦理学是规范伦理学的基础,规范伦理学是元伦理学的目的,因此二者并不是可以分离的两个部分。研究法律职业伦理必然要涉及元伦理学和规范伦理学两个方面。本章的内容主要是从规范伦理学的角度探究法律职业的基本伦理规范。当然,在分析具体规范的时候也必然要运用元伦理学的方法进行逻辑上、语言上的分析和论证。

法律职业伦理学作为一门独立的学科,必然要有自己独立的规范体系。本章论述的这些规范是从众多法律职业伦理中抽象出来的最核心的规范,但是与法律职业伦理的基本原则适用于所有的法律职业者不同,法律职业伦理规范在不同的法律行业中的要求明显不同,轻重程度也不同。比如关于维护正义的规范,对法官的要求明显高于对检察官、律师的要求,而诚信规范则更多地是对律师等法律服务人员的要求。所以本章探讨的是法律职业伦理中的基本规范,并不是所有的这些规范都可以同等地适用于各类法律行业。法律职业伦理基本规范体现和反映的是法律职业者伦理规范中的最高层次的规范,这些规范共同构成了法律职业伦理的基本范畴体系。

第一节 正 义 规 范

一、正义的内涵

习近平指出,公正是法治的生命线。公平正义是我们党追求的一个非常崇高的价值,全心全意为人民服务的宗旨决定了我们必须追求公平正义,保护人民权益、伸张正义。全面依法治国,必须紧紧围绕保障和促进社会公平正义来进行。① 我们要依法公正对待人民群众的诉求,努力让人民群众在每一个司法案件中都能感受到公平正义,决不能让不公正的审判伤害人民群众感情、损害人民群众权益。② 公正、正义是人类社会所追求的崇高理想,是古往今来的哲学家、社会学家、伦理学家、法学家争论不休的一个话题。与正义同义的词语还有公正、公平、公道等。正义在法律领域习惯上称为司法公正。中国古代的思想家就有关于正义、公正的论述。管仲曾经指出:"为人君者,中正而无私。"(《管子·五辅》)荀子也提出:"公生明,偏生暗。"(《荀子·不苟》)许多思想家还提出了保障司法公正的具体措施。比如在执法过程中,要信赏必罚、明罚慎刑,不能屈法申情。西方思想家如苏格拉底、柏拉图、亚里士多德、孟德斯鸠、休谟、布莱克斯通、爱德华·柯克、约翰·罗尔斯等,都对公正、正义问题作出过很多精辟的论述。"公道或正义的规范完全依赖于人们所处的特定的状态或状况,它们的起源和实存归因于对它们的严格规范的遵守给公众所带来的那种效用。"③从法律的角度看,正义是法律的最高形态。法律职业者崇尚正义,追求法治,这是法律职业的首要的、最基本的伦理规范。因为作为从事法律工作的人,如果不能严肃地对待法律,那就可能最大限度地破坏法律。英国哲学家培根有一句名言:"一次不公的判断比多次不平的举动为祸尤烈。因为这些不平的举动不过弄脏了水流,而不公的判断则把水源败坏了。"④"正义有着一张普洛透斯的脸,变幻无常,随时可呈不同形状并具有极不相同的面貌。当我们仔细查看这张脸并试图解开隐藏其表面背后的秘密时,我们往往会深感迷惑。"⑤正义与法律的关系问题是法律哲学永恒的

---

① 参见中共中央文献研究室编:《习近平关于全面依法治国论述摘编》,中央文献出版社2015年版,第38页。
② 同上书,第67页。
③ 〔英〕休谟:《道德原则研究》,曾晓平译,商务印书馆2001年版,第157页。
④ 〔英〕弗·培根:《培根论说文集》(第2版),水天同译,商务印书馆1983年版,第193页。
⑤ 〔美〕E.博登海默:《法理学:法律哲学与法律方法》,邓正来译,中国政法大学出版社1999年版,第251页。

论题。虽然人们对正义有不同的理解,但是在特定的历史条件下和特定的历史环境中人们对于正义的判断仍然存在客观的标准。西方正义理论集大成者约翰·罗尔斯(John Rawls)认为正义可分为实质正义、形式正义和程序正义。程序正义(producedural justice)是介于实质正义与形式正义之间的一种东西,它要求规范在制定和适用中在程序上具有正当性。"程序的本质特点既不应该是形式性也不应该是实质性,而应该是过程性和交涉性。"①法律职业正是操作法律程序的职业,从这个意义上看,程序的正当性的实现很大程度上取决于法律职业者的道德水平。法律职业者履行正义规范的过程更多地体现为程序正义,具体表现为司法、执法和提供法律服务的公平。穆蒂莫·J.艾德勒(Mortimer J. Adler)认为,公平就是对地位相等的人平等对待,对地位不同的人,按照他们不同的地位对待。不一视同仁,就是待遇不公正,就是不公平。② 人们熟知的"分蛋糕规范",即"切蛋糕的人,最后领取蛋糕",就是通过程序公正保障实体公正,即"大家所分到的蛋糕大小、分量接近一致"的典型。

通过法律实现正义是自然正义向现实正义转化的基本途径。什么是正义不仅是哲学的命题,更是法学的命题。法律职业者的执业活动无不渗透着正义问题。法律与正义的关联性体现在立法、司法、法律服务,包括守法活动过程中。维护法律正义是法律职业者的职业使命。西方法律界有一句名言:"为了公正,哪怕天崩地裂。"这正是对维护正义原则的最好诠释。

正义规范是法律职业伦理的最高规范的直接逻辑是由法律本身与正义的密切关系所决定的。罗尔斯在其《正义论》中开宗明义地指出:"正义是社会制度的第一美德,一如真理是知识的第一美德一样。"③就法律而言,现代法治国家通过民主程序制定的各种法律可

---

① 季卫东:《法律程序的意义——对中国法制建设的另一种思考》,载《中国社会科学》1993年第1期。
② 参见〔美〕穆蒂莫·艾德勒:《六大观念:我们据以进行判断的真、善、美,我们据以指导行动的自由、平等、正义》,郗庆华、薛笙译,生活·读书·新知三联书店1991年版,第226、228页。
③ 〔美〕约翰·罗尔斯:《正义论》(修订版),何怀宏、何包钢、廖申白译,中国社会科学出版社2009年版,第3页。

以说很大程度上能够体现正义,因此就法律职业而言,法律职业者正确运用和实施法律就是促进和实现社会的正义。新加坡学者洪德指出:"正义的理念必然牵涉到一国(一地方、一社会、一群落)的宗教、道德、法制和政治。其中尤以道德和司法制度,被认为是正义裁判所或其化身。由是谈正义脱离不了道德伦理的范畴,而且常被视为司法的概念。"①从一定意义上看,正义的实现最终必须通过司法来保障。而司法又必然离不开法律职业者的参与。司法人员、执法人员的腐败、缺乏基本正义观,必将导致法律制度的缺失,具体就是表现为正义的缺失。因此正义规范是法律职业者职业伦理的最高规范。当然,由于现实生活的多样化和复杂化,并不是所有的法律都能够体现正义,而具有正义观的法律职业者本着维护社会正义的原则,在具体执行法律的过程中就可以弥补法律在实现正义上的不足。因此,正义规范对于法律职业者的执业是非常重要也是最为根本性的要求,其他伦理道德规范均服从于这一核心规范。

二、正义规范在法律职业伦理中的具体体现

正义规范要求法律职业者崇尚法律,因为法律只有被信仰,才能得到切实的遵守。法律职业者比一般的社会普通大众更应该信仰和崇尚法律。这方面,对法官的要求最高。人们习惯上将法官看作正义的化身,美国法官小约翰·T.努南(John T. Noonan, Jr.)曾引用亚里士多德在《伦理学》中的话,"理想的法官就是公正的化身"②,这主要是由法官所担负的司法使命所决定的。为实现法律所确立的正义,现代法治确立了一系列司法的基本原则和要求,比如法官独立的原则、法官中立的原则、法官回避原则等。这些原则为各国现代法律体系和职业道德规范所吸收,成为规制法官职业行为的基本准则。法官只对法律负责,法律是法官的上帝。法官具体履行职责的行为能否体现正义,具体表现在法官是否尊重与服从法律。当然,法官具

---

① 洪德:《马克思正义观初探》,载戴华、郑晓时主编:《正义及其相关问题》,台湾"中央研究院"中山人文社会科学研究所专书(28)1991年版,第149页。
② 〔美〕小约翰·T.努南:《法官的教育、才智和品质》,吴玉章译,载《法学译丛》1989年第2期。

体执行法律的过程并不是机械的过程,而是运用法律实现和维护正义的复杂过程。

正义规范要求法律职业者依法维护基本人权。人权是正义范畴中的核心内容。关于维护人权,不仅对法官有特殊的要求,对其他法律职业者,如检察官、警察,以及律师等法律服务人员也有具体的要求。联合国《公民权利和政治权利国际公约》等以国际法的形式确立了一系列保障司法公正、体现司法正义的基本原则和具体标准。例如该公约第14条第1款规定:"人人在法院或法庭之前,悉属平等。任何人受刑事控告或因其权利义务涉讼须予判定时,应有权受独立无私之法定管辖法庭公正公开审问。法院得因民主社会之风化、公共秩序或国家安全关系,或于保护当事人私生活有此必要时,或因情形特殊公开审判势必影响司法而在其认为绝对必要之限度内,禁止新闻界及公众旁听审判程序之全部或一部;但除保护少年有此必要,或事关婚姻争执或子女监护问题外,刑事民事之判决应一律公开宣示。"第16条规定:"人人在任何所在有被承认为法律人格之权利。"联合国《执法人员行为守则》(1979年12月17日通过)第1条规定:执法人员无论何时均应执行法律赋予他们的任务,本着其专业所要求的高度责任感,为社会群体服务,保护人人不受非法行为的伤害。第5条规定:执法人员不得施加、唆使或容许任何酷刑行为或其他残忍、不人道或有辱人格的待遇或处罚,也不得以上级命令或非常情况,例如战争状态或战争威胁、对国家安全的威胁、国内政局不稳定或任何其他紧急状态,作为施行酷刑或其他残忍、不人道或有辱人格的待遇或处罚的理由。联合国《关于检察官作用的准则》第3条规定:检察官作为司法工作的重要行为者,应在任何时候都保持其职业的荣誉和尊严。第11条规定:检察官应在刑事诉讼,包括提起诉讼和根据法律授权或当地惯例,在调查犯罪、监督调查的合法性、监督法院判决的执行和作为公众利益的代表行使其他职能中发挥作用。第20条规定:为了确保起诉公平而有效,检察官应尽力与警察局、法院、法律界、公共辩护人和政府其他机构进行合作。《关于律师作用的基本原则》第14条规定:律师在保护其委托人的权利和促进维护正义的事业中,应努力维护受到本国法律和国际法承认的人权和基本自由,并在任何时候都根据法律和公认的准则以及律师的职业道德,自由和勤奋地采取行动。由此可见,除了法官之外,其他法律职业者在维护正义方面也具有重要的职责。

另外,我国的三大诉讼法和关于法律职业主体的法律同样把维护正义和司法的公平作为法律职业者的职业使命的重要内容。

综上所述,维护正义是法律职业活动的一条基本原则,按照这条原则,以法官为代表的法律职业者在依法履行职责的过程中应当崇尚法律,维护人权,在法律实践活动中最大限度地体现正义、公平的精神。可以说,维护正义不仅是法律职业者的道德义务,更是法律职业者的法律义务,因此正义规范是法律职业伦理的最高层次,也是最核心的规范。

第二节 独立规范

一、独立规范的内涵

独立性是很多职业的内在的特定的要求。法律职业人员在履行职责过程中保持独立性非常重要,不是因为法律职业本身需要独立,而是因为达到公正的目的需要独立。独立规范要求法律职业人员在职业活动中,只能服从法律,遵循法律的程序和职业道德的要求履行职责,免受不法干预和压力。独立规范对于法律的正确有效实施具有十分重要的意义。独立规范在司法领域表现得尤为突出,法律职业的独立往往与其所在的机构的独立性联系在一起。在北京召开的第六届亚太地区首席大法官会议于 1995 年 8 月 19 日通过的《司法机关独立基本原则的声明》,特别强调了法院的独立和法官的独立。意大利的法学家 M. 卡佩莱蒂教授指出,法律职业"独立(尤其是独立于行政机关)本身不具有终极价值;它本身不是一种目的,而只具有一种工具性价值,它的最终目的是确保另一项价值的实现——法官公正而无私地解决争端"[①]。除了对于法官独立性的特别要求外,

---

[①] 转引自高其才、肖建国、胡玉鸿:《司法公正观念源流》,人民法院出版社 2003 年版。

检察官、律师和公证员在执业过程中也都应该保持一定的独立性。

二、独立规范在法律职业伦理中的具体体现

就职业的独立性而言,对法官的要求特别高。关于法官的独立性,德国学者包尔列举了八个方面:(1)法官必须独立于国家和社会间的各种势力;(2)法官必须独立于上级机关;(3)法官必须独立于政府;(4)法官必须独立于议会;(5)法官必须独立于政党;(6)法官必须独立于新闻;(7)法官必须独立于国民的声望;(8)法官必须独立于自我、偏见和激情。① 很多国家在本国宪法中确立了法官独立的原则,意大利《宪法》第101条规定,法官只服从法律。俄罗斯联邦《宪法》第120条规定,法官独立,只服从俄罗斯联邦宪法和联邦法律。美国律师协会(ABA)制定的《司法行为示范守则》明确规定,独立的、受尊重的司法机构是我们的社会中正义所必需的。法官应当参与建立、保持和履行较高的行为准则,并应当身体力行遵守这些准则,从而保持司法操守和独立性。法官应尊重或服从法律,并在任何时候都应以增进公众对司法的遵守和公正性的信赖的方式行为。法官应当信守法律,保持在法律方面的职业能力,法官不应受政党利益和公众议论的影响,也不应惧怕批评。② 该司法行为示范守则中的许多关于法官职业道德的规定都与保持法官职业的独立性有着密切的关系。

我国《法官法》中明确规定法官必须"忠实执行宪法和法律";"法官依法履行职责,受法律保护";"法官审判案件,应当以事实为根据,以法律为准绳"。这些规定都体现了法官职业的独立性。2010年12月6日修订的《法官职业道德基本准则》第三章"保证司法公正"中就法官保持职业的独立性方面更是作出了一系列具体的规定,其中包括:"坚持和维护人民法院依法独立行使审判权的原则,客观公正审理案件,在审判活动中独立思考、自主判断,敢于坚持原则,不受任何行政机关、社会团体和个人的干涉,不受权势、人情等因素的影响。"

---

① 参见雷万来:《论司法官与司法官弹劾制度》,台湾瑞星图书股份有限公司1993年版,第165页。

② 参见王利明:《司法改革研究》,法律出版社2000年版,第584、586页。

"坚持以事实为根据,以法律为准绳,努力查明案件事实,准确把握法律精神,正确适用法律,合理行使裁量权,避免主观臆断、超越职权、滥用职权,确保案件裁判结果公平公正。""自觉遵守司法回避制度,审理案件保持中立公正的立场,平等对待当事人和其他诉讼参与人,不偏袒或歧视任何一方当事人,不私自单独会见当事人及其代理人、辩护人。""尊重其他法官对审判职权的依法行使,除履行工作职责或者通过正当程序外,不过问、不干预、不评论其他法官正在审理的案件。"等等。

独立规范不仅适用于法官,也适用于检察官。联合国《关于检察官作用的准则》中规定:检察官作为司法工作的重要行为者,应在任何时候都保持其职业的荣誉和尊严。各国应确保检察官得以在没有任何恐吓、阻碍、侵扰、不正当干预或不合理地承担民事、刑事或其他责任的情况下履行其专业职责。检察官在履行其职责时应不偏不倚,并避免任何政治、社会、文化、性别或任何其他形式的歧视。有些国家规定检察官拥有酌处职能,在这些国家中,法律或已公布的法规或条例应规定一些准则,增进在检控过程中作出裁决,包括起诉和免予起诉的裁决的公正和连贯性。这些规定在一定程度上体现了检察官的职业独立性原则。在我国,检察机关属于司法机关,我国《刑事诉讼法》明确规定,"人民检察院依照法律规定独立行使检察权"。检察机关的独立最终要通过检察官的独立来实现。我国《检察官法》和《检察官职业道德基本准则》中也都有关于检察官保持职业独立性的要求的规范。

独立规范同样适用于律师职业。由于律师在执业中要接受当事人的委托授权,律师的执业对当事人具有一定的依附性,因此律师的职业独立性相对于法官的独立性显得不是那么突出,但是这并不意味着律师执业就没有独立性。联合国《关于律师作用的基本原则》规定:"律师在保护其委托人的权利和促进维护正义的事业中,应努力维护受到本国法律和国际法承认的人权和基本自由,并在任何时候都根据法律和公认的准则以及律师的职业道德,自由和勤奋地采取行动。"美国律师协会制定的《职业行为示范规则》(MRPC)就有关于"律师职业独立性"的专节规定,在"代理范围"一节中更是明确指出:

律师代理客户,包括被指定代理,并不意味着建立起一种对客户政治、经济、社会道德观点和活动的认可。中华全国律师协会在2001年修订的《律师职业道德和执业纪律规范》第27条规定:"为维护委托人的合法权益,律师有权根据法律的要求和道德的标准,选择完成或实现委托目的的方法。对委托人拟委托的事项或者要求属于法律或律师执业规范所禁止的,律师应告知委托人,并提出修改建议或予以拒绝。"这些规定都体现了律师执业独立性的要求。

独立规范也适用于公证员。2017年9月1日第十二届全国人民代表大会常务委员会第二十九次会议修正的《中华人民共和国公证法》(以下简称《公证法》)第2条规定:"公证是公证机构根据自然人、法人或者其他组织的申请,依照法定程序对民事法律行为、有法律意义的事实和文书的真实性、合法性予以证明的活动。"公证活动本质上是一种证明活动,如果公证员缺乏职业的独立性,就会很容易破坏公证的权威性。关于公证员的独立性,2011年修订的《公证员职业道德基本准则》第3条规定:"公证员应当依法办理公证事项,恪守客观、公正的原则,做到以事实为依据、法律为准绳。"可见,独立规范是公证员非常重要的执业规范。

第三节 效率规范

一、效率的内涵

"与秩序、正义和自由一样,效率也是一个社会最重要的美德。一个良好的社会必须是有秩序的社会、自由的社会、公正的社会,也必须是高效率的社会。"[1]传统上,效率主要是经济学的概念。但是现在,随着法律对社会生活的影响逐步深入,特别是近年来经济分析法学的兴起,效率范畴被广泛应用于法学领域。在程序法律方面,效率问题尤其受到人们的强烈关注。一般而言,效率是指投入和产出、成本和收益的比例关系。司法要讲效率,法律服务也要讲效率。在

---

[1] 张文显:《法哲学范畴研究》(修订版),中国政法大学出版社2001年版,第217页。

法律职业伦理规范中,效率规范要求法律职业者勤勉尽责。美国著名的法学家理查德·A.波斯纳(Richard A. Posner)就指出,公正在法律中的第二个意义是指效益,在资源稀少的世界,浪费是不道德的。西方法学界有句著名的格言:"迟到的正义是非正义。"说明了效率在维护正义方面的重要性。

二、效率规范在法律职业伦理中的具体体现

许多国际和国外的涉及法律职业行为的司法文件和准司法文件对效率规范作出了明确的规定。联合国《公民权利和政治权利国际公约》第9条第2款规定:"执行逮捕时,应当场向被捕人宣告逮捕原因,并应随即告知被控案由。"第14条第3款规定:"审判被控刑事罪时,被告一律有权平等享受下列最低限度之保障:(子)迅即以其通晓之语言,详细告知被控罪名及案由;(丑)给予充分之时间及便利,准备答辩并与其选任之辩护人联络;(寅)立即受审,不得无故稽延……"这些规定虽然针对的是人权的保护,但也是间接地规定了司法机关包括司法人员的义务。从这些规定上看,法律职业者的执业效率问题直接关系到当事人的人权。再如美国律师协会制定的《司法行为示范守则》有关效率的规定就更为详细。该守则第三部分第8条规定:法官应当迅速地、有效地、公正地处理各种司法事务。释义:在迅速地、有效地、公正地处理事务时,法官必须表明其合理地考虑到了将要出庭的当事人的权利,在解决纠纷时没有付出不必要的花费或迟延,在控制成本且保护当事人的基本权利的同时保护了证人及公众的利益。法官应当控制和监督案件合理进度以减少或消除拖拉现象,避免迟延或不必要的花费。法官也应当鼓励和寻求和解,但当事人不应感到为了由法官解决争议而被迫放弃权利。有效地处理法院的事务,要求法官必须为履行义务付出足够的时间、准时出庭、及时就提交的事宜作出裁决并为此目的与法院工作人员、诉讼当事人及其律师相互合作。美国律师协会制定的《职业行为示范规则》规定:律师必须合理告知客户事情进展的情况并及时适应新信息的要求;律师必须合理努力加速诉讼,如果加速与其客户利益一致。这些规定都体现了效率原则。

效率规范在我国的相关法律职业伦理规范中也大都有体现。《法官职业道德基本准则》第11条规定,法官应严格遵守法定办案时限,提高审判执行效率,及时化解纠纷,注意节约司法资源,杜绝玩忽职守,拖延办案等行为。《律师职业道德和执业纪律规范》第30条规定,律师应当严格按照法律规定的期限、时效以及与委托人约定的时间,及时办理委托的事务。第31条规定,律师应及时告知委托人有关代理工作的情况,对委托人了解委托事项情况的正当要求,应当尽快给予答复。《公证员职业道德基本准则》第10条规定:"公证员应当严格按照规定的程序和期限办理公证事项,注重提高办证质量和效率,杜绝疏忽大意、敷衍塞责和延误办证的行为。"这些规定都体现了效率规范。

效率问题是如此重要,那么当效率规范与正义规范相冲突的时候,应当如何处理呢?这就涉及效率规范与正义规范之间的关系。经济学领域提出效率优先,兼顾公平。那么在司法和法律服务领域能否适用这一规范呢?"合法权利的初始界定会对经济制度运行的效率产生影响。权利的一种调整会比其他安排产生更多的产值。"[1]由于法律资源配置上的效率优先,"效率与公平相冲突时,为了效率之价值目标,公平可以退居第二位,直至暂时作出必要的自我牺牲"[2]。但是从总体上,在处理正义与效率的关系时,我们需要运用现有的法律机制尽可能平衡二者的冲突,扩大其互补性,缩小它们之间的矛盾与差别。

第四节 平　等　规　范

一、平等规范的内涵

平等是指公平地对待一切当事人的权利与义务。在法律上,平等规范又可以分为形式平等规范与实质平等规范。形式意义上的平

---

[1] 〔美〕罗纳德·哈里·科斯:《企业、市场与法律》,盛洪、陈郁译校,生活·读书·新知三联书店上海分店1990年版,第95页。
[2] 张文显:《法哲学范畴研究》(修订版),中国政法大学出版社2001年版,第217页。

等规范针对法律的普适性,是指所有人都受法律的约束,任何人都不享有法外特权,就法律的普遍约束力而言,年龄、性别、民族、出身、财产、肤色、信仰、职业等个性因素均被排除。实质意义上的平等规范针对个案的特殊性,即权利义务的配置应当与公民个人的年龄、性别、民族、出身、信仰、财产、职业等个性化因素相对应,同等情况同等对待,不同等情况不同等对待,公民个性化因素与法律适用的正当关联性是这里的关键所在。实体意义上的平等规范表现为公民的平等权,具体表现为公民的信息平等权、劳动平等权、教育平等权、救济平等权等,同时具有给付权和防御权的属性。习近平指出,平等是社会主义法律的基本属性,是社会主义法治的基本要求。坚持法律面前人人平等,必须体现在立法、执法、司法、守法各个方面。任何组织和个人都必须尊重宪法法律权威,都必须在宪法法律范围内活动,都必须依照宪法法律行使权力或权利、履行职责或义务,都不得有超越宪法法律的特权。任何人违反宪法法律都要受到追究,绝不允许任何人以任何借口任何形式以言代法、以权压法、徇私枉法。[①]

就法律职业伦理上的平等规范而言,就是通过法官、检察官、律师的司法行为体现出程序正义,实现对公民利益的平等保障。平等规范更多地体现在确保程序平等上。一般认为,平等规范在司法中体现为以下四个原则:

第一,程序中立规范。中立的要义是独立,程序中立即为程序独立,是指程序的进行只受法律的约束,任何与案件无关的因素均应当排除在程序之外。

第二,平等武装规范。这是指程序的设计应当保障各方当事人具有同等效果的进攻和防御手段,禁止强者利用与法律无关的天然因素压服弱者。为此,仅仅在形式上确认各方当事人的平等参加人地位是不够的,在此基础上还需要进攻和防御手段配置的平等化。首先,通过阅卷权、先悉权、证据交换等制度进行信息权平等武装,确保一方当事人获得对方当事人掌握的证据,使各方当事人在事实方

---

① 参见中共中央文献研究室编:《习近平关于全面依法治国论述摘编》,中央文献出版社 2015 年版,第 29 页。

面的进攻和防御手段对等。其次,通过裁决机关的调查取证制度,弥补弱势当事人的信息获取能力,消除当事人之间的证明能力差距。最后,通过律师委托、法律援助等制度,弥补当事人在法律认知能力上的差距,使各方当事人处于同一起跑线上展开竞争。平等武装的关键在于排除一方当事人拥有的天然优势对程序的影响,因为这种优势与程序无关。

第三,程序负担均衡规范。这是指当事人各方承担的程序义务应当与其实体权利和主张相对应。程序不仅是当事人财力、专长、环境等天然优势的过滤器,而且是当事人实体法律地位差距的平衡器。在法律上拥有公权力或者其他垄断性地位的当事人应当在程序中承担加重的义务,积极事实的主张者承担举证责任。程序负担均衡的实质是通过加重程序负担的方式抵消一方当事人的实体法律地位优势,避免当事人实体权利差距的绝对化。

第四,程序透明规范。公权力的行使程序应当透明,这是世界各国公认的一般法治要求。具体是要求双方当事人信息要对称,平等对待对方的诉讼权利和诉讼利益,不允许在法庭上搞证据突袭,确保公正。

二、平等规范在法律职业伦理中的具体体现

对法官而言,平等规范要求其恪守职业操守,做到公正、中立、平等地对待案件的每一方当事人。如果法官对一方当事人心怀偏私,那么另一方当事人就申告无门了。法官在工作中要做到对待当事人一视同仁,不应当公私有别,内外有别。要坚持在法律面前人人平等,平等地保护各方主体的合法权益。法官应保持诉讼过程的平等性。《法官职业道德基本准则》第13条规定:"自觉遵守司法回避制度,审理案件保持中立公正的立场,平等对待当事人和其他诉讼参与人,不偏袒或歧视任何一方当事人,不私自单独会见当事人及其代理人、辩护人。"法官应当充分注意到当事人和其他诉讼参与人的民族、种族、性别、职业、宗教信仰、教育程度、健康状况和居住地等因素可能产生的差别,保障诉讼各方平等、充分地行使诉权。法官要认真听取当事人的辩解与理由,还有律师、其他诉讼参与人的意见,在法官

评议中、在裁决理由中、在法律文书中作出有理有据的回应,或采纳或批驳,即做到裁判说理。不能你说你的,我判我的,如果这样的话,就是司法专断。法官作出的裁决结论,不但实体、程序上是公正的,而且要让这种公正获得合情合理的形式,能够说服普通人,为广大人民群众所接受。法官应当尊重律师的平等权利,不能无端打断律师的辩论陈词,或者对律师的陈词或主张加以道德上的指责,这样不但将使律师尴尬,也将损害法官在当事人与律师中的形象。司法公正不仅要求法官作出一个公正的判决,还要求公正以人们看得见的方式实现,其中也包括了法官应公正行事,平等对待诉讼当事人。德国联邦(最高)法院退休法官傅德在讲到德国法官法关于法官的行为不得有损于对自己独立性的信任时,认为,"法官与每一方当事人都保持相应距离并避免给人以怀疑,即他更多地听从一方当事人的意见或者不公平地受到一方诉讼当事人、某一被告、某一律师的影响。"①

对检察官而言,平等原则表现为,依法尊重当事人的合法诉讼权利,尊重法官和律师,遵守法庭秩序,依法履行好国家赋予的职责。

平等规范要求律师公正对待当事人及其他律师。《英格兰和威尔士出庭律师行为法典与出庭律师理事会指导准则》第305.1款规定:出庭律师不得因他人(包括委托人、其他出庭律师、民众或者法庭实习生)的种族、肤色、民族、国籍、性别、性倾向、出身、身体残疾、宗教信仰或者政治主张的差异而对其产生直接或者间接的歧视。律师不得妨碍另一方律师搜集证据。他们不得变更、损坏或隐瞒将被视为有价值的证据,或协助别人这样做。律师应以文明和体面的方式执业,尊重法官和律师同行。律师不得为个人便利或仅仅是挫败对方、试图得到救济而使事态复杂化或拖延诉讼、辩护。不得进行不公平的竞争。律师有责任维护整个法律界的团结。有责任向某机关报告任何不当职业行为,包括他们熟悉的其他律师或法官。法国学者认为,律师对待法官和其他司法辅助人员同样应保持独立平等的态度。鉴于法官和律师两者都是在执行法律,律师不得以任何借口

---

① 宋冰编:《程序、正义与现代化——外国法学家在华演讲录》,中国政法大学出版社1998年版,第24页。

对法官表现出不拘礼节或过于亲热,因为这样可能使那些初次从事辩护的人以为这个律师在法庭上享有特殊的地位而怀疑司法的公正性。平等规范的确立是实现司法正义的必要前提。

第五节 诚信规范

一、诚信的内涵

许慎的《说文解字》对诚信的解释是:"诚,信也,从言成声","信,诚也,从人从言",二者互训。诚信不仅是个人的立身处世的基本原则,也是从政、经商的基本原则。诚信规范既是道德规范,也属于法律规范。诚实信用原则在法律上被称为"帝王条款"。《中华人民共和国民法典》(以下简称《民法典》)第7条规定了诚信原则;公司法、证券法都有关于诚信的规定。随着社会主义市场经济体制的逐步完善,市场经济的道德体系问题日益突出,因此诚信问题在经济领域受到了前所未有的关注,建立市场主体的诚信体系问题已经提上了日程。目前国家正在致力于建立政府诚信体系、企业诚信体系、个人诚信体系。目前关于诚信制度建设问题,主要在经济领域里开始为人们所重视。司法领域、法律服务领域诚信体系的建设还没有引起足够的重视。目前在法律服务领域,特别是律师行业正在探索建立律师诚信体系。如北京市律师协会制定了《北京市律师诚信信息系统管理办法(试行)》。

二、诚信规范在法律职业伦理中的具体体现

诚信为一切秩序之本。现代社会中诚信的价值正在受到越来越广泛的关注。在有关诚信的权威著作中,美国经济学家福山认为,诚信是一种社会成本,诚信度的高低决定了经济组织的规模。他将诚信定义为"在一个社团之中,成员对彼此常态、诚实、合作行为的期待,基础就是社团成员共同拥有的规范,以及个体隶属于那个社团的

角色"①。

法治国家的实现同样有赖于整个社会对法治权威的尊重。为了获得这种尊重,普通法甚至创设了藐视法庭罪、侮辱法官罪等,以强调法律的权威性。但是法治的权威除了建立在暴力惩戒的基础上,还有一个重要方面,就是公众与社会对法律的信仰。而建立一个具有公信力的法治社会离不开司法人员对法治精神的诚信信仰。法律是灰色的,只有司法实践之树常青。因为法律本身从形式上看仅仅是一种条文的规定,如同一架机器,完全由使用人来操纵。由于社会生活纷繁复杂,法律可能会缺位,可能会有缺陷,会对实现法治造成障碍。然而,"法律有时入睡,但绝不死亡。"司法人员在运用法律的时候必须首先确立诚信观念,才能真正地保持法律之树常青。

从法官的角度来说,诚信原则主要体现在法官应该忠实于法律,忠实于法律精神的本质,依法裁判,慎重运用自由裁量权。而法官如何正确地行使自由裁量权,则对法官的良知提出了要求。因此,对于那些明显违背自然与理性的恶法,法官应大胆地拒绝服从并拒绝在判决中援引。而对于那些有缺陷的法律,法官应正确地行使自由裁量权,通过符合法律精神的解释而使它们变得没有缺陷,以达到实现正义的目标。法官应当意识到裁判的作用不仅仅是定分止争,也不仅仅是对权利和权力冲突的裁断,它是社会正义的最后一道防线,是社会公共福祉的最终保障。司法判决的意义重大,不仅个案正义通过法官的判决来体现,而且整个社会的正义也要通过整个司法审判制度来体现,只有秉持诚信之心,遵循法律精神,才能赢得人们的理解、尊重、热爱,才能使人们更加信仰法律。对司法判决的信服的力量,源头产生于法官自身对法律的诚信。因此,法官在判决的时候绝不应做不假思索的法匠,而应时时体现法律真正的价值,同时,体现善和美的价值,体现人性的光芒与理性的光辉及社会的关怀,以使人民亲近而自觉接受。那种枉法作出的不合法的判决,以及机械地运用法律条文作出、没有逻辑和心证过程、虽合法却"不讲理"的判决,

---

① 〔美〕法兰西斯·福山:《信任:社会德性与繁荣的创造》,李宛蓉译,立绪文化事业有限公司2004年版,第34页。

或者是滥用自由裁量权作出的荒诞的、不近人情的、强词夺理的判决,绝不会使人民从中对法律产生任何信任感。

对于检察官来说,诚信意味着忠于党,忠于国家,忠于人民,忠于事实和法律,忠于人民检察事业。检察官履行好包括支持国家公诉和行使法律监督的各项职责,维护好广大人民群众的根本利益,就是最大的诚信。

对律师而言,诚信原则的主要体现是我国《律师职业道德和执业纪律规范》第5条的规定:"律师应当诚实守信,勤勉尽责,尽职尽责地维护委托人的合法利益。"良好的信用是律师执业的必备条件。律师只有具备良好的信誉品质,才能取得委托人的信任和社会的重视,才能成为公民、法人的保护神,也才能成为对抗强权、保护弱者的正义之神。律师工作的本质和法律服务的特点,决定了它必须以诚信为本。一方面,律师本身就是诚信制度的维护者。无论是律师的诉讼业务,还是非诉讼业务,其本质都是对信用制度的维护。另一方面,律师应该是信用的实践者,如果向社会提供法律服务的律师都失去了信用,那么,整个社会的信用状况只会更加糟糕。当事人委托律师为自己提供法律服务,表明他在某一方面或某一事项上存在困难,需要得到法律帮助。当事人按照与律师事务所签订的法律服务合同,所付出的不仅是金钱,更多的是对律师事务所和律师的信任。在市场经济社会,法律服务也是一种贸易,也必须以等价交换和诚实信用为前提。

当前,律师事务所对当事人的义务性条款的规定含糊不清,经常含有免除其责任、加重当事人责任的内容。即使有的法律服务合同详细地表述了律师应尽的义务,但是在履行时,也存在敷衍了事、玩忽懈怠、千方百计收费、想方设法开脱,为了取得当事人的代理费,故意作虚假承诺等情况。根据调查,律师业收费不透明已成为法律服务的消费者对律师不信任的重要原因。没有价格标准的服务,是一种没有规范的服务;没有规范的服务,是一种不透明的服务;不透明的服务,是一种不讲信用的服务。

律师违纪案件的投诉有以下趋势和特点:一是投诉案件数量逐年上升;二是当事人向律师主管部门几经投诉无果;三是投诉内容多

为律师不能诚信执业或律师事务所管理混乱。律师违纪情况的主要表现是不正当竞争。具体表现为收费无标准,为争夺案源任意压价,走后门、办关系案、金钱案、虚假宣传,贬低同行;不能勤勉尽责、诚实守信;不在钻研业务上下功夫,刻意拉关系,建网络;一旦钱到手,怠慢客户;说大话,作虚假承诺,误导当事人;沾染不良习气,严重损害律师形象。

这些问题的存在与律师自身对诚信的态度有很大关系。对一名律师来说,信用就是一种向当事人信守承诺的责任感,信用就是对自己提供的法律服务之后果负责的道德感。在市场经济发达的国家,人们会把律师视作一种神圣的职业,赋予律师维护基本人权、实现社会正义的职责。如在美国,律师被认为是法院官员,此角色需要他们不得从事不诚实的活动,不得作出与事实不符的陈述,或者以其他形式破坏司法运作。律师不得对法庭提供虚假的事实或法律,或他已知的虚假证据或协助证人作伪证。律师已提供的证据,如随后发现有错误,必须通知法庭纠正错误。律师有责任通知法庭他所掌握的所有法律规定,包括对客户不利的但对方尚未发现的。这些规定作为律师责任的一部分,有助于维持法庭的公正和严肃。这也是对控方律师的特别规定,表明他们代表政府和公众,而非一个客户,因此必须确保被告得到公正的审判,定罪必须具有充分的证据。日本《律师道德》第 2 条规定,律师应注重名誉、维护信用,努力培养高尚的品德和精深的修养。忠诚是对律师与客户关系的基本要求,所以,许多国家关于律师与被代理人利益冲突的法规都规定,当律师代理了有直接利益冲突的双方当事人或因为律师其他责任或利益不能为客户作出判断、推荐或执行合适的法律诉讼时,他们就被认定是不忠诚。

上述事实说明,诚信原则是律师的职业道德制度的核心。无论是律师本人还是律师事务所,要生存,要发展,要在激烈的市场竞争中立于不败之地,必须诚实守信。信用已经成为律师最重要的资本。在现实中,法律服务中的信用危机仍然是中国律师业发展的主要障碍。因此,加强律师诚信执业的任务仍然十分艰巨。诚实守信是现代文明社会的基础,只有依靠诚信来推进法治建设,才能取得有效的法治之果。

第六节 保密规范

一、保密规范的内涵

保密的内涵就是要求特定的人员在一定的期限和范围内以一定的手段保守特定信息和资讯,不公之于众。秘密是与公开相对而言的,就是个人或集团在一定的时间和范围内,为保护自身的安全和利益,需要加以隐蔽、保护、限制,不让外界客体知悉的事项的总称。构成秘密的基本要素有三点:一是隐蔽性,二是莫测性,三是时间性。一般地说,秘密都是暂时的、相对的和有条件的,这是由秘密的性质决定的。司法活动中一样也会产生一定的秘密。司法秘密的基础是确保司法公正和司法利益,维护司法秩序的正常运行。保密规范对法官、检察官、律师的要求是,对各自在执业过程中知悉的国家机密、商业秘密、当事人的个人隐私都应该按照法律规定予以严格保密,在一定时间内只能让一定范围的人员知悉,不能泄露,否则会对司法程序的运行和司法公正产生极大的损害。

二、保密规范在法律职业伦理中的具体体现

法官需要保守审判工作秘密。所谓审判秘密是指按照有关的法律规定在审判活动中不宜或不应向他人公开的内容,具体包括审判委员会笔录、合议庭笔录、院庭领导的批阅意见、涉案个人隐私和商业秘密、案件收结案统计情况、案件排期情况、庭审动态等。而审判泄密就是指以上内容通过不适当的途径为不宜或不应知悉的人所知道。法官职业道德要求法官应当严格做到:(1)除履行审判职责或者管理职责外,不得询问其他法官承办案件的审理情况和有关信息;(2)不得向当事人或者其代理人、辩护人提供有关案件审理情况和其他有关信息;(3)不得为当事人或者其代理人、辩护人联系和介绍承办案件的法官和透露承办法官的联系方式。

对法官而言,按照其所处的审判阶段的不同,审判泄密有以下的一些表现形式:有关人员违反规定携带案卷外出或随意放置、保管不

慎致案卷材料遗失;将有密级的信息、材料随意传阅、复制,扩大知晓范围;将案卷或诉讼材料借给无阅卷权的人员观阅;案件尚未审结即向新闻媒介透露案件的审理情况或公开发表评论;将未经宣判的案件的合议庭评议意见、审判委员会讨论决定的具体内容或法律文书原本等透露给当事人及其诉讼代理人、辩护人;在调查阶段将证人证言、某一当事人的供述情况等传递给相关的当事人、诉讼代理人或其他人;将法院对犯罪嫌疑人采取的强制措施、财产扣押等决定提前透露给相关人员;泄露当事人的个人隐私、商业秘密;等等。其危害主要有以下几个方面:(1)损害当事人的合法权益。有些案件涉及个人的隐私或商业秘密等内容,当事人本不愿或不想为社会公众所知晓,如果这些内容泄露出去,便会造成当事人名誉之损害或是应有利益之损失,不利于当事人合法权益的保护。(2)严重影响人民法院执法的公正性。法律最终的理念是公平与正义,人民群众把纠纷交给人民法院裁决,也是为了能够找到第三方公平诚实地去判断谁是谁非以及责任的归属问题,而公平与正义也是对一个法官最严肃、最基本的要求,但审判泄密明显有悖于公平与正义。对案件的双方当事人来说,对于同一案件事实,提早获悉的一方必然比另一方有更充足的时间去收集资料和证据,也会给当事人规避法律、逃避责任创造条件,这对于另一方来说显然是不公平的。(3)审判泄密容易导致审判人员滥用职权,故意偏袒一方当事人,枉法裁判,索贿受贿,从而滋生司法腐败,妨碍司法公正,不利于法院的廉政作风建设和队伍素质的提高。

检察机关同样也存在保密规范。例如最高人民检察院和国家保密局将"检察机关正在立案侦查(包括立案前的初查)的案件的侦查计划、处理意见及有关材料(包括举报材料)"定为机密级保密事项。根据调查,目前检察机关泄密的情况类型有:(1)检察人员的故意或过失泄密。知晓案情的检察人员泄露案件的机密有两种方式,一是过失泄露,因为平时保密意识不强,对自己保管的案卷随意丢放,不注意影响,与亲人、朋友、邻里,甚至在公共场合谈论案情,造成案件机密泄露。二是故意泄密,如部分了解案情的检察人员,故意向案件当事人的亲属、朋友通风报信,泄露案件机密。检察人员泄露案件机密无论是过失还是故意,其后果是十分严重的,他们的泄密行为,为不法分子逃避法律制裁创造条件,严重干扰检察机关的执法活动。(2)检察人员用电话(包括移动电话)谈论案情,将案件机密资料录入上网的计算机而导致的泄密的情况时有发生。(3)新闻报道方面的泄露。保密规范要求检察人员必须做到严格遵守保守国家秘密法和检察机关保密规定;不因工作以外的原因打听国家秘密和案件情况;不在公共场所和家属、子女、亲友面前谈及国家秘密和检察工作秘密;不在私人交往中泄露国家秘密和案件情况;不私自抄录、复印秘密文件资料;不携带秘密文件和卷宗到宿舍和公共场所;不用电话和无线电话传递国家秘密事项;不用明码电报和不加密传真机传输秘密文件、资料;不在个人著作和文章中引用国家秘密,未经批准不向任何单位提供正在办理的案件情况;发现失泄密问题要及时向领导报告,并立即采取补救措施,防止扩散。

　　律师的保密规范体现的范围更为广泛。在美国,关于律师保守职业秘密的要求,体现在三类不同的规范中。证据法中的律师—委托人特权保护的对象是律师和委托人之间的秘密交流,按照证据规范特权,不得强迫律师就其与委托人之间的秘密职业交流作证。程序法中的律师工作成果豁免原则保护的对象是律师在诉讼过程中准备的工作成果,避免为对手知悉而减少诉讼的必要对抗性和律师的工作积极性。另外就是职业道德中的保密规范。对律师而言,保密原则体现在保守当事人的秘密。美国学者克罗曼(Kronman)指出,"杰出的律师首先应该是具有献身精神的公民。他关注公众利益,并随时准备为其牺牲自己的利益,不像那些只为自己私利使用法律的人"①。尽管律师保守职业秘密可能使律师面临严重的道德困境,并因此有可能使自身的权利受到损害,但是"对于法制而言,最根本的价值不是效率而是公正,不是利益而是信赖"②。律师揭露当事人的秘密,也许在个案中是实现了个体公正,但是它却割断了当事人与律师之间的联系纽带,破坏了当事人与律师之间的信赖基础,从而将导

---

　　① 〔美〕安索尼·T.克罗曼:《迷失的律师:法律职业理想的衰落》,周战超、石新中译,法律出版社 2002 年版,第 15 页。
　　② 季卫东:《法治秩序的建构》,中国政法大学出版社 1999 年版,第 246 页。

致整个辩护制度走向衰落。辩护制度是现代诉讼为追求程序公正所设计的伟大制度之一,如果因此而使辩护制度夭折,那么程序公正的实现则成为不可能。法律在追求公正的过程中,必然存在着多种价值的取舍,因为"所有的规范实际上都是相互冲突的期待与利益的一种混合的产物"①,律师保守当事人秘密的义务正是法律取舍的结果,它充分地保障了当事人对律师的信任,保障和促进律师辩护制度的发展,从而为公正的实现奠定了基础。

美国律师协会颁布的《职业行为示范规则》1.6(a)规定,律师不能泄露任何与代理当事人有关的信息,此范围更宽于律师—当事人特权所保护的秘密信息。《法国刑法典》和有关律师的职业规范也规定律师负有保守秘密的义务,该项义务甚至适用于实际上已为他人知晓的事实。作为法国现行法律的第468号法令第89条规定:"律师绝对不得泄露任何涉及职业秘密的事项。律师尤其必须保守与刑事侦查活动有关的秘密,而不得传播从案卷材料中了解到的情况,也不得公开与正在进行的预审程序有关的案卷材料、文件或信件。"如果违反上述规定,不论产生的实际后果如何,均按"既遂"处理。《法国刑事诉讼法典》规定,任何人在被法院传讯出庭作证时都必须出庭作证,但如果律师被传唤出庭作证,他必须独立确定哪些事情属于职业秘密,并根据其本人的良心决定是否要在法庭上公开这些事实。在有些地区,即使当事人主动让律师公开有关的情况,律师也可以拒绝泄露。该法典还明确规定,预审法官有责任预先采取一切有效的措施以保护职业秘密和保障被告人的权利。② 2002年修订的《英格兰和威尔士出庭律师行为法典与出庭律师理事会指导准则》第702条规定:"无论律师与委托人之间的委托关系是否存续,律师必须对委托事务保守秘密。未经委托人许可或者没有法律的准许,律师不得将委托事务中有关文件的内容泄漏给第三人(包括其他律师、普通民众或者需要该信息开展工作的其他人),也不得与第三人就该信息

---

① 〔美〕昂格尔:《现代社会中的法律》,吴玉章、周汉华译,中国政法大学出版社1994年版,第192页。

② 见《法国刑事诉讼法典》,余叔通、谢朝华译,中国政法大学出版社1997年版,第56、57、58、96条。

进行沟通,这些信息是委托人交由律师秘密使用的。律师更不得使用这些信息为自己或者第三人牟取利益。"

我国《律师职业道德和执业纪律规范》第 8 条规定:"律师应当严守国家机密,保守委托人的商业秘密及委托人的隐私。"第 39 条规定:"律师对与委托事项有关的保密信息,委托代理关系结束后仍有保密义务。"《律师法》第 38 条第 1 款规定:"律师应当保守在执业活动中知悉的国家秘密、商业秘密,不得泄露当事人的隐私。"《民事诉讼法》《刑事诉讼法》和《行政诉讼法》也有相应规定,从而表明我国已基本上确立了律师保守职业秘密的义务。

在确定律师保守职业秘密原则的同时,我们必须将保守职业秘密与故意隐藏证据区分开来。律师保守职业秘密尽管有时的后果是使他人不能了解案件的情况,从而放纵了犯罪,但是它涉及的只是律师不告知其他人有关当事人与他之间的交流内容,而并不涉及律师故意采取其他一些手段使案件的事实情况被隐藏起来。律师保守职业秘密并非等同于放纵犯罪。

保密规范同样适用于公证员。公证员在公证活动中对接触到的当事人的秘密和国家秘密以及商业秘密和其他非公开的信息应当保守秘密。许多国家和地区都规定了公证保密制度,如遗嘱、赠与、保全证据和继承事项等都需严格保守秘密。因为当事人申请公证的事项大多与自身的利益密切相关,如果泄露出去,就有可能会损害当事人的利益。因此,保守秘密是公证员职业道德中的一项十分重要的内容。

第七节　勤　勉　规　范

一、勤勉规范的内涵

勤勉的含义就是要求司法人员充分运用自己的专业知识和技能,勤奋工作,恪尽职守,及时、准确、保证质量地完成工作。具体来说,法律职业伦理中的勤勉规范要求法官、检察官、律师都按照各自的职责要求,在符合法律规定的情况下,迅速履行自己的职责,保障司法程序的正常运作。要为当事人的利益、方便着想,在法律制度上,程序的设置要考虑当事人和社会的承受能力。法官、检察官、律师要在法定的时限内快捷办案,实现司法职能,解决当事人之间的纠纷,使司法成本降低,节省当事人的开销,使法律的救济职能得以发挥。在当代社会,科技的进步给人们的生活带来了极大的冲击和改变,大量的社会纠纷和矛盾以诉讼的形式涌现。如何在最短的时间内解决纠纷,就变成是否维护当事人合法权益,是否体现司法公正这样一个首要问题。而勤勉规范就是使司法环节畅通有序的一个重要保证。

二、勤勉规范在法律职业伦理中的具体体现

依照美国《司法行为示范守则》之第三部分的要求,法官要勤勉地履行裁判职责,迅速地、有效地、公正地处理各种司法事务。法官在履行其司法职责时,应当表现出其已适当、合理地考虑到将要出庭的当事人的权利,法官同时还要保证证人和公众的利益,以控制和监督案件的合理进度,减少或消除拖拉现象,避免不必要的花费。法官必须为履行司法义务付出必要的时间,准时出庭,及时就提交的事宜作出裁决,并为此目的与法院其他工作人员、诉讼当事人及律师互相配合。法官还应该公正无私地、勤勉地履行其管理义务,保持其在司法管理方面的职业能力。另外,美国《初审法院操作规范》对案件及时处理、起诉到结案时间、结案和诉案之比、遵守审判时间等作出了详细的规定,从制度层面上保障了法官勤勉原则的履行。

勤勉规范对我国法官而言首先是指法官应具备严谨的工作作风。由于审判工作是一项实践性、操作性很强的国家活动,需要法官具有求实、严谨、公正、慎言的工作态度和工作作风,不能马虎轻率;需要法官具有更完备的知识构成、更广阔的视野和更强的能力。培养这种高层次的法官,需要通过对法官队伍的严格培训、不断再教育来实现。根据法官道德规范的要求,法官在行使其司法权力时,应当勤勉、公平。法官与诉讼当事人、律师和证人以及其他法官打交道时,应当谦恭、得体。法官应尽量果断处理法庭事务,以使陪审员、律师和诉讼当事人不浪费时间,防止积压大量的未决案件,避免诉讼的迟延。法官应当注意双方当事人和律师、检察官的论点,并理智、正直地断案。法官应具备专业能力:对可能出现的法律事务具有全面的法律知识,充分掌握法律的变化。这比对律师专业能力的要求更为重要,因为知识渊博的法官可以弥补律师出庭时的不足。法官勤勉原则还应体现在:法官要有追求公正之心,要热爱审判事业,要有上进心,要有严谨的工作态度和扎实的工作作风,不能追求不正当的经济利益,要勤勉尽责、忠于职守;在裁判活动中要信守法律,不受权力和公众议论的影响,不惧怕批评与指责,在审理活动中要耐心细致,不通过言语和行为表现出不公正和偏见的情绪,避免拖延审判和不必要的花费。

勤勉规范对检察官而言,要求检察官及时处理案件,遵守立案、侦查、提起公诉等各个诉讼环节的审限要求,做到快速办案、快速结案。这就要求检察官具备良好的业务素质。职业技能是检察官的基本素质。检察工作是一项专业性和实践性很强的工作,检察官不仅要有深厚的法律知识,还要有丰富的社会知识、广博的科技知识、基本的经济知识以及哲学、历史、逻辑等各种知识。特别是随着社会经济和科学技术的发展,检察工作涉及领域不断拓宽,新型疑难案件不断增加,是否具有合理的知识结构、优化的综合素质、高超的办案能力,成为检察官能否全面正确履行检察职能的基本标准。认真学习相关的知识也是勤勉原则对检察官的要求。

勤勉规范对律师而言,要求律师时时自觉按照职业道德的要求,充分运用自己的法律专业知识和技能,处理好受委托的法律事务。律师同样应当具有专业能力,忠诚于客户,热情提供服务,必须诚实,不得欺诈或从中作梗。我国《律师职业道德和执业纪律规范》对律师和客户的关系作了详细的规定,要求律师应该有专业能力代表客户,即他们必须有法律知识、技能,工作全面细致,准备必要充分。律师必须遵守客户对代理目的的决定,必须与客户磋商寻求达到代理目的的途径。一名律师给客户提供帮助时应运用独立的专业判断力,给予客户诚实的建议,不仅要考虑法律因素,而且还要考虑与客户的状况相关的道德、经济、社会和政治等诸多因素。最终是否接受由客户自行决定。律师以维护委托人的最大利益为工作核心。美国关于律师职业道德的法规规定,律师代理客户过程中应勤奋、迅速。他们必须向客户及时报告案件的进展并及时答复客户所需的信息,必须向客户解释有关事实以使顾客及时作出代理的决定,使当事人的利益能够在最短的时间内得到实现。

第八节　清廉规范

一、清廉规范的内涵

"清"与"浊"相对应,原是指水的澄澈,后来引申为高洁的意思。"廉"与"贪"相对应,意为不随意去拿取,同时还有俭约的意思。清廉作为职业道德规范,就是要求司法人员不贪图小利,洁身自好,公正执法。对所有从事公职的人员都有廉洁的要求,但对法律职业人员来说,清正廉洁的意义更加重大。古代的人们之所以期待包公式的人物出现,就是因为当时的衙门是"有理无钱莫进来"的地方。清代官员张伯行说:"一丝一粒,我之名节;一厘一毫,民之脂膏。宽一分,民受赐不止一分;取一文,我为人不值一文。"[①]现代法律职业者更应如此。在市场经济条件下,物质极大地丰富,诱惑的危险也大大增加,况且目前法律职业的社会尊重程度、待遇还未达到一个合理的格局,更导致少数法律职业人员违背职业道德而违法乱纪,使得人民群众对司法公正的信心动摇,损害了司法的威信。从历史上看,我国历代王朝都注重对司法官员的廉洁要求,并且以严刑峻法予以保障。综观世界各国,也都建立起一系列严格的制度和职业道德守则来规范法官的行为。清正廉洁是对法官、检察官、律师的共同制度要求。联合国《执法人员行为守则》第 7 条规定:执法人员不得有贪污行为,并应极力抗拒和反对一切贪污行为。美国《司法行为示范守则》第二部分第 2 条规定:法官不得允许其家庭的、社会的、政治的或其他的关系影响其司法行为和裁判,法官不得利用其司法官员的声望而牟取其个人的或其他人的私人利益。其第四部分第 4 条第 5 款规定:

[①] (清)张伯行:《禁止馈送檄》。转引自曹云中主编:《古史清廉曲:倡廉肃贪历史故事三百二十则》,文心出版社 2019 年版,第 175 页。

法官不应当从任何人那里收受礼物、馈赠、恩惠、贷款。还应当监督法官及其居住在一起的家庭成员不应收受他人的礼物、馈赠、恩惠、贷款。加拿大《法官职业道德准则》第6条第1款第2项规定：法官应尽可能合理地处理其个人事务和商业事务,从而把自己被要求回避的机会降低到最低程度。

二、清廉规范在法律职业伦理中的具体体现

法官扮演着正义守护神的角色,其廉洁与否直接关系到公众对法官裁判能力的信任与否,进而影响到公众对司法制度的信任。因此,法官必须具备廉洁的品行,包括不收贿纳礼,不要求当事人提供和不接受当事人提供的各种请吃享乐活动,不允许其亲属、朋友或其他社会关系对其裁判行为产生影响,等等。此外,因为法官职业的特殊性,法官的个人行为必须保证不能使社会公众对其裁判案件的公正性产生怀疑,不能有损于法院的形象。因此,法官的个人行为必须正当,包括不利用法官的地位谋取个人私利;在社会活动中,不利用法官的地位获得与众不同的优待;不在商业机构中担任职务;等等。

但现实中,少数司法人员行为不良,妨碍了司法公正。例如2001年的最高人民法院工作报告提出：一些法官的思想政治素质和法律专业素质不高;少数法官特权思想严重,工作作风粗暴;有的法官滥用审判权和执行权,有法不依,执法不严,裁判不公,久拖不执或者违法执行,甚至贪赃枉法,严重败坏了人民法院和法官的声誉。戈尔丁曾指出：程序公正就包含了这样一个标准,即与案件有关的人不应是裁判者,案件的裁判中不含有裁判者个人的利益,法官也不应支持或反对某一方的偏见。① 法官具有双重身份。作为一个理性公民,他要遵守社会行为规范,尽一个公民的社会责任;作为国家法律的执行者,要受到法院性质和法官职业特点的限定。在有的国家,法院专门设立了法官职业道德的保障机构。例如美国加利福尼亚州的"司法风纪委员会"由法官代表、议员代表和律师代表组成,德国法院

---

① 参见马丁·P.戈尔丁:《法律哲学》,齐海滨译,生活·读书·新知三联书店1987年版,第240页。

内部设有"纪律法庭",全部由法官组成。我国也应该建立法官职业伦理考评机制。

清廉同样是检察官的职业本色。清廉规范要求检察官在执法活动中严格做到一身正气,两袖清风。把追求个人物质利益作为执法的目的和内容,就必然会违背社会主义法治的要求,进而作出为钱卖法、贪赃枉法的行为。我国检察官职业道德的清廉基本要求是检察官模范遵守法纪,保持清正廉洁,淡泊名利,不徇私情,自尊自重,接受监督;行使职务活动中必须正确运用手中的权力,自觉抵制来自各方面的干扰和腐蚀。

对律师而言,清廉规范要求律师不得私自向委托人收取报酬或者其他费用。律师不得在律师事务所正常业务收费外索要、收受报酬或实物。律师不得违反律师事务所收费制度和财务纪律,非法挪用、私分、侵占业务收费款项。律师在从事法律服务时,只能按照法律合理取得报酬,不能牟取非法利益。我国的《律师职业道德和执业纪律规范》第35条第2款规定,律师不得挪用或者侵占代委托人保管的财物。第37条规定,律师不得与对方当事人或第三人恶意串通,侵害委托人的权益。因此,清廉原则同样适用于律师。

第九节 礼仪规范

一、礼仪规范的内涵

"礼"主要是指礼节,即表示尊敬、祝颂等态度、心情的形式,例如鞠躬、握手、起立等礼节。"仪"是仪式,一般指某种活动进行时为表现其正规性、庄重性或神圣性而采取的某种形式,包括人的仪表和典礼的形式等方面。司法礼仪,是司法人员在司法活动与交流中遵循一定规范而形成的言行方式。一般是指司法人员的外表、行为、言语等符合一定的道德规范,体现一定的法律素养,反映出一定的审美趣味,给人留下良好的印象,并且通过这种礼仪形成一定的司法秩序,维护法治的尊严。礼仪首先代表着一定的协调,是指一个人的仪表要与他的年龄、身份、职业和所在的场合吻合,表现出一种和谐,这种和谐能给人以美感。保持良好的仪表和文明的举止,有助于维护司法人员的尊严和良好形象。反之,如果司法人员不注意遵守司法礼仪,行为失检,庭审不规范,开庭不准时,衣冠不整,言语粗鲁,滥用强制措施等,就会使人们对法治的信心大打折扣。司法礼仪往往具有比较丰富的"程序正义"的价值内涵,其实可以视为广义上的"正当法律程序"的重要内容之一。正是经过一系列复杂而庄重的程序化乃至仪式化的运作,法律超越世俗的非人格化的权威性和神圣性才能最终凸显出来。

二、礼仪规范在法律职业伦理中的具体体现

对法官而言,司法礼仪的一个重要目的是体现法官的个人修养和人格魅力,具有良好司法礼仪的法官往往办案态度谦和,语言文明,耐心听诉。任何不文明、粗暴的言行都是对法官形象的损害。例如美国《司法行为示范守则》第三部分规定,法官应公正和勤奋地履行司法官员的义务;应保持在其审理案件时的法庭秩序,注意礼仪;对当事人、陪审团成员、证人、律师和其他在正式场合与法官打交道的人耐心,具有尊严,且彬彬有礼。法官也应当要求律师、法官助手、法院工作人员及其指导和控制的人士如此行为。澳大利亚行政审查委员会制定的《裁判所法官行为准则》第四部分规定,法官应当耐心、尊敬、热忱地对待各方当事人、证人、诉讼代理人、裁判所职员和官员以及其他相关人员,并应要求接受其领导和指挥的人员也同样行事。同样,国外对检察官的按时出庭、遵守法庭秩序也作了类似的规定。国外的法官穿法袍、戴假发的目的是很好地界定法官职业的特殊性。英国法官的服饰让无论当事人还是旁听的人,都会感觉到这个职业的特殊性和神圣性,也就是他不能玩忽职守,他不能贪赃枉法。事实上,从1873年起英国法官保持了一百多年的高度廉洁。

法官的司法礼仪的一个重要目的就是通过法官的外在形象表明法律权威。现实中法律不可能没有权威,如果法律没有权威,就不可能实现法治。从这个意义上讲,由司法礼仪支撑起来的法官尊严、司法尊严构成了一个国家法律权威的重要组成部分,也是法律权威的一种体现和保障,而最终体现的,是国家法治的要求。依法治国,建

设社会主义法治国家,已作为我国的一项基本方略庄严载入我国宪法。要实现依法治国,建立法律权威是应有之义。法官在这一过程中则扮演着十分重要的角色。法官作为一个国家的司法者,负有保障法律的实施、保护公民和法人合法权利的神圣使命,因此法官是社会公平和正义的代表,也是法律的代表。法律权威由此演变为一种司法权威,法律尊严也演变为一种法官尊严。国外法官着黑色长袍开庭审理案件、出席重大法律纪念活动或庆典活动,代表着庄重和严肃,象征着思想的成熟和独立的判断力,体现的是一种尊严,昭示着法律的权威、法治的权威。法官司法礼仪不仅反映了现代司法的文明、有序和效率,而且也成为建立法律权威、推进依法治国进程的努力的一部分。

在我国,就司法礼仪而言,不合理、不文明、不合法的现象尚在一定范围内存在。在一些基层法庭开庭时,当事人拖拖拉拉,迟迟不到;开庭中手机声此起彼伏,递烟、敬茶、早退、外出;此外还存在书记员办案,合议庭人员不齐,庭前庭后法官和当事人随意接触等现象。这些实际上是对司法神圣的亵渎,破坏了法庭和法官的形象,是司法不公平和缺少公信力的重要原因。可见,我国的司法礼仪和法庭秩序急需进一步的革新和重建,法官的职业形象急需树立。法官形象由法官的着装、庭审言谈和举止三要素构成。

第一,2000年我国法官检察官制服的使用体现出我国司法理念和司法形象的转变。从传统的行政色彩极为浓厚的军警式样的制服转化为体现公平正义的法袍与西装制服、佩戴胸徽,体现出我国在司法礼仪方面与国际接轨的进步。

第二,法官检察官的言辞也有一定的礼仪要求。主要是应当简明严谨、庄严,符合法言法语,客观公正,避免偏激化的语言,避免方言土语、流氓黑话,而要体现语言的逻辑美、声音美、修辞美、态度美。言语是法官、检察官的一面镜子,反映出他们的内在素质、业务能力、文化水平、生活作风以及思维的敏捷性、思辨性和洞察力。

第三,法官、检察官的举止,即准确的角色定位和恰当的形体语言展示出法官、检察官的庄严、高雅、大方、稳重的外在美。法官不能在法庭上超越检察官的指控范围,主动出击,采用定罪式样的语言讯问被告人,使公众怀疑司法公正。检察官不能在支持公诉过程中威胁、辱骂律师或犯罪嫌疑人、被告人。在工作之外,法官、检察官都要保持审慎的社交形象。国外有法学家认为"法官是一个孤独的职业",也有人说"法官是仅次于上帝的人"。这些都说明社会公众对法官、检察官的期待。美国法律规定,法官应在其所有活动中,避免各种不正当的行为;法官不得允许其家人或朋友干涉司法行为,不得利用其职位、声望谋取利益或使人产生类似的印象。这些规定都是为了确保司法公正。

对律师而言,同样需要遵守法庭礼仪要求,对待当事人时应该体现出良好的法律素质。律师着装的改革也是律师司法礼仪制度建设的一大进步。2002年3月,中华全国律师协会四届十二次常务理事会通过《律师出庭服装使用管理办法》。根据该办法,律师担任辩护人、代理人参加法庭审理,必须穿着律师出庭服装。律师出庭服装由律师袍和领巾组成。律师出庭应按规定配套穿着:内着浅色衬衣,佩戴领巾,外着律师袍,律师袍上佩戴律师徽章。下着深色西装裤、深色皮鞋,女律师可着深色西装套裙。律师徽章内圈图案为由一大一小两个同心圆、五颗五角星、三组正反相背代表律师的"L"图案组成的律师协会标志,外圈标有"中国律师"黑体、中英文字样。律师袍仅使用于法庭审理过程中,不得在其他任何时间、场合穿着;服装不整洁或有破损的不得使用;不得穿着或佩戴其他衣物或饰品。律师袍的出现是我国司法改革在形式上的一大进步,对于维护法律尊严、树立律师形象都有积极意义。与对法官、检察官的要求一样,律师同样应该注重其言语文明和行为文明,以反映出律师良好的精神风貌。

第十节 阅读与思考

一、保证公正司法,提高司法公信力[①]

公正是法治的生命线。司法公正对社会公正具有重要引领作

---

① 摘自党的十八届四中全会审议通过的《中共中央关于全面推进依法治国若干重大问题的决定》(2014年10月23日)。

用,司法不公对社会公正具有致命破坏作用。必须完善司法管理体制和司法权力运行机制,规范司法行为,加强对司法活动的监督,努力让人民群众在每一个司法案件中感受到公平正义。

(一)完善确保依法独立公正行使审判权和检察权的制度

各级党政机关和领导干部要支持法院、检察院依法独立公正行使职权。建立领导干部干预司法活动、插手具体案件处理的记录、通报和责任追究制度。任何党政机关和领导干部都不得让司法机关做违反法定职责、有碍司法公正的事情,任何司法机关都不得执行党政机关和领导干部违法干预司法活动的要求。对干预司法机关办案的,给予党纪政纪处分;造成冤假错案或者其他严重后果的,依法追究刑事责任。

健全行政机关依法出庭应诉、支持法院受理行政案件、尊重并执行法院生效裁判的制度。完善惩戒妨碍司法机关依法行使职权、拒不执行生效裁判和决定、藐视法庭权威等违法犯罪行为的法律规定。

建立健全司法人员履行法定职责保护机制。非因法定事由,非经法定程序,不得将法官、检察官调离、辞退或者作出免职、降级等处分。

(二)优化司法职权配置

健全公安机关、检察机关、审判机关、司法行政机关各司其职,侦查权、检察权、审判权、执行权相互配合、相互制约的体制机制。

完善司法体制,推动实行审判权和执行权相分离的体制改革试点。完善刑罚执行制度,统一刑罚执行体制。改革司法机关人财物管理体制,探索实行法院、检察院司法行政事务管理权和审判权、检察权相分离。

最高人民法院设立巡回法庭,审理跨行政区域重大行政和民商事案件。探索设立跨行政区划的人民法院和人民检察院,办理跨地区案件。完善行政诉讼体制机制,合理调整行政诉讼案件管辖制度,切实解决行政诉讼立案难、审理难、执行难等突出问题。

改革法院案件受理制度,变立案审查制为立案登记制,对人民法院依法应该受理的案件,做到有案必立、有诉必理,保障当事人诉权。

加大对虚假诉讼、恶意诉讼、无理缠诉行为的惩治力度。完善刑事诉讼中认罪认罚从宽制度。

完善审级制度，一审重在解决事实认定和法律适用，二审重在解决事实法律争议，实现二审终审，再审重在解决依法纠错、维护裁判权威。完善对涉及公民人身、财产权益的行政强制措施实行司法监督制度。检察机关在履行职责中发现行政机关违法行使职权或者不行使职权的行为，应该督促其纠正。探索建立检察机关提起公益诉讼制度。

明确司法机关内部各层级权限，健全内部监督制约机制。司法机关内部人员不得违反规定干预其他人员正在办理的案件，建立司法机关内部人员过问案件的记录制度和责任追究制度。完善主审法官、合议庭、主任检察官、主办侦查员办案责任制，落实谁办案谁负责。

加强职务犯罪线索管理，健全受理、分流、查办、信息反馈制度，明确纪检监察和刑事司法办案标准和程序衔接，依法严格查办职务犯罪案件。

（三）推进严格司法

坚持以事实为根据、以法律为准绳，健全事实认定符合客观真相、办案结果符合实体公正、办案过程符合程序公正的法律制度。加强和规范司法解释和案例指导，统一法律适用标准。

推进以审判为中心的诉讼制度改革，确保侦查、审查起诉的案件事实证据经得起法律的检验。全面贯彻证据裁判规则，严格依法收集、固定、保存、审查、运用证据，完善证人、鉴定人出庭制度，保证庭审在查明事实、认定证据、保护诉权、公正裁判中发挥决定性作用。

明确各类司法人员工作职责、工作流程、工作标准，实行办案质量终身负责制和错案责任倒查问责制，确保案件处理经得起法律和历史检验。

（四）保障人民群众参与司法

坚持人民司法为人民，依靠人民推进公正司法，通过公正司法维护人民权益。在司法调解、司法听证、涉诉信访等司法活动中保障人民群众参与。完善人民陪审员制度,保障公民陪审权利,扩大参审范围,完善随机抽选方式,提高人民陪审制度公信度。逐步实行人民陪审员不再审理法律适用问题,只参与审理事实认定问题。

构建开放、动态、透明、便民的阳光司法机制,推进审判公开、检务公开、警务公开、狱务公开,依法及时公开执法司法依据、程序、流程、结果和生效法律文书,杜绝暗箱操作。加强法律文书释法说理,建立生效法律文书统一上网和公开查询制度。

(五)加强人权司法保障

强化诉讼过程中当事人和其他诉讼参与人的知情权、陈述权、辩护辩论权、申请权、申诉权的制度保障。健全落实罪刑法定、疑罪从无、非法证据排除等法律原则的法律制度。完善对限制人身自由司法措施和侦查手段的司法监督,加强对刑讯逼供和非法取证的源头预防,健全冤假错案有效防范、及时纠正机制。

切实解决执行难,制定强制执行法,规范查封、扣押、冻结、处理涉案财物的司法程序。加快建立失信被执行人信用监督、威慑和惩戒法律制度。依法保障胜诉当事人及时实现权益。

落实终审和诉讼终结制度,实行诉访分离,保障当事人依法行使申诉权利。对不服司法机关生效裁判、决定的申诉,逐步实行由律师代理制度。对聘不起律师的申诉人,纳入法律援助范围。

(六)加强对司法活动的监督

完善检察机关行使监督权的法律制度,加强对刑事诉讼、民事诉讼、行政诉讼的法律监督。完善人民监督员制度,重点监督检察机关查办职务犯罪的立案、羁押、扣押冻结财物、起诉等环节的执法活动。司法机关要及时回应社会关切。规范媒体对案件的报道,防止舆论影响司法公正。

依法规范司法人员与当事人、律师、特殊关系人、中介组织的接触、交往行为。严禁司法人员私下接触当事人及律师、泄露或者为其打探案情、接受吃请或者收受其财物、为律师介绍代理和辩护业务等违法违纪行为,坚决惩治司法掮客行为,防止利益输送。

对因违法违纪被开除公职的司法人员、吊销执业证书的律师和公证员,终身禁止从事法律职业,构成犯罪的要依法追究刑事责任。

坚决破除各种潜规则,绝不允许法外开恩,绝不允许办关系案、人情案、金钱案。坚决反对和克服特权思想、衙门作风、霸道作风,坚决反对和惩治粗暴执法、野蛮执法行为。对司法领域的腐败零容忍,坚决清除害群之马。

[提示与问题]

1. 请结合实际案例等,从法官职业的角度谈谈你对于严格司法的理解。

2. 根据你的了解,在司法工作中存在哪些"潜规则"?你认为该如何避免潜规则干扰正常的司法活动?

二、法律与正义

古希腊著名哲学家苏格拉底晚年以不敬神以及蛊惑青年的罪名被判处死刑。尽管他认为判决的结果是极其不公正的,尽管他有机会在朋友的帮助下越狱,但是他拒绝越狱。他认为,如果他逃离雅典,等于是践踏了雅典的政府和法律。如果人人都践踏法律,造成法律失去权威,雅典就不能苟存。在经过人格化的"雅典法律"与苏格拉底的对话中,"雅典法律"向苏格拉底说:"你现在纯洁地离开人世,是恶的承受者而不是制造者;是因人受害,而不是因法律。但如果此刻你选择逃走,以恶报恶,以害易害,违背了你与我们所作的承诺和约定,而且冤陷了你最不该冤陷的……你自己、你的朋友、国家和我们,我们将在你苟活之年对你愤慨……地下的律法也将视你为寇仇,因为他们知道,你以最大的力量毁灭我们。"①维护法律正义胜过保存生命,这是多么崇高的力量。法律职业者在对待正义的问题上就应该有这种为维护正义而献身的精神。

[提示与问题]

判决的结果并不一定代表公正,特别是在强调正当程序的情况下,有时候法官的判决完全可能出现违背事实的情况。但是这样的

---

① 转引自周天玮:《法治理想国——苏格拉底与孟子的虚拟对话》,商务印书馆1999年版,第68、69页。

判决结果也应当被执行,这就是法律。阅读上面的材料后,你觉得苏格拉底应当逃离监狱吗?苏格拉底给出的理由,你觉得有道理吗?

三、矫正的公正[①]

我们还没有讨论矫正的公正。它是在出于意愿的或违反意愿的私人交易中的公正。这种公正同上面讨论过的公正在性质上不同。因为,分配公共财富的公正要依循上面说明过的比例(因为如果要从公共物中分配,就要按照人们各自对公共事业的贡献来进行),同这种公正对立的不公正是对这种比例的违反。可是私人交易中的公正——虽然它也是某种平等,同样,这种不公正也就是某种不平等——依循的却不是几何的比例,而是算术的比例。因为,不论是好人骗了坏人还是坏人骗了好人,其行为并无不同。不论是好人犯了通奸罪还是坏人犯了通奸罪,其行为也没有什么不同。法律只考虑行为所造成的伤害。它把双方看作是平等的,它只问是否其中一方做了不正的事,另一方受到了不正对待;是否一方做了伤害的行为,另一方受到了伤害。既然这种不公正本身就是不平等,法官就要努力恢复平等。如果一方打了人,另一方挨了打,或者一方杀人,另一方被杀了,做这个行为同承受这个行为这两者之间就是不平等,法官就要通过剥夺行为者的得来使他受到损失。(因为在广义上,我们可以用得来说这些事情,尽管在严格意义上有些事不能这么说,比如一个人打了另一人就不能说有什么得,被打的人不能说有什么失。总体上,在估量所遭受的痛苦时,这类行为可以说是得,遭受这类行为可以说是失。)所以,尽管平等是较多与较少之间的适度,得与失则在同时既是较多又是较少:得是在善上过多,在恶上过少;失是在恶上过多,在善上过少。又由于平等——我们说过它就是公正——是过多与过少之间的适度,所以矫正的公正也就是得与失之间的适度。

这就是人们在纷争时要找法官的原因。去找法官也就是去找公正。因为人们认为,法官就是公正的化身。其次,找法官也就是找中

[①] 节选自〔古希腊〕亚里士多德:《尼各马可伦理学》,廖申白译注,商务印书馆 2003年版,第 136—140 页。

间,人们的确有时把法官叫作中间人,因为找到了中间也就找到了公正。所以公正也就是某种中间,因为法官就是一个中间人。法官要的是平等。这就好像如果一条线段被分成两个不等的部分,法官就要把较长线段的超过一半的部分拿掉,把它加到较短的线段上去。当整条线段被分成了两个相等的部分,就是说,当双方都得到了平等的一份时,人们就说他们得到了自己的那一份。平等是较多与较少的算术的中间。就是由于这个原因,人们把这种做法称为公正,因为这个词的意思就是平分的两份,这就好像是说,公正就是平分,法官就是平分者。因为,在两份同等东西中,如果从一份中拿出一部分加到另一份上,后一份就比前一份多出了两倍的差量。因为,如果从前面一份拿出那个部分而不加到后面那份上,后面的一份多出中间量一倍的差量,中间量又多出前面一份一倍的差量。从这里就可以明白,我们应当从较多的一份中拿出多少,又应当在较少的一份上加入多少。我们应当在较少的一份上加上它不足于中间量的部分,从较多的一份中拿掉它多出中间量的部分。假设 AA'、BB'、CC' 三条线段相等,再假设 AE 被从 AA' 上取走,CD 又加到 CC' 上面,这样线段 DCC' 就比线段 EA' 多出 $CD+CF$ 两段,所以它超出线段 BB' 的是 CD。(所有的技艺也都是这样。因为,如果受动的一方接受的东西的量与质不是主动方所产生的那种量与质,这些技艺就会被弃而不用。)

　　此处说的得与失,是从出于意愿的交易活动中借用的词。例如在买卖和法律维护的其他交易中,得到的多于自己原有的是得,得到的少于自己原有的是失。而如果交易中既没有增加又没有减少,还是自己原有的那么多,人们就说是应得的,既没有得也没有失。所以公正在某种意义上是违反意愿的交易中的得与失之间的适度。它是使交易之后所得相等于交易之前所具有的。

[提示与问题]

1. 社会生活中的公正问题是非常复杂的,亚里士多德试图用数学的方式来说明这种复杂的问题,把法官的裁判过程看成数量上的拆分。这种方法在什么情况下有效,什么情况下又会失效?

2. 怎样理解亚里士多德关于"矫正的公正也就是得与失之间的

适度"的观点?

四、正义论的主要观念①

我的目的是要提出一种正义观,这种正义观进一步概括人们所熟悉的社会契约理论(比方说:在洛克、卢梭、康德那里发现的契约论),使之上升到一个更高的抽象水平。为做到这一点,我们并不把原初契约设想为一种要进入一种特殊社会或建立一种特殊政体的契约。毋宁说我们要把握这样一条指导线索:适用于社会基本结构的正义原则正是原初契约的目标。这些原则是那些想促进他们自己的利益的自由和有理性的人们将在一种平等的最初状态中接受的,以此来确定他们联合的基本条件。这些原则将调节所有进一步的契约,指定各种可行的社会合作和政府形式。这种看待正义原则的方式我将称之为作为公平的正义(justice as fairness)。

这样,我们就可以设想,那些参加社会合作的人们通过一个共同的行为,一起选择那些将安排基本的权利义务和决定社会权益之划分的原则。人们要预先决定调节他们那些互相对立的要求的方式,决定他们社会的基本蓝图。正像每个人都必须通过理性的反省来决定什么东西构成他的善——亦即他追求什么样的目标体系才是合理的一样,一个群体必须一次性地决定在他们中间什么是正义的,什么是不正义的。有理性的人们在假定的同等自由的状况中作出的这一抉择(现在假定这一抉择已经产生)决定着正义原则。

在作为公平的正义中,平等的原初状态相应于传统的社会契约理论中的自然状态。这种原初状态当然不可以被看作是一种实际的历史状态,也并非文明之初的那种真实的原始状况,它应被理解为一种用来达到某种确定的正义观的纯粹假设的状态。这一状态的一些基本特征是:没有一个人知道他在社会中的地位——无论是阶级地位还是社会出身,也没有人知道他在先天的资质、能力、智力、体力等方面的运气。我甚至假定各方并不知道他们特定的善的观念或他们

---

① 节选自〔美〕约翰·罗尔斯:《正义论》,何怀宏、何包钢、廖申白译,中国社会科学出版社 1988 年版,第 11—15 页。

的特殊的心理倾向。正义的原则是在一种无知之幕(veil of ignorance)后被选择的。这可以保证任何人在原则的选择中都不会因自然的机遇或社会环境中的偶然因素得益或受害。由于所有人的处境都是相似的,无人能够设计有利于他的特殊情况的原则,正义的原则是一种公平的协议或契约的结果。因为,在这种既定的原初状态的环境中,在所有人的相互联系都是相称的条件下,对于任何作为道德人,即作为有自己的目的并具有一种正义感能力的有理性的存在物的个人来说,这种最初状态是公平的。我们可以说,原初状态是恰当的最初状况(status quo),因而在它那里达到的基本契约是公平的。这说明了"作为公平的正义"这一名称的性质:它示意正义原则是在一种公平的原初状态中被一致同意的。这一名称并不意味着各种正义概念和公平是同一的,正像"作为隐喻的诗"并不意味着诗的概念与隐喻是同一的一样。

　　正如我说过的,作为公平的正义以一种可能是大家一起作出的最一般的选择开始,亦即选择一种正义观的首要原则,这些原则支配着对制度的所有随后的批评和改造。然后,在选择了一种正义观之后,我们就可推测他们要决定一部宪法和建立一个立法机关来制定法律等,所有这些都须符合最初同意的正义原则。我们的社会状况如果按这样一种假设的契约系列订立成一种确定它的规范体系,那么它就是正义的,而且,假设原初状态决定着一系列原则(即一种特殊的正义观将被选择),那么下述情况就是真实的:凡是社会制度满足这些原则的时候,那些介入其中的人们就能够互相说,他们正按照这样的条件在合作——只要他们是自由平等的人,他们的相互联系就是公平的,他们就都会同意这些条件。他们都能够认为他们的社会安排满足了他们在一种最初状态中将接受的那些规定,这种最初状态体现了在选择原则问题上那些被广泛接受的合理限制。普遍地承认这一事实就将为一种对于相应的正义原则的公开接受提供基础。当然,没有任何社会能够是一种人们真正自愿加入的合作体系,因为每个人都发现自己生来就在一个特定的社会中处于一个特定的地位,这一地位的性质实质上影响着他的生活前景。但一个满足了作为公平的正义的原则的社会,还是接近于一个能够成为自愿体系的社会,因为它满足了自由和平等的人们在公平的条件下将同意的原则。在此意义上,它的成员是自律的,他们所接受的责任是自我给予的。

作为公平的正义还有一个特征,它设想处在原初状态中的各方设想是有理性的和相互冷淡(mutually disinterested)的。这并不意味着各方是利己主义者,即那只关心自己的某种利益,比方说财富、威望、权力的个人,而是被理解为对他人利益冷淡的个人。他们推测他们的精神目标甚至可能是对立的(以那种对立的宗教目标的方式相对立)。而且,对合理性这样一个概念必须尽可能在狭窄的意义上理解,可以按照经济理论的标准,解释为采取最有效的达到既定目标的手段。在后面的解释中(见第 25 节),我将在某种程度上修改这一概念,但是,我们必须努力避免在这个概念中引入任何会引起争论的伦理因素。原初状态必须具有这样一种特征:在那里规定是被广泛接受的。

在确立作为公平的正义观时,一个主要的任务显然是考察处在原初状态中的人们将会选择哪些正义原则。为此我们必须详细地描述这一状态,认真概括它提出的选择问题。这些内容我将在后面两章中涉及。然而,我们可以看到,一旦正义原则被设想是从一种平等状态中的原初契约中产生出来的,功利原则是否会被接受就成为问题了,因为这几乎马上就成为不可能的——那些认为他们都平等的、都同样有资格相互提出要求的人们绝不会同意这样一个原则:只是为了使某些人享受较大的利益就损害另外一些人的生活前景。因为每个人都希望保护他的利益,保护他提出自己的善的观念的权利,没有理由认为为了达到一个较大的满足的净余额就可以默认对自己的不断伤害。在缺少强烈和持久的仁爱冲动的情况下,一个理智的人不会仅仅因为一个不顾及他的基本权利与利益的基本结构能最大限度地增加利益总额就接受它,这样看来,功利的原则就与平等互利的社会合作观念冲突了,它也不符合隐含在一个组织良好的社会概念中的互惠观念。我以后将就此作出论证。

反过来,我要坚持认为,处在原初状态中的人们将选择两个相当不同的原则:第一个原则要求平等地分配基本的权利和义务;第二个原则认同社会和经济的不平等（例如财富和权力的不平等），只要其结果能给每一个人，尤其是那些最少受惠的社会成员带来补偿利益，它们就是正义的。这些原则拒绝为那些通过较大的利益总额来补偿一些人的困苦的制度辩护。减少一些人的所有以便其他人可以发展——这可能是策略的，但不是正义的。但是，假如另一些并不如此走运的人们由此也得以改善的话，在这样一些人赚来的较大利益中就没有什么不正义。在此直觉的观点是：由于每个人的幸福都依赖于一种合作体系，没有这种合作，所有人都不会有一种满意的生活，因此利益的划分就应当能够导致每个人都自愿地加入合作体系，包括那些处境较差的人们。只要提出的条件合理，这还是可以期望的。上述两个原则看起来是一种公平的契约，以它为基础，那些天赋较高、社会地位较好（对这两者我们都不能说是他们应得的）的人们，能期望当某个可行的体系是所有人幸福的必要条件时，其他人也会自愿加入这个体系。一旦我们决定像反对派追求政治和经济利益那样，来寻找一种可使自然天赋和社会环境中的偶然因素归于无效的正义观时，我们就被引导到这些原则。它们体现了把那些从道德观点看来是任意专横的社会因素排除到一边的思想。

然而，原则的选择是个极其困难的问题。我不期望我建议的回答会对每个人都有说服力。因此，我们从一开始就需要注意，作为公平的正义像别的契约理论一样，包括两个部分：（1）一种对原初状态及其间的选择问题的解释；（2）对一级将被一致同意的原则的论证。一个人可能接受这一理论的第一部分（或其变化形式），但不接受第二部分，反之亦然。原初的契约状态可能被看作是合理的，虽然那些提出的特殊原则被予以拒绝。确实，我想坚持的是：关于这种状态的最适当观念必定导致与功利主义和至善主义相反的正义原则，所以，契约论提供了一个替换功利主义等观点的选择对象。但是，一个人即使承认契约论的方法是研究伦理和建立它们的基本结论的一种有用方法，他还是可以对上述论点提出疑问。

作为公平的正义是我所说的契约论的一个标本。可能会有人反对"契约"这个词及其有关表示法，但我想它是很适用的。许多词都具有那种从一开始就使人混淆和误解的歧义。"功利"与"功利主义"

当然也不例外,它们也有批评的对手愿意利用的不幸的歧义,但对于那些准备来研究功利主义理论的人来说,它们还是足够清楚的,用于道德理论的"契约"一词也是如此。我说过,要理解它就必须把它暗示着某种水平的抽象这一点牢记在心。特别是我的正义论中的契约并不是要由此进入一个特定的社会,或采取一种特定的政治形式,而只是要接受某些道德原则。而且,它所涉及的承诺也纯粹是假设的:一种契约的观点认为,那些确定的原则是在一个恰当定义的原初状态中被接受的。

契约论术语的优点是它表达了这样一种观点:可以把正义原则作为将被有理性的人们选择的原则来理解,正义观可以以这种方式得到解释和证明。正义论是合理选择理论的一部分,也许是它最有意义的一部分。而且,正义的原则处理的是分享社会合作所带来的利益时的冲突要求,它们适用于若干个人或若干团体之间的关系。"契约"一词暗示着这种个人或团体的复数,暗示必须按照所有各方都能接受的原则来划分利益才算恰当。"契约"的用语也表现了正义原则的公开性。这样,如果这些原则是一个契约的结果,公民们就具有对这些决定其他原则的最初原则的知识。强调政治原则的公开性正是契约论的特点。最后,契约论还有一种悠久的传统。以这一思考方式来表现人际关系有助于明确观念且符合自然的虔诚(natural piety)。这样就有了好几个使用"契约"一词的优点。只要抱以必要的小心,它是不会被误解的。

最后我们说:作为公平的正义并不是一种完全的契约论。很明显,契约的观念能扩大到多少是完整的一个伦理学体系的选择,即扩大到包括所有德性原则而不仅包括正义原则的体系的选择。既然我将主要考虑正义原则以及和它们有密切联系的原则,我就不想以一种系统的方式来讨论德性。显然,如果对作为公平的正义的探讨进行得合理而成功,下一步就是研究"作为公平的正义"一词所暗示的较普遍的观点。但即使是这一更宽广的理论也不能包括所有的道德关系,因为它看起来只包括我们与其他人的关系,而不考虑我们在对待动物和自然界的其他事物方面的行为方式。我不想辩论契约的概念是否提供了一种接近这些肯定是头等重要的问题的途径,而是认为必须把这些问题放到一边。我们必须承认作为公平的正义和它示意的一般类型的观点的有限范围。我们不可能提前决定,一旦别的问题被理解了,对作为公平的正义的结论须如何作出修正。

[提示与问题]

罗尔斯是当代西方著名的哲学家,正义论的集大成者。他的关于"无知之幕"和正义的两个原则的论述,在世界上产生了广泛的影响。他的《正义论》一书,被作为"标准的精神食粮",并被誉为"二次大战后伦理学和政治哲学领域中最重要的理论著作"。上述材料集中反映了罗尔斯关于正义的核心思想。

罗尔斯关于正义的两个基本原则的表述是:

第一个原则:每个人对与其他人所拥有的最广泛的基本自由体系相容的类似自由体系都应有一种平等的权利。

第二个原则:社会的和经济的不平等应这样安排,使它们被合理地期望适合于每一个人的利益;并且依系于地位和职务向所有人开放。

仔细阅读上述材料,谈谈你个人对于其中的"无知之幕"和正义的两个原则的理解。

第三章 审判伦理

在所有的司法活动中,审判活动居于核心地位。美国著名法学家德沃金(Dworkin)指出:"一位法官的点头对人们带来的得失往往比国会或议会的任何一般性法案带来的得失更大。"①审判伦理失效则是司法活动的最大失败。足球场上发生过"黑哨""假球"事件,如果说"假球"还可以通过公正的裁判补救,那么如果裁判是"黑哨",又如何补救?司法中的裁判活动又何尝不是如此?

如果法官的裁判行为出了问题,那么即使代理活动、起诉活动乃至于侦查都是合法的,整个案件也将被引入歧途,前功尽弃,其破坏的不仅是当事人和诉讼参与人的利益,更为重要的是破坏了国家的法治。英国哲学家培根有一句名言:"一次不公正的裁判比多次不平的举动为祸尤烈。因为这些不平的举动不过弄脏了水流,而不公的裁判则把水源败坏了。"②习近平指出,如果不努力让人民群众在每一个司法案件中都感受到公平正义,人民群众就不会相信政法机关,从而也不会相信党和政府。③审判伦理在法律职业伦理中居于核心地位,其伦理上的要求要高于其他法律职业。裁判是否公正是衡量法官是否坚持和实现正义的基本尺度。为了保证法官裁判的公正,除了法律制度的设计外,还要求法官严格遵守职业伦理的要求。

---

① 〔美〕R.德沃金:《法律帝国》,李常青译,中国大百科全书出版社1996年版,第1页。
② 〔英〕弗·培根:《培根论说文集》(第2版),水天同译,商务印书馆1983年版,第193页。
③ 参见中共中央文献研究室编:《习近平关于全面依法治国论述摘编》,中央文献出版社2015年版,第71页。

第一节 审判伦理概述

审判伦理是指法官在审理案件的过程中以及在审判活动之外为了保障审判的公正应当遵循的伦理规则。在我国,审判伦理的规范主要体现在三大诉讼法、《法官法》和《法官职业道德基本准则》以及《法官行为规范》中。《法官法》中规定了法官的义务。其第10条规定:"法官应当履行下列义务:(一)严格遵守宪法和法律;(二)秉公办案,不得徇私枉法;(三)依法保障当事人和其他诉讼参与人的诉讼权利;(四)维护国家利益、社会公共利益,维护个人和组织的合法权益;(五)保守国家秘密和审判工作秘密,对履行职责中知悉的商业秘密和个人隐私予以保密;(六)依法接受法律监督和人民群众监督;(七)通过依法办理案件以案释法,增强全民法治观念,推进法治社会建设;(八)法律规定的其他义务。"这些规定体现了审判伦理中的基本内容。《法官职业道德基本准则》和《法官行为规范》有关法官职业道德的具体规定是对《法官法》中的规定的具体化。

在审判活动中强调审判伦理或者法官职业道德,是完全符合司法规律,体现司法公正的基本要求的。造就一支政治坚定、业务精通、作风优良、清正廉洁、品德高尚的法官队伍,是依法治国、建设社会主义法治国家的重要条件,是人民法院履行宪法和法律规定职责的重要保障。法官具有良好的职业道德,对于确保司法公正、维护国家法治尊严至关重要。由于法官是法律的"掌管者""裁判者",因此在众多的法律职业中,对法官的职业道德要求最高。

上海市高级人民法院邹碧华法官是新时期涌现出来的优秀法官的典型代表和模范。习近平在批示中指出,邹碧华同志是新时期公正为民的好法官、敢于担当的好干部。他崇法尚德,践行党的宗旨、捍卫公平正义,特别是在司法改革中,敢啃硬骨头,甘当"燃灯者",生动诠释了一名共产党员对党和人民事业的忠诚。广大党员干部特别是政法干部要以邹碧华同志为榜样,在全面深化改革、全面依法治国的征程中,坚定理想信念,坚守法治精神,忠诚敬业、锐意进取、勇于创新、乐于奉献,努力作出无愧于时代、无愧于人民、无愧于历史的业绩。①

中国目前正在推进司法体制改革,包括法官员额制度改革、司法责任制度改革、省以下地方法院人财物统一管理体制改革和法官职业保障制度改革等重大改革。这些改革对于提升法官的职业伦理,特别是理顺司法权力运行机制,突出法官主体地位,保障法官依法独立公正办案具有重大意义。需要指出的是,法官的员额制度改革,按照司法的基本规律配置司法资源,有利于实现法官队伍专业化、职业化。法官员额制度改革,将有利于调动法官的办案积极性,让优秀的法官资源集中到审判的第一线,推进法院审判中心制度的改革,真正做到让审理者裁判,让裁判者负责。法官司法责任制度改革、法院人财物省级直管和法官的职业保障制度改革,对于保障法官的独立的审判主体地位的确立,同样具有重大的意义。可以预见,伴随这些重大突破性改革方案的实施,中国法官的整体社会地位和素质必然会得到大幅度提升,司法公信力也必然会大幅增强。

审判伦理所调整的关系包括法官与律师、检察官、当事人等与案件有关的诉讼参与人的案件关系,法官与法官、与法院的内部关系,以及法官与媒体、社会公众的外部关系,等等。审判伦理是规范法官行为的准则,是评价法官行为正当与否的标准,对于职业法官具有伦理上的约束力。对审判伦理的理解主要应把握以下几个方面:

第一,审判伦理的主体是法官。在我国,由于法治建设的发展历史上的原因,法官队伍本身构成比较复杂,法官的职业化水平和程度比较低,严格的、系统的法官职业伦理一直没有形成。近年来,随着法官职业化建设进程的加快,法官职业的独立性开始突出,与过去传统意义上的国家公务员身份开始区分出来。法官的职责就是审判,从严格意义上说只有参与审理案件的法官才是真正意义上的法官。所以从研究问题的角度看,审判伦理的主体应当是审理案件的法官。当然,现实中我国法官职业伦理规范所规范的主体是很宽泛的,这反

---

① 参见中共中央文献研究室编:《习近平关于全面依法治国论述摘编》,中央文献出版社 2015 年版,第 105 页。

映了法官队伍的现状和实践的需要。

第二,审判伦理规范的行为主要是法官履行审判职能中的职务行为。作为法官,其基本职责是审判案件,因此审判伦理所约束的是法官在审理案件过程中,包括立案、法庭调查、主持辩论、裁判等一系列活动中的行为。当然,由于案件的处理并不是孤立或完全封闭的行为,必然会和社会上的各种主体发生关系,因此而产生的这些影响审判公正的关系,也是审判伦理调整的内容。比如,法官与媒体的关系等。

第三,审判伦理本身的要求要高于起诉伦理和代理伦理或辩护伦理的要求。由于法官的审判活动决定着一个案件是否能够按照法律规定来处理,是否体现了公正的要求,是否有效地保护了当事人的合法权益,因此裁判活动是司法过程中的终局环节,在司法活动中处于核心的位置。所以,对审判伦理的要求比对其他法律职业活动的伦理要求要高是很正常的。

第二节 审判公正规则

追求公正是审判活动的最高价值。罗马法学家凯尔斯把法律定义为"公正的艺术"。古希腊哲学家亚里士多德说过:"去找法官,也就是去找公正。因为人们认为,法官就是公正的化身。"[①]公正是法官的最高职业伦理,也是法律职业的最高伦理。什么是公正、如何寻求公正是一个极其复杂的问题,古往今来的法学家都曾试图回答这个问题。但是这个问题仍然是法律领域中有待不断探索的重大命题。审判领域的公正与一般伦理学意义上的公正是有区别的,审判领域的公正指的是法官通过审判活动,根据法律和法理的要求,保障每一个人在法律的范围内获得公正的裁判。伦理学上的公正的内涵和实现的途径则超出了法律和司法的范围,是更广泛意义上的公正。

习惯上,在司法活动中人们追求的是结果公正,只要结果公正就

[①] 〔古希腊〕亚里士多德:《尼各马可伦理学》,廖申白译注,商务印书馆2003年版,第138页。

达到目的了。但是随着现代司法制度的发展,司法程序日益严密、科学和严谨,对程序公正的要求也越来越高。人们不满足于结果公正,而且要求程序公正。司法公正应当是实体公正和程序公正的统一。我国《法官职业道德基本准则》第10条规定:法官应牢固树立程序意识,坚持实体公正与程序公正并重,严格按照法定程序执法办案,充分保障当事人和其他诉讼参与人的诉讼权利,避免执法办案中的随意行为。

一、实体公正

实体公正是指法官裁决案件的结果公正。法官裁判案件达到结果公正,绝对不是一件容易的事。即使程序公正,也不必然能够保证结果公正。现实生活中案件千差万别,没有两个完全相同的案件。社会生活是纷繁复杂的,法律也不可能覆盖所有的社会关系,因此不可能简单靠三段论推理出案件的结果。把法官的判案看成"对号入座"式的工作实在是对裁判活动的极大误解。如果真的是这样的话,用计算机取代法官就会保证绝对公正。"在整个宇宙中,甚至没有两个原子的物质是属于同样形式的,这是物理学的伟大法则;法律向这个法则挑战,企图把由无数变化无常的因素构成的人类行动归纳为一个标准……就是因为考虑到有这种法律制度,才有人发明了这样一个奇怪的原理'严格公正的裁判往往证明是极端非正义的'。想把人类的行动归纳为一定的类别,并不比我们刚刚提到的想强使人类的身材长短一致的企图具有更多的真正的正义。相反,如果裁判是对于每一个单独案件的一切情况都作了考虑后得出的,如果裁判的唯一标准是普遍利益;那么,必然的结果一定是,我们的公正裁判越多,我们也就会越接近真理、道德和幸福。"[1]正是因为案件的处理和裁断是一个非常复杂的过程,法官的职业道德在这一复杂的决策过程中就显得至为重要。

---

① 〔英〕威廉·葛德文:《政治正义论》,何慕李译,商务印书馆1980年版,第576、577页。

二、程序公正

程序公正观念发端于英国,并在美国获得了发展和完善。西方程序公正的观念经历了从自然公正到正当程序的演变。英美法系国家的司法活动奉行的是"程序优于实体""救济先于权利",等等。大陆法系国家则更多地强调实体的公正。当然,大陆法系国家对于程序公正也越来越重视,在很多国家的司法改革中都强调或加入了更多的保障程序公正的内容。我国目前进行的司法改革,在很大程度上就是要改变过去的重实体、轻程序的做法。

法哲学家马丁·P.戈尔丁(Martin P. Golding)在其《法律哲学》一书中提出了程序公正的九项规则,我们可以把它看作程序公正的一般规则:

中立性:

(1) 与案件自身有关的人不应该是法官;

(2) 结果中不应含纠纷解决者个人的利益;

(3) 纠纷解决者不应有支持或反对某一方的偏见;

劝导性争端:

(4) 对各方当事人的诉讼都应给予公平的注意;

(5) 纠纷解决者应听取双方的论据和证据;

(6) 纠纷解决者应是在另一方在场的情况下听取意见;

(7) 各方当事人都应得到公平机会对另一方提出的论据和证据作出反响;

解决:

(8) 解决的诸项条件应以理性推演为依据;

(9) 推理应论及所提出的论据和证据。[①]

上述规则的内容已经为世界上大多数国家的法官职业规范所吸收。我国《法官职业道德基本准则》吸收了其中的绝大多数规则。

[①] 参见〔美〕马丁·P.戈尔丁:《法律哲学》,齐海滨译,生活·读书·新知三联书店1987年版,第240、241页。

1. 回避规则

回避规则意在使法官在与案件本身没有利害关系的条件下审理案件。世界各国都将回避制度纳入各自制定的诉讼法之中，作为具有法律效力的程序法规范。回避规则不仅是道德上的义务，也是法律上的义务。法官在审判活动中，除了应当自觉遵守法定回避制度外，如果认为自己审理某案件时可能引起公众对该案件公正裁判产生合理怀疑的，应当提出不宜审理该案件的请求。一般认为，遇有下列情况法官就应当提出不宜审理的请求：① 与案件当事人及其代理人、辩护人以前是同事关系、亲戚、朋友关系的；② 与一方当事人或者其代理人、辩护人有经济利益关系；③ 与一方当事人或者代理人有过利益冲突的。由于自行回避要由法官自己提出来，这就要求法官有很高的职业道德水平。

2. 平等规则

法律面前人人平等，这是我国法治的基本原则。审判活动中同样要贯彻这样的原则。审判平等就是要根据法律的规定平等地对待当事人，不搞亲疏远近。法官在审判活动中，不得私自单独会见一方当事人或者其代理人。根据诉讼的平等权利保护原则，法官在履行职责时，应当平等对待当事人和其他诉讼参与人，不得以其言语和行为表现出任何歧视，并有义务制止和纠正诉讼参与人和其他人员的任何歧视性言行。法官应当充分注意到由于当事人和其他诉讼参与人的民族、种族、性别、职业、宗教信仰、教育程度、健康状况和居住地等因素而可能产生的差别，保障诉讼各方平等、充分地行使诉讼权利和实体权利。这些都体现了审判平等的要求。法官审理案件应当保持中立。法官中立地位的要求，主要是确保法官始终处在中立裁判的地位，而不偏向任何一方当事人。法官在宣判前，不得通过言语、表情或者行为流露自己对裁判结果的观点或者态度。法官在调解案件时也应当注意言行审慎，避免当事人和其他诉讼参与人对其公正性产生合理的怀疑。为实现司法公正，法官应当为双方当事人提供实现诉讼权利的平等的条件，其中之一便是保证当事人都有平等的机会向法官阐述自己对案件的看法和自己的主张、理由。如果法官单独会见一方当事人，实际上等于剥夺了对方当事人申辩的机会，有损司法公正。法官除履行审判职责或者管理职责外,不得探询其他法官承办案件的审理情况和有关信息。法官不得向当事人或者其代理人、辩护人泄露或者提供有关案件的审理情况、承办案件法官的联系方式和其他有关信息。法官不得为当事人或者其代理人、辩护人联系和介绍承办案件的法官。以上这些规定都体现了审判活动中平等的要求。

3. 独立规则

美国法学家德沃金在其所著的《法律帝国》一书中指出:"法院是法律帝国的首都,法官是帝国的王侯。"[①]在追求程序公正的过程中,法官的独立性尤为重要。德国学者将法官的独立不受干涉之事情分成八项:(1) 由国家与社会间诸势力之独立;(2) 由上级官厅独立;(3) 由国家政府之独立;(4) 由议会之独立;(5) 由政党之独立;(6) 由报章之独立;(7) 由国民时好之独立;(8) 由自己之自我、偏见及激情之独立。[②]

在司法实践中,法官的独立性无时不受到干扰。对法官独立产生影响的因素有很多,比如人情、媒体、公意、宗教等。为了保障法官的职业独立性,很多国家都给予法官特殊的待遇、特殊的保护,建立起严格的法官保障制度,如法官非因故意犯罪不受弹劾罢免等。但是,实践证明,仅有良好的待遇还不够,更为重要的是法官具有为法律献身的职业道德。法官在强大的权势面前能够坚持独立办理案件是非常不容易的,但这又是要求法官必须做到的,否则这个法官就不是真正意义上的法官。因此,对法官来说,独立,并不是一件轻松的事。法官独立,说到底,是法官人格的独立,法官道德的独立。保障法官审判独立,除了职业道德的要求外,更为重要的是国家要建立保障法官独立的制度。纵观人类历史,越是具有深厚的法治传统和高度发达的民主制度的国家,法官独立程度就越高,反之则越低。在专制统治的国家,法官的独立是根本无法实现的。在纳粹统治时期,德

---

① 〔美〕R. 德沃金:《法律帝国》,李常青译,中国大百科全书出版社 1996 年版,第 361 页。

② 转引自史尚宽:《宪法论丛》,荣泰印书馆 1973 年版,第 329 页。

国的法院系统完全沦为希特勒政权镇压民主的工具,"恐怖的法官"[①]就是在这样的条件下产生的,"恐怖的法官"执行的是纳粹的恐怖的法律。恐怖的法律是不需要审判独立的。

《中华人民共和国宪法》(以下简称《宪法》)第131条规定:"人民法院依照法律规定独立行使审判权,不受行政机关、社会团体和个人的干涉。"《法官法》第7条规定:"法官依法履行职责,受法律保护,不受行政机关、社会团体和个人的干涉。"《中华人民共和国人民法院组织法》和三部诉讼法也有类似的规定。我国的审判独立制度同西方的司法独立有着显著的区别。第一,人民代表大会在国家机构中处于国家权力机关的地位,立法权、行政权、司法权分别由不同的国家机关行使,但都对国家权力机关负责,受其监督。第二,我国的审判独立是指人民法院独立行使审判权,在行使审判权上,上级法院与下级法院是监督与被监督的关系。从法律上看,我国的审判独立是法院独立,法官的独立要受制于法院的独立。

由于中国传统上是人伦社会,对人情关系非常重视,人情关系是最容易影响司法公正的因素之一。习近平指出,做到严格执法、公正司法,还要着力解决领导机关和领导干部违法违规干预问题。这是导致执法不公、司法腐败的一个顽瘴痼疾。一些党政领导干部出于个人利益,打招呼、批条子、递材料,或者以其他明示、暗示方式插手干预个案,甚至让执法司法机关做违反法定职责的事。在中国共产党领导的社会主义国家里,这是绝对不允许的!各级领导干部要带头依法办事,带头遵守法律,始终对宪法法律怀有敬畏之心,牢固确立法律红线不能触碰、法律底线不能逾越的观念,不要去行使依法不该由自己行使的权力,更不能以言代法、以权压法、徇私枉法。[②] 有的法院规定,对于所有拉关系、讲人情的案件,都应当将有关情况制作笔录入卷,或者将书面材料入卷。这实际上也是为了防止人情对审判的干扰。

[①] 〔德〕英戈·穆勒:《恐怖的法官——纳粹时期的司法》,王勇译,中国政法大学出版社2000年版。
[②] 参见中共中央文献研究室编:《习近平关于全面依法治国论述摘编》,中央文献出版社2015年版,第73页。

审判伦理中审判独立侧重于法官的个体独立。法官的个体在审判活动中要体现独立的意识、行为和要求。审判独立是严格执法、公正裁判的前提,是实现程序公正的保障,是维护司法的权威性和统一性的基础。《法官职业道德基本准则》第8条要求法官在审判活动中独立思考、自主判断,敢于坚持原则,不受任何行政机关、社会团体和个人的干涉,不受权势、人情等因素的影响。独立思考、自主判断并不是一件容易的事情,需要法官深入研究案件,正确地提出自己的法律意见,正确适用法律,而在人情、权力等复杂的关系中敢于坚持正确意见更是需要勇气和魄力。

审判独立的规则还要求法官尊重其他法官的独立。影响法官独立的因素不仅来自外部,更多的时候还是来自内部。法官在履行审判职责时,应当保持相互独立。法官与法官之间,包括院长、庭长与普通法官之间,应当建立相互尊重、相互支持的正常关系。法官应当尊重其他法官对审判职权的独立行使,并做到:(1) 除非基于履行审判职责或者通过适当的程序,不得对其他法官正在审理的案件发表评论,不得对与自己有利害关系的案件提出处理建议和意见;(2) 不得擅自过问或者干预下级人民法院正在审理的案件;(3) 不得向上级人民法院就二审案件提出个人的处理建议和意见。

4. 公开规则

公开审判原则是我国诉讼制度中的一项基本原则,是保障司法公正的重要条件。近年来,我国的公开审判制度得到了很好的贯彻,公民旁听案件、网络直播庭审、媒体跟踪报道等方式,在很大程度上实现了审判的公开化。当然,特殊案件,比如涉及国家秘密、个人隐私的案件应当不公开审理,除此以外绝大多数案件都可以做到公开审判。法官应当公开并且客观地审理案件,自觉接受公众监督。但是,法律规定不公开或者可以不公开审理的除外。案件的公开,对法官审理案件提出了更高的要求。同时法官也应当正确处理与媒体的关系。法官在公众场合和新闻媒体上,不得发表有损生效裁判的严肃性和权威性的评论。如果认为生效裁判或者审判工作中存在问题,可以向本院院长报告或者向有关法院反映。

5. 说理规则

裁判文书的说理是体现审判公正的重要形式,一份不讲理的判决书、裁定书对于当事人来说是获得了一个结果,但是他对于为什么是这样的结果却一无所知,这样的判决书能够体现公正吗?长期以来,我国的审判文书千人一面,千篇一律,盛行裁判"八股文",在很大程度上影响了法院、法官的公正形象。裁判文书是否进行充分说理非常能够反映法官的职业水平、伦理水平。

第三节 审判效率规则

我国审判效率较低的问题一直比较严重。长期以来,我国法院审理案件久拖不决,超期限审理的现象十分普遍。2003年9月3日《法制日报》刊载了一篇题为《一案二十年,何年能了;裁判十八次,哪次是头》的文章,报道了一起民事案件,经过3个法院审理了20年,裁决作了18份,仍然没有定论,从一个侧面反映了我国法院审判效率低下的问题的严重。影响司法效率的因素固然是多方面的,有体制上的原因,有法律不完善的原因,但是关键是人的因素。法律职业者在履行职责过程中不遵守法律,不尊重当事人的权利是造成审判效率低下的根本原因。

有资料表明,在美国曼尼克巴高级法院,一位民事法官一年可结案数百件至1000件以上,而梅莎市法院的刑事法官年结案可达3000件以上(主要是轻微刑事案件),且在梅莎市法院,一个法官每天开庭审理5件以上的案件是常事。[①] 另外,按照有关资料统计,1999年美国法院共有299023名法官,共受理案件91494114件,人均受理的数量为3152件。司法效率是现代司法的特征之一,体现了国家、诉讼当事人和社会公众对诉讼过程的结束时间上的期望与要求,关系到司法的公信度。司法的及时可分为法定及时和操作及时。法定及时是司法者遵守立法者为诉讼活动规定的时序和时限。时序是诉讼行为的先后顺序,它不仅体现了公平、合理,而且体

---

① 参见刘楠:《中美法院司法效率简析》,载《社会科学研究》2000年第2期。

现了诉讼行为的有条不紊,从而保证诉讼行为的快速和有效。时限是对诉讼活动时间的限制和规范,这种限制和规范不但及于诉讼当事人,而且及于所有诉讼参与人,包括审判人员。操作及时包括法院操作及时和法官操作及时。法院操作及时与整体管理水平有关,法官操作及时与个体素质有关。

公正与效率是审判工作的主题。没有效率的公正不是真正意义上的公正。效率的基本准则包括以下三项内容：

1. 勤勉敬业

法官应当勤勉敬业,全身心地致力于履行职责,不得因个人的事务、日程安排或者其他行为影响职责的正常履行。作为一个法官,勤勉敬业是司法职责得以优质高效实现的基本条件。勤勉尽责,要求法官全身心地投入工作中,高效率、高质量地完成审判工作。

2. 在执行案件审理期限的规定的前提下,尽快立案、审理和裁决

我国三大诉讼法以及最高人民法院的司法解释对于法官审判案件应当遵循的审限作了明确的规定。法官应当遵守法律规定的诉讼期限,在法定期限内尽快地立案、审理、判决。法官在执行生效法律文书时,应当依法采取有效措施,尽快予以执结。在司法实践中,有的法官审理案件本来可以一个月就完成,有的当庭就可以完成,却总是拖到接近法定审理期限才作出裁决,这种做法表面上看并不违法,但是实际上是不讲效率。

3. 合理安排审判事务,提高审判效率

法官除严格按照法定的审限审理案件外,还应当在工作的每一个环节中注重效率,减少拖延,节约时间。法官必须杜绝粗心大意、无故拖延、贻误工作的行为,认真、及时、有效地完成本职工作,并做到：合理安排各项审判事务,提高诉讼效率；对于各项司法职责的履行都给予足够的重视,对于所承办的案件都给予同样审慎的关注,并且投入合理的、足够的时间；在保证审判质量的前提下,注意节省当事人及其代理人、辩护人的时间,注重与其他法官和其他工作人员共事的有效性。

第四节 审判涵养规则

法官代表国家审理案件。树立法律的尊严和审判的权威,不仅是通过裁判活动体现出来的,在法官的各方面言行上都有反映。诉讼活动是人类通过国家建立的以国家强制力作为手段保证社会各种纠纷得到公正合理解决的过程。在和平时期,通过诉讼解决纠纷,以期获得公正的结果,这是最后手段。而法官是诉讼活动中的裁判官。裁判如果不公正,诉讼就偏离了正义之途,就走入了邪道,诉讼就成为制造邪恶的渊薮。面对错综复杂的各种社会矛盾,法官要能够通过审判,化解矛盾,解决纠纷,惩恶扬善,弘扬正义。在这一过程中,法官自身的道德涵养、道德品行至关重要。

法官在裁判活动中要接触和面对形形色色的人,有的是令人憎恶的作恶多端的罪犯,有的是命运多舛、令人潸然泪下的穷困的被害人,有高举维护正义旗帜的检察官,有滔滔不绝施展辩才的律师,等等。此情此景,作为一个普通人,你尽可以舒展你的情怀,表现你的爱憎。爱憎分明是作为一个普通人的基本品质,是被作为优秀品质而受到褒扬的。作为个人,法官同样要爱憎分明,但是法官的爱憎分明的表现形式却和普通人有所区别。特别是在庭审活动中,即使法官十分厌恶一个人,也只能隐藏在内心深处,而不能显露声色。有人把法官看作"理性之王",确实有一定道理。但是完全排除法官的个人因素是不现实的,只有尽可能地排除法官个人的个性、情感等因素,才是可能的。一个高素质的法官,必然在判决中尽可能地减少个人性格和外在非法律的因素的影响,以达到司法的公正。法官在审判案件的时候要做一个不偏不倚的中间人,是对法官的基本要求。程序公正的很多制度设计都是围绕这一点展开的。"找法官也就是找中间,人们的确有时把法官叫作中间人,因为找到了中间也就找到了公正。所以公正也就是某种中间,因为法官就是一个中间人。"[1]

---

[1] 〔古希腊〕亚里士多德:《尼各马可伦理学》,廖申白译注,商务印书馆2003年版,第138页。

我国台湾地区法学家史尚宽指出:"虽有完美的保障审判独立之制度,有彻底的法学之研究,然若受外界之引诱,物欲之蒙蔽,舞文弄墨,徇私枉法,则反以其法学知识为作奸犯科之工具,有如虎附翼。是以法学修养虽为切要,而品格修养尤为重要。""法官应独立审判,不可为贫贱所移,为富贵所淫,为威武所屈,应时时以正义为念,须臾不离。法官应不畏艰难,任劳任怨,不为报章所惑,不为时好所摇,不为俗论所动,不为虚荣所牵,不为党派所胁,不为私利所诱,不为私情所移,不为升高自己人望地位或达成自己个人野心而利用其职权。总之,法官应养成高尚人格,聪明正直以达成其神圣任务。"①可见,法官的道德修养必须达到相当高的境界,作为一个法官就不能按照普通人来要求自己。我国关于法官的涵养方面的规定,在《法官职业道德基本准则》中也有很充分的体现,具体可表述为以下方面。

1. 保持清正廉洁

保持清正廉洁,是法官应当具备的基本素质,也是法官的基本涵养。我国法官属于国家公职人员,手中掌握着决定当事人命运的"生杀予夺"的裁判权。保持清正廉洁是法官代表国家行使司法权的基本保障,如果法官接受当事人的钱物,案件就会得不到公正审理,可以说,法官腐败是司法中最大的腐败。

(1)法官不得接受诉讼当事人的钱物。《法官职业道德基本准则》第16条规定,法官不得接受当事人及相关人员的请客送礼。这一要求主要是针对诉讼活动主体直接、间接地送给法官的礼品、礼金、财物和其他好处所作的约束。严格说来,法官对于诉讼当事人的任何利益都应当拒绝接受,不论这种利益是大、是小,是直接对法官的收买,还是以其他没有直接利害关系的方式出现。只有这样,法官才能保持清正廉洁。

(2)法官不得经商办企业。法官介入经济关系就不可避免地会与其他工商业者发生经济往来,可能影响法官公正司法,影响法官的本职工作,同时有利用职务之便的嫌疑,从而导致公众对法官的廉洁

---

① 史尚宽:《宪法论丛》,荣泰印书馆1973年版,第338页。

形象产生合理怀疑。法官不得参与可能导致公众对其廉洁形象产生不信任感的商业活动或者其他经济活动。

（3）法官不得以其地位、身份、声誉谋取各种利益。法官的地位、身份本身可以对社会产生的一定影响。法官应当妥善处理个人事务，不得为了获得特殊照顾而有意披露自己的法官身份；不得利用法官的声誉和影响为自己、亲属或者他人谋取私人利益。

（4）保持正常的生活方式。我国法官的收入现阶段尚不算高，因此，法官的日常生活消费应当与自己的和家庭的收入基本相符。法官如果生活过于奢侈，就会引起公众对其收入来源的合理怀疑，从而影响司法公正的形象。同时，法官应当按照国家有关规定如实申报财产。

（5）不得提供法律服务。法官是法律争议的裁判者，必须保持中立的地位。如果法官兼任律师、企事业单位或者个人的法律顾问等职务，则可能丧失中立场，影响司法公正。另外，法官不得就未决案件给当事人及其代理人、辩护人提供咨询意见和法律意见，不论这种咨询是有偿的还是无偿的。

2. 遵守司法礼仪

司法礼仪，是指法官、检察官、律师等法律职业人员在进行司法活动过程中遵循的礼节、仪式等。法官职业是最讲究礼仪的职业之一。审判活动中的司法礼仪是维护法律尊严的要求，是司法神圣性和权威性的具体体现，是维护法庭上正常活动秩序和树立法官公正形象的基本要求。严格遵守司法礼仪，也有利于法官建立履行审判职责的责任感和荣誉感，有利于当事人对国家司法权产生敬畏感和信赖感。在我国，法官遵守职业礼仪主要包括两部分内容：

（1）遵守法庭规则。法庭规则是进入法庭的所有人都应当遵守的纪律和规则，在很大程度上属于司法礼仪的范畴。法官开庭时应当遵守法庭规则，同时监督法庭内所有人员遵守法庭规则，保持法庭的庄严，并做到：按照有关规定穿着法官制服、佩戴徽章，并保持整洁；准时出庭，不缺席、迟到、早退，不随意出进；集中精力，专注庭审，不做与审判活动无关的事。

（2）尊重诉讼参与人。法官应当尊重当事人和其他诉讼参与人的人格尊严,并做到:认真、耐心地听取当事人和其他诉讼参与人发表意见,除非因维护法庭秩序和庭审的需要,开庭时不得随意打断或者制止当事人和其他诉讼参与人的发言;使用规范、准确、文明的语言,不得对当事人或其他诉讼参与人有任何不公的训诫和不恰当的言辞。

3. 加强自身修养

法官审理案件是一个复杂的过程,需要具备较高的法律素质和职业技能。作为一名法官,必须加强自身修养,不断提高自己的政治、文化和道德方面的素养。我国法官加强自身修养的基本要求是:"法官应当加强修养,具备良好的政治、业务素质和良好的品行,忠实地执行宪法和法律,全心全意为人民服务。"

根据《法官职业道德基本准则》和《法官行为规范》的规定和原则,我国的法官应当具备以下三个方面的修养:

第一,良好的政治素质。政治素质决定着法官行使审判权的立场、方针,体现着"为谁掌权、为谁服务"的政治倾向。因此在中国,不论对公务员还是法官,都要求具备良好的政治素质。法官还应当具有丰富的社会经验和对社会现实的深刻理解。

第二,较高的业务素质。业务素质的高低直接影响法官工作的质量与水平,影响国家审判权作用的正常发挥。这些素质主要包括扎实的法学理论基础知识和高超的职业技能等。法官有权利并有义务接受教育培训,树立良好的学风,精研法理,汲取新知识,提升驾驭庭审、判断证据、制作裁判文书等各项司法技能,具备审判工作所必需的知识和专业能力。

第三,良好的道德素质。法官除了遵守职业伦理道德的要求外,还要做一个具备优良道德的公民。法官应当具备忠于职守、秉公办案、刚正不阿、不徇私情的理念,惩恶扬善、弘扬正义的良知,正直善良、谦虚谨慎的品格,享有良好的个人声誉。法官在日常生活中,应当严格自律,行为检点,培养高尚的道德操守,成为遵守社会公德和家庭美德的楷模。

4. 约束业外活动

法官的业外活动也是审判伦理规范的重要内容。由于业外活动与业内活动紧密相关，因此对法官的这方面的要求特别高，这是审判伦理区别于其他法律职业的重要方面。法官在业外活动中应当遵循的准则包括：

（1）法官从事各种职务外活动，应当避免使公众对法官的公正司法和清正廉洁产生合理怀疑，避免影响法官职责的正常履行，避免对人民法院的公信力产生不良影响。

（2）法官必须杜绝与公共利益、公共秩序、社会公德和良好习惯相违背的，可能影响法官形象和公正履行职责的不良嗜好和行为。

（3）法官应当谨慎出入社交场合，谨慎交友，慎重对待与当事人、律师以及可能影响法官形象的人员的接触和交往，以免给公众造成不公正或者不廉洁的印象，并避免在履行职责时可能产生的困扰和尴尬。

（4）法官不得参加带有邪教性质的组织。

（5）法官在职务外活动中，不得披露或者使用非公开的审判信息和在审判过程中获得的商业秘密、个人隐私以及其他非公开的信息。

（6）法官不得参加营利性社团组织或者可能借法官影响力营利的社团组织。

（7）法官可以参加有助于法治建设和司法改革的学术研究和其他社会活动。但是，这些活动应当以符合法律规定、不妨碍公正司法和维护司法权威、不影响审判工作为前提。

（8）法官发表文章或者接受媒体采访时，应当保持谨慎的态度，不得针对具体案件和当事人进行不适当的评论，避免言语不当使公众对司法公正产生合理的怀疑。

（9）法官退休后应当继续保持自身的良好形象，避免因其不当言行而使公众对司法公正产生合理的怀疑。

第五节 阅读与思考

一、审判案件考量的因素

我们的知识和我们的观念是相互联系的,知识愈是复杂,观点的差距也愈大。每个人都有自己的观点,在不同的时间里,会从不同的角度看待事物。因而,法律的精神可能会取决于一个法官的逻辑推理是否良好,对法律的领会如何;取决于他的感情冲动;取决于被告人的软弱程度;取决于法官与被侵害者间的关系;取决于一切足以使事物的面目在人们波动的心中改变的、细微的因素。所以,我们可以看到,公民的命运经常因法庭的更换而变化。不幸者的生活和自由成了荒谬推理的牺牲品,或者成了某个法官情绪冲动的牺牲品。因为法官把从自己头脑中一系列混杂概念中得出的谬误结论奉为合法的解释。我们可以看到,相同的罪行在同一法庭上,由于时间不同而受到不同的惩罚。原因是人们得到的不是持久稳定的而是飘忽不定的法律解释。①

再阅读另外一则材料:

这样,我对司法过程的分析所得出的就仅仅是这样一个结论:逻辑、历史、习惯、效用以及为人们接受的正确的行为标准是一些独自或共同影响法律进步的力量。在某个具体案件中,哪种力量将起支配作用,这在很大程度上取决于将因此得以推进或损害的诸多社会利益的相对重要性或相对价值。最基本的社会利益之一就是法律应当统一并且无偏私。在法院活动中,一定不能有偏见或偏好,一定不能有专断任性或间歇不定。因此,在这里主要应当是遵循先例。这里应当有对称的发展。当历史或习惯保持一致,而当逻辑与哲学是推动力时,就要与逻辑或哲学保持一致。但是要实现对称的发展也许代价会太高。当一致性变成压迫的一致性时,一致性就不再是好东西了。这时,对称性或确定性所服务的社会利益就一定要通过衡

---

① 〔意〕贝卡里亚:《论犯罪与刑罚》,黄风译,中国大百科全书出版社1993年版,第13页。

平和公道或其他社会福利的因素所服务的社会利益来保持平衡。这些利益也许会责成法官从另一角度来确定界限，责成他沿着新进程标出路径，责成他标出新的起点并使追随他的后来者从这里开始他们的征程。

如果你们要问，法官将何以得知什么时候一种利益已超过了另一种利益，我只能回答，他必须像立法者那样从经验、研究和反思中获取他的知识；简言之，就是从社会本身获取。事实上，这就是立法者的工作和法官的工作相接的触点。方法的选择，价值的评估，最终都必须以类似的、用以支持不同方法和价值的考虑因素作为指南。实际上，每个法官都在他的能力限度内进行立法。无疑，对法官来说，这些限度都比较局促。他只是在空白处立法，他填补着法律中的空缺地带。他可以走多远，并且不越出这些空缺，这都不能在一张图表上为他标示出来。他必须自己学会这一点，就如同从多年的某种艺术实践的习惯中他获取了什么才算得体和什么才算比例匀称的感觉一样。甚至就是在这些空白之内，某些难以界定而只能为各个法官和律师感觉到的限制——它们是何等难以捉摸——都在妨碍和限定他的活动。这些限制是由多少世纪的传统建立起来的，是这一行当的集体判断建立起来的，以及，是由遵从通行的法律精神的义务建立起来的。①

[提示与问题]

比较上面两则材料，第一则是讲法官应当绝对忠实地遵守法律，反对法官任意地解释法律，以确保公正地司法。而第二则材料，则强调法官必须像立法者那样从经验、研究和反思中获取知识。结合上述材料，回答下列问题：

1. 我国《法官职业道德基本准则》第 8 条规定："坚持和维护人民法院依法独立行使审判权的原则，客观公正审理案件，在审判活动中独立思考、自主判断，敢于坚持原则，不受任何行政机关、社会团体和个人的干涉，不受权势、人情等因素的影响。"这是审判独立的原

---

① 〔美〕本杰明·卡多佐:《司法过程的性质》，苏力译，商务印书馆 1998 年版，第 69、70 页。

则。你认为,在我国法官判案能够做到不受法律规定之外的影响吗?比如,关于城市房屋拆迁的案件中会涉及社会稳定问题,涉外案件中可能会涉及两国外交关系问题,这些因素可能超出了法律规定,法官可能不受影响吗?此外,案件中涉及的道德因素也是经常会影响法官判决的,比如父母亲把自己作恶多端的儿子杀了,说是为民除害,法官能不考虑其中的道德因素吗?再比如,当遇到法律没有明确规定的案件,没有法律可以遵循的时候,法官如何判决?在判决时应遵循什么原则?

2. 本杰明·卡多佐指出:"在法院活动中,一定不能有偏见或偏好,一定不能有专断任性或间歇不定。"对此你如何评价?比如,在我国,有的贪污案件,被告人贪污了上千万元,也没有被判处死刑;而有的贪污不到百万元,也被判处死刑;有的贪污 5 万元,被判处 5 年有期徒刑。你如何看待这些问题?

3. 怎样才是司法公正,在审判独立的条件下,在具体个案中需要法官自己给出回答,法官给出的答案要能够经得住法律、社会和历史的检验,这就需要法官具有超人的智慧和超凡的品德。曾经有人作过一次测试,把一个事先设计好的盗窃案件寄给 10 个刑事法官,请他们对该案件中的被告人作出裁判,结果是从缓刑到死刑的各种判决结果都有。对此,你如何评价?

4. 最高人民法院近年来针对刑事案件量刑的畸轻畸重问题,对量刑工作进行规范化改革,2021 年和 2024 年先后发布两部《关于常见犯罪的量刑指导意见(试行)》。发布量刑指导意见的目的,是使法官的量刑步骤和量刑方法有一个统一的标准,达到不同时期、不同法院、不同法官对案件事实基本相同的被告人,作出的量刑保持基本平衡,实现量刑在空间和时间上的均衡。对这种做法,谈谈你的观点。

二、审判独立问题

桃应问曰:"舜为天子,皋陶为士,瞽瞍杀人,则如之何?"桃应,孟子弟子也。其意以为舜虽爱父,而不可以私害公;皋陶虽执法,而不可以刑天子之父。故设此问,以观圣贤用心之所极,非以为真有此事也。孟子曰:"执之而已矣。"言皋陶之心知有法而已,不知有天子之父也。"然则舜不禁与?"与,平声。桃应问也。曰:"夫舜恶得而禁之? 夫有所受之也。"夫,音扶。恶,平声。言皋陶之法,有所传受,非所敢私,虽天子之命,亦不得而废之也。"然则舜如之何?"桃应问也。曰:"舜视弃天下,犹弃敝跳也。窃负而逃,遵海滨而处,终身欣然,乐而忘天下。"跳,音徒。欣,与欣同。乐,音洛。跳,草履也。遵,循也。言舜之心知有父而已,不知有天下也。孟子尝言,舜视天下犹草芥,而惟顺于父母可以解忧,与此意互相发。此章言为士者,但知有法,而不知天子父之为尊;为子者,但知有父,而不知天下之为大。盖其所以为心者,莫非天理之极,人伦之至。学者察此而有得焉,则不待较计论量,而天下无难处之事矣。①

[提示与问题]

1. 在这一篇对话中,你能体会到孟子的思想里面有关于审判独立的萌芽吗?

2. 比较孟子与桃应的对话同苏格拉底与"雅典法律"的对话,你发现东方和西方法律文化的差异了吗? 这种差异是否也直接造成东方和西方法律职业伦理的差异呢?

在19世纪,一位英国探险家在非洲的一个部落村庄里目睹了一幕"鳄鱼审判"的场面。这个村子里的人们相信鳄鱼是万能上帝的化身,于是每年举行两次"鳄鱼审判",审判日确定在春分和秋分这两天,因为人们相信在春分和秋分时,鳄鱼的智慧达到将最佳状态。如果某个村民被指控犯了罪,他就被绑在湖岸边竖着的一个木桩上。到了晚上,一条大鳄鱼爬上岸来,如果吃掉了这个村民,就说明他的确是有罪的。在民事案件中,争议双方当事人分别被绑在木桩上,两个木桩间隔5米远。如果哪个人被鳄鱼吃掉了,他也就输掉了这场官司。②

另外,发生在现代美国的一个真实故事:在一个罪犯被认定犯有轻罪之后,法官说他将抛一个硬币来决定这个年轻人是被释放还是

---

① 朱熹:《四书章句集注·孟子卷》尽心章句上。

② 参见宋冰编:《程序、正义与现代化——外国法学家在华演讲录》,中国政法大学出版社1998年版,第385页。

被关进监狱。①

[提示与问题]

1. 在"鳄鱼审判"形式中,是否存在程序上的公正?如果有,这种公正性是建立在什么基础上的?

2. 在现代司法制度中还残留着类似"鳄鱼审判"的形式,你能举出例子吗?

3. 你认为材料中美国的法官通过抛硬币的形式裁决是公正的吗?我们知道,在体育比赛中,经常采用抛硬币或其他抽签的方式决定开局、场地或比赛的顺序,人们也普遍认为这种形式很公正。但是在法院审理案件的过程中为什么不能采用这种方式呢?如果说本案涉及的是判决结果,用这种方法显失公平,但是如果涉及的是程序呢?

4. 中国古代有一种野兽叫獬,曾经被用来做裁判工具,"触不直者,去之"。中国古代还有用龟甲来裁判的。刑,在中国古代有两种写法;法,在中国古代也有两种写法。你知道怎么写吗?查查《说文解字》就知道了,其中蕴含的内容也很有意思。

5. 美国法学家波斯纳,也是一位著名的联邦法官,说过一句话:"你(即使是一位法官)可以很玩世不恭地评论法官,但自己很难当一个玩世不恭的法官。"②结合上述材料中美国法官的行为,谈谈你对这句话的理解。

在詹姆斯一世时代,有位名叫科克勋爵的伟大的法官,他勇敢地坚持法官的独立性。有一次,国王把所有的法官召到他的面前,告诉他们他可以随意从法官那里提取案子,由他亲自审理并作出判决。他叫钦定的班克罗夫特大主教当他的助手。这位大主教宣称,根据教义这是天经地义的事。大主教说,根据《圣经》中上帝的话,这种权力无疑属于国王。但大法官告诉国王,他没有权力这样做,所有案子

---

① 参见〔美〕罗伯特·D.考特、托马斯·S.尤伦:《法和经济学》(第3版),施少华等译,上海财经大学出版社2002年版,第409页。

② 〔美〕理查德·A.波斯纳:《道德和法律理论的疑问》,苏力译,中国政法大学出版社2001年版,第238页。

应在法庭上进行判决。詹姆斯国王说:"我总是想,而且也经常听到这样的大话——你们英国的法律是以理智为基础的。如果是这样,为什么我和其他人就没有和法官一样的理智呢?"

首席法官答道:"确实,陛下,上帝赐予陛下广博的知识和伟大的天赋;但是请陛下恕我冒昧地说,您没有学过您这块英格兰国土上的法律……它是一门艺术,在一个人掌握它之前,需要长期的学习和实践。法律是审理陛下臣民诉讼的金权杖和标准,正是依靠法律,陛下才得以安然无恙。"詹姆斯国王大怒,说:"要我受制于法律,说这话就是叛逆。"首席法官答道:"布雷克顿是这样写的,'国王不受制于任何人,但受制于上帝和法律'。"

……

然而,虽说詹姆斯国王要当一名法官,但当听了诉讼双方的陈述时他非常窘迫,他绝望了,他放弃了这个企图。他说:"只听一方陈述,我还很有把握,但两方都说,我就不知道哪方是对的了。"①

[提示与问题]

上面的材料中,法官面对的是至高无上的皇权,法官要忠实于法律,而强大的权力却要求法官将执法的天平向权力倾斜。法官面临的是巨大的职业伦理冲突,法官最终必须作出选择。这个例子是法制史上法官维护司法公正的经典。在我国民间广为流传的"包公铡美"的故事,其中包公的行为也体现了我国古代司法官员所具有的不畏皇权、敢于维护法律正义的精神。

1. 我国现行法律对审判独立是怎么规定的?我国法律对法官的独立有规定吗?《法官职业道德基本准则》是如何体现法官的独立的?这些规定在现实中会遇到哪些障碍?结合现实中的一些案件,谈谈你的看法。

2. 科克勋爵(Sir Coke)说,法律是一门艺术。你认为法律和艺术,比如音乐、绘画、文学等有相通之处吗?你在进入法学院之前,你想过要进艺术学院吗?你从来没有学过画画,但让你在 3 个月内办

---

① 〔英〕丹宁勋爵:《法律的未来》,刘庸安、张文镇译,法律出版社 1999 年版,第 348、349 页。

一个画展,你敢答应吗?你没有学过小提琴,但是却让你3个月之后就举办一个小提琴演奏会,你能吗?可是在我国,有的法官过去从来没有学过法律,但是后来也成了法官,有的甚至是大法官,照样裁判案件,你怎么看待这种现象?

3. 在我国古代,"普天之下,莫非王土;率土之滨,莫非王臣",皇帝直接处理案件,决定一个人的生死,这是再平常不过的事。但是我们知道,英国也是皇权很发达的国家,但是为什么还能保有审判独立?丹宁勋爵(Lord Denning)就自豪地说:"法官必须是独立的,这一点在英国已经实现了。到现在为止,近三百年来法官一直是绝对独立的,不仅独立于政府和大臣,而且还独立于工会,独立于报界和其他新闻媒介。他们不会受到外来的影响,不会因希望得到褒奖或害怕遭到惩罚,或因阿谀奉承谁或愤怒指责谁而丢掉自己的饭碗。正是由于这一点,人民信任法官。"[①]为什么会出现这两种截然不同的现象?

4. 为什么詹姆斯只听一方陈述,还很有把握,但两方都说,就不知道哪方是对的了?中国古代有句话叫"兼听则明,偏信则暗",这不是矛盾吗?如何解释?

1891年5月21日,在日本滋贺县大津市,应担任警卫保护任务的巡查津田三藏挥剑砍伤当时正在日本访问的俄国皇太子(以后即位为尼古拉二世)。事件发生后,松方正义内阁元老们担心俄国以此为由对日本进行军事报复,便对法院施加压力,要当时担任大审法院院长的儿岛惟谦谨慎处理。松方正义首相、西相内相、山田法相等人多次强烈要求儿岛惟谦对津田三藏适用有关加害王室的规定(按照当时日本《刑法》第116条,伤害天皇、太皇、太后、皇太子者处以极刑)。儿岛惟谦没有屈从于压力,他拒绝政府对司法的干预,坚决主张该案只能根据加害普通人的法律规定,按谋杀未遂罪论处,不能违背法律枉法裁判,损害司法权的尊严。儿岛惟谦说服了当时审理此

---

① 〔英〕丹宁勋爵:《法律的未来》,刘庸安、张文镇译,法律出版社1999年版,第347页。

案态度比较软弱的法官。5月27日,在大津市举行开庭审判的大法院以普通谋杀未遂罪判处津田三藏无期徒刑,从而维护了司法的独立。①

[提示与问题]

1. 按照当时的日本《刑法》第116条,伤害天皇、太皇、太后、皇太子者处以极刑。俄国皇太子也是皇太子,而且津田三藏的行为严重破坏了日本和俄国的关系,为什么儿岛惟谦法官要坚持按照加害普通人的法律规定,对津田三藏按谋杀未遂罪论处?法官可以有自由裁量权,但是法官可以对法律进行类推吗?本案中,儿岛惟谦法官遵循了现代刑法中的什么原则?

2. 在审理津田三藏砍伤俄国皇太子的案件中,儿岛惟谦法官说服了当时审理此案态度比较软弱的法官,儿岛惟谦的行为是否违反了审判独立的原则?

三、程序公正与实体公正的关系

轰动一时的辛普森杀妻案件的审理被称为"世纪审判"。1994年6月12日晚,美国著名橄榄球明星O.J.辛普森的前妻妮科尔和她的男朋友罗恩·戈德曼被杀,辛普森成为唯一的嫌疑犯被捕受审。

在辛普森一案中,警方已经掌握了足以证明辛普森杀害前妻及其男友的证据,但他们为使案件更加"铁证如山",愚蠢地伪造了一双沾有辛普森和他前妻血迹的袜子。正是这双袜子,最终被辩护律师聘请的生化专家证明为实验室里的产物。

美国法律中有一条著名的证据规则:"面条里只能有一只臭虫。"这是一个形象的比喻:任何人发现自己的面碗里有一只臭虫时,他绝不会再去寻找第二只,而是径直倒掉整碗面条。同样,即便洛杉矶警方获取了大量能证明辛普森有罪的证据,但只要其中有一样(袜子)是非法取得的,所有证据就都不能被法庭采信。于是,陪审团裁定将辛普森无罪释放。1995年10月3日,美国洛杉矶刑事陪审团裁定

---

① 参见徐步衡、余振龙主编:《法学流派与法学家》,知识出版社1981年版,第115页。

辛普森谋杀罪名不成立,美国舆论将此案件的审判称为"世纪审判"。

但是,耐人寻味的是,16个月后,美国洛杉矶民事陪审团出人意料地一致认为,辛普森应对其前妻及其男友的被害负责,并裁决要求辛普森向受害者家属支付近三千万美元的赔偿费。(根据相关报道编写)

[提示与问题]

1. 中国刑事诉讼实行的是"以事实为依据,以法律为准绳"的证据规则。你认为如果这个案件发生在中国,结果将怎样?在中国,《刑事诉讼法》中规定了哪些非法证据?但是如果非法证据是据以定罪的关键的证据,你认为是否应当本着对事实负责的态度予以采纳?在司法公正中,程序公正的价值比实体公正的价值更大吗?如果程序公正与实体公正出现不一致,你作为中国的法官该如何取舍?

2. 辛普森赢了刑事案件,却输了民事案件,对此你怎么看?

3. 美国的陪审团制度与中国的人民陪审员制度有哪些不同?司法的民主化和职业化是什么关系?

4. 你知道在中国法院内部有审判委员会吗?它的职能是什么?如果你作为审理案件的法官,就案件的裁决和所在法院的审判委员会意见不一致,你怎么办?

再来看发生在我国轰动一时的沈阳刘涌案件的审理。

一审审理情况:

辽宁省铁岭市人民检察院于2001年8月10日向铁岭市中级人民法院提起公诉,指控被告人刘涌犯组织、领导黑社会性质组织罪,故意伤害罪,抢劫罪,敲诈勒索罪,私藏枪支、弹药罪,妨害公务罪,非法经营罪,偷税罪,行贿罪。同时,扈艳、刘宝贵对被告人刘涌等人提起附带民事诉讼。辽宁省铁岭市中级人民法院认定,1995年年底至2000年7月,被告人刘涌纠集同案被告人宋健飞、吴静明、董铁岩、李志国、程健等人,组成具有黑社会性质的犯罪组织,非法持有枪支和管制刀具,采取暴力手段聚敛钱财,引诱、收买国家工作人员参加黑社会性质组织或者为其提供非法保护,实施犯罪27起。此前,在1989年至1992年间,刘涌还伙同他人实施故意伤害犯罪4起。刘涌共作案31起,其中直接或者指使、授意他人实施故意伤害犯罪13起,致1人死亡,5人重伤并造成4人严重残疾,8人轻伤;故意毁坏财物犯罪4起,毁坏财物价值人民币31700元;非法经营香烟,经营额人民币7200万元;行贿犯罪6起,行贿人民币41万元、港币5万元、美元95000元、物品价值人民币25700元;非法持有枪支1支;妨害公务犯罪1起。其行为构成组织、领导黑社会性质组织罪,故意伤害罪,故意毁坏财物罪,非法经营罪,行贿罪,非法持有枪支罪,妨害公务罪。刘涌在黑社会性质组织的犯罪活动中起组织、领导作用,系首要分子,应对该组织所犯的全部罪行承担责任。其故意伤害犯罪,罪行极其严重,依法应当判处死刑,与所犯其他犯罪数罪并罚。

辽宁省铁岭市中级人民法院于2002年4月17日作出(2001)铁中刑初字第68号刑事附带民事判决,认定被告人刘涌犯故意伤害罪,判处死刑,剥夺政治权利终身;犯组织、领导黑社会性质组织罪,判处有期徒刑10年;犯故意毁坏财物罪,判处有期徒刑5年;犯非法经营罪,判处有期徒刑5年,并处罚金人民币1500万元;犯行贿罪,判处有期徒刑5年;犯非法持有枪支罪,判处有期徒刑3年;犯妨害公务罪,判处有期徒刑3年。决定执行死刑,剥夺政治权利终身,并处罚金人民币1500万元。判处刘涌赔偿附带民事诉讼原告人扈艳人民币1万元,赔偿附带民事诉讼原告人刘宝贵人民币5420元。对刘涌聚敛的财物及其收益,以及用于犯罪的工具,依法追缴、没收。

二审审理情况:

一审判决宣告后,刘涌不服,提出上诉;附带民事诉讼原告人扈艳、刘宝贵亦不服,提出上诉。辽宁省高级人民法院二审判决认为,一审判决认定被告人刘涌的主要犯罪事实和证据未发生变化,应予以确认。对刘涌及其辩护人提出的公安机关在对刘涌及其同案被告人讯问时存在刑讯逼供的辩解及辩护意见,经查,不能从根本上排除公安机关在侦查过程中存在刑讯逼供。刘涌系黑社会性质组织的首要分子,应当按照其所组织、领导的黑社会性质组织所犯的全部罪行处罚。其所犯故意伤害罪,论罪应当判处死刑,但鉴于其犯罪的事实、性质、情节和对社会的危害程度以及本案的具体情况,对其判处死刑,可不立即执行。

辽宁省高级人民法院于2003年8月11日作出(2002)辽刑一终字第152号刑事附带民事判决,撤销原一审判决中对刘涌故意伤害罪的量刑部分及对附带民事诉讼原告人扈艳的民事赔偿部分。认定刘涌犯故意伤害罪,判处死刑,缓期2年执行,剥夺政治权利终身;犯组织、领导黑社会性质组织罪,判处有期徒刑10年;犯故意毁坏财物罪,判处有期徒刑5年;犯非法经营罪,判处有期徒刑5年,并处罚金人民币1500万元;犯行贿罪,判处有期徒刑5年;犯非法持有枪支罪,判处有期徒刑3年;犯妨害公务罪,判处有期徒刑3年。决定判处死刑,缓期2年执行,剥夺政治权利终身,并处罚金人民币1500万元。判处刘涌赔偿刘宝贵人民币5420元;赔偿扈艳人民币1万元,对扈艳的赔偿与其他同案被告人共同承担连带责任。对刘涌组织、领导黑社会性质组织犯罪聚敛的财物及其收益,以及用于犯罪的工具,依法追缴、没收。

再审审理情况:

二审判决发生法律效力后,最高人民法院于2003年10月8日作出(2003)刑监字第155号再审决定,以原二审判决对刘涌的判决不当为由,依照审判监督程序提审本案。最高人民法院依法组成合议庭,公开开庭审理了本案。

对于再审被告人刘涌及其辩护人提出的公安机关在本案侦查阶段存在刑讯逼供的辩解及辩护意见,经查,庭审中公诉人出示的参与刘涌一案的预审、监管、看守人员的证言证明,公安人员未对刘涌及其同案被告人刑讯逼供;辽宁省人民政府依法指定的鉴定医院沈阳市公安医院2000年8月5日至2001年7月9日对刘涌及其同案被告人先后进行的39次体检病志载明,刘涌及其同案被告人皮肤黏膜均无出血点,双下肢无浮肿,四肢活动正常,均无伤情。刘涌的辩护人在庭审中出示的证明公安人员存在刑讯逼供的证人证言,取证形式不符合有关法规,且证言之间相互矛盾,同一证人的证言前后矛盾,不予采信。据此,不能认定公安机关在侦查阶段存在刑讯逼供,刘涌及其辩护人的辩解和辩护意见,不予采纳。

最高人民法院认为:再审被告人刘涌组织、领导具有黑社会性质的组织,大肆进行违法犯罪活动,其行为已构成组织、领导黑社会性质组织罪。刘涌在黑社会性质组织形成之前和在组织、领导黑社会性质组织的犯罪活动中,直接或者指使、授意他人实施故意伤害的行为已构成故意伤害罪,后果特别严重;指使他人故意损坏公私财物的行为已构成故意毁坏财物罪,数额巨大,情节特别严重;违反国家烟草专卖规定,异地购进香烟批发销售的行为构成非法经营罪,经营数额特别巨大,情节特别严重;为了谋取不正当利益,给予多名国家工作人员财物的行为已构成行贿罪,情节严重;指使他人以暴力方法,阻碍国家机关工作人员依法执行职务的行为,已构成妨害公务罪;违反枪支管理规定,非法持有枪支的行为已构成非法持有枪支罪。刘涌系组织、领导黑社会性质组织的首要分子,应对该组织的全部罪行承担责任。其直接或者指使、授意他人持刀、持枪实施故意伤害犯罪,致1人死亡,5人重伤并造成4人严重残疾,8人轻伤,手段特别残忍,情节特别恶劣,罪行极其严重,社会危害极大,且不具有法定或者酌定从轻处罚情节,依法应当判处死刑,立即执行。其所犯其他罪行,亦应依法惩处,数罪并罚。原一审判决认定的事实清楚,证据确实、充分,定罪准确,量刑适当。原二审判决定罪准确,但认定"不能从根本上排除公安机关在侦查过程中存在刑讯逼供情况",与再审庭审质证查明的事实不符;原二审判决"鉴于其犯罪的事实、性质、情节和对于社会的危害程度以及本案的具体情况",对刘涌所犯故意伤害罪的量刑予以改判的理由不能成立,应予纠正。根据当时有效的《刑事诉讼法》第205条第2款、第206条,最高人民法院《关于执行〈中华人民共和国刑事诉讼法〉若干问题的解释》第312条第2项,《刑法》第12条第1款、第294条第1款和第3款、第234条第2款、第275条、第225条、第389条第1款、第390条第1款、第277条第1款、第128条第1款、第26条第1款和第3款、第57条第1款、第69条、第64条,《全国人民代表大会常务委员会关于〈中华人民共和国刑法〉第二百九十四条第一款的解释》,最高人民法院《关于审理非法制造、买卖、运输枪支、弹药、爆炸物等刑事案件具体应用法律若干问题的解释》第8条第2款的规定,判决如下:(1)撤销辽宁省高级人民法院(2002)辽刑一终字第152号刑事附带民事判决中对再审被告人刘涌故意伤害罪的量刑及决定执行的刑罚部分。(2)再审被告人刘涌犯故意伤害罪,判处死刑,剥夺政治权利终身。维持原二审对刘涌以组织、领导黑社会性质组织罪,判处有期徒刑10年;故意毁坏财物罪,判处有期徒刑5年;非法经营罪,判处有期徒刑5年,并处罚金人民币1500万元;行贿罪,判处有期徒刑5年;妨害公务罪,判处有期徒刑3年;非法持有枪支罪,判处有期徒刑3年的判决部分。对刘涌上列被判处的刑罚并罚,决定执行死刑,剥夺政治权利终身,并处罚金人民币1500万元。(3)再审被告人刘涌组织、领导黑社会性质组织犯罪聚敛的全部财物及其收益,依法追缴;供其犯罪使用的工具,予以没收。本判决送达后即发生法律效力。①

刘涌案件二审宣判后,在社会大众之间和法学界引起了广泛的争议。引起争议的原因有两个方面:一是刘涌作为领导黑社会性质组织的头目被二审改判为死刑缓期执行,而作为该黑社会性质组织成员的另外一个被告人宋健飞却被判处死刑,许多人对此无法理解。二是对二审法院判决书中给出的改判的理由,即"鉴于其犯罪的事实、性质、情节和对社会的危害程度以及本案的具体情况,对其判处死刑,可不立即执行",社会各界更是无法理解。除此之外,还引发了对于本案侦查、辩护和审理过程中的其他一些问题,比如刑讯逼供问题、法律专家意见书问题、律师辩护方式问题等的争论。应该说,刘涌案件本身已经结束,但是刘涌案件留给人们的思考远未结束。

[提示与问题]

1. 二审法院经查,"不能从根本上排除公安机关在侦查过程中存在刑讯逼供",这实际上是鉴于"本案具体情况"予以改判的核心理由,除此之外还有"鉴于其犯罪的事实、性质、情节和对社会危害的程度"。你认为这些可以构成改判的理由吗?

2. 最高人民法院的判决书中指出,二审判决"认定'不能从根本上排除公安机关在侦查过程中存在刑讯逼供情况',与再审庭审质证查明的事实不符;原二审判决'鉴于其犯罪的事实、性质、情节和对于社会的危害程度以及本案的具体情况',对刘涌所犯故意伤害罪的量刑予以改判的理由不能成立,应予纠正"。你认为最高人民法院给出

---

① 参见最高人民法院再审刘涌案件刑事判决书。

的理由,可以作为改判的理由吗？你如何看待最高人民法院的再审判决理由？

3. 由于最高人民法院纠正了二审法院的判决,二审法院的法官对此是否要承担责任？是否可以按照最高人民法院发布的《人民法院审判人员违法审判责任追究办法(试行)》和《人民法院工作人员处分条例》追究审判案件的法官的责任？为什么？假设二审的判决结果是由审判委员会作出的,如果需要追究责任,根据现行的法律规定,如何追究责任？

4. 用"不能从根本上排除公安机关在侦查过程中存在刑讯逼供"和鉴于"本案的具体情况"这种表述来作为判决的理由,对辽宁省高级人民法院来说已经不是第一次了,(2001)辽刑一终字第505号刑事判决书[①]中,也有十分相似的表述。但是,这种表述在刘涌案件中却失灵了。联系刘涌案的最终处理,谈谈你的看法。

5. 本案由于社会影响比较大,法官审判该案件不可避免地要受到各个方面的影响。你认为,为了保证法官能够独立审判,除了对法官的道德的内在要求外,国家在哪些制度上还要作出完善？

6. 在刘涌案二审审理过程中,有14位法律专家应辩护人的要求向辽宁省高级人民法院提交了《法律意见书》,你认为这种形式是否干预了法官的独立审判？法官在审理案件中对类似的法律意见书应保持什么样的态度？人民网上有一篇文章——《刘涌案,中国法学界的耻辱还是光荣》,可以参考。谈谈你的看法。

7. 有人把中国的刘涌案件的审理和美国的辛普森案件的审理做比较,得出一些偏激的观点,你觉得二者有可比性吗？

8. 法国思想家托克维尔分析影响美国的民主制度的发展的因素时指出:"自然环境不如法制,但法制又不如民情。"并指出:"法律只要不以民情为基础,就总要处在不稳定状态。民情是一个民族的唯一的坚强耐久的力量。"[②]刘涌案件二审改判之后,互联网上的网

---

① 参见陈瑞华:《问题与主义之间——刑事诉讼基本问题研究》,中国人民大学出版社2003年版,第126页。
② 〔法〕托克维尔:《论美国的民主》,董果良译,商务印书馆1989年版,第315、358页。

民对二审改判的声讨的帖子如雪片一般,提出了各种质疑,你认为这是托克维尔所说的民情吗?结合本案件的处理,你认为民情可以推动法制的进步吗?

9. 在本案中,刘涌确实实施了足以判处死罪的犯罪事实,但如果在审讯中确实存在刑讯逼供,你认为是否仍然应当判处刘涌死刑?为什么?

四、审判效率问题

一案二十年,何年能了;裁判十八次,哪次是头[①](节选)

一起案件审了二十年,仍没有最后定论,记者看到这封读者来信时,简直不相信自己的眼睛。然而,这却是事实。

来信写道:1981年11月5日,河北省永年县石官营公社三合村农民贾二海,持销方栏盖有永年县石官营供销社农副产品收购站公章的空白合同书,将销方涂改为购方,将购方变更为供方,以石官营供销社农副产品收购站的名义与广平县铺上公社工副业管理站签订了购销10万斤辣椒粉的合同。合同约定:铺上公社工副业管理站供给石官营供销社辣椒粉10万斤,单价0.9元,共计9万元。合同签订后,铺上公社工副业管理站委托杜士陆于1981年12月底在邯郸火车站向贾二海交辣椒粉255700斤,比合同约定多交155700斤,发往四川。1982年1月18日,贾二海通过石官营供销社账号,汇给杜士陆6万元货款;2月18日,付给杜士陆现金2万元;3月1日,又付给杜士陆现金1万元,三次共计9万元,结清了10万斤辣椒粉合同的货款。1982年4—5月,四川方面将超发的155700斤辣椒粉退回,贾二海将退回的辣椒粉拉到自己村里。6月17日,贾二海同杜士陆达成结算办法,约定发往四川方面的255700斤辣椒粉按65%付款,35%退货处理。后杜士陆分别拉走22000斤和40000斤辣椒粉。其余货物,除贾二海处理了部分外,全部烂掉。12月18日,铺上公社工副业管理站向永年县人民法院提起诉讼,要求石官营供销社支付货款。二十年漫长的诉讼之路由此开始。

---

① 载《法制日报》2003年9月3日。

为了让读者对该案的审理过程有个概括的了解,现将信中所述判决和裁定罗列如下:

1983年8月14日,永年县人民法院作出(83)法经裁字第2号民事裁定书。认为此纠纷是杜士陆和贾二海之间的私营关系,广平县铺上公社工副业管理站与永年县石官营供销社农副产品收购站的购销合同关系不存在,裁定驳回起诉,不予受理。铺上公社工副业管理站不服,提起上诉。

1983年10月8日,邯郸地区中级人民法院作出(83)法经裁字第14号民事裁定书。裁定购销合同有效,9万元货款已经分三次支付完毕;超发部分与本合同无关。驳回上诉,维持原裁定。

1985年,广平县铺上公社工副业管理站撤销,原债权债务由十里铺乡政府接收。1988年10月5日,十里铺乡政府将本案债权转让给杜士陆。1986年7月起,石官营供销社的债权债务由其主管部门永年县供销社享有或承担。

1990年杜士陆向广平县人民法院起诉,广平县人民法院作出(90)法经裁字第6号裁定书,驳回起诉。杜士陆不服,申请再审。

1990年6月29日,邯郸地区中级人民法院作出(90)法经监裁字第1号经济再审裁定书,撤销该院(83)法经裁字第14号民事裁定书和永年县人民法院(83)法经裁字第2号民事裁定书,裁定当事人可到有管辖权的人民法院另行起诉。

1990年8月23日,广平县人民法院作出(90)法经裁字第12号经济裁定书,撤销该院1990年法经裁字第6号裁定书。

1990年9月18日,广平县人民法院作出(90)法经判字第5号经济判决书,判决永年县供销社偿付杜士陆货款及违约金共计28万余元。永年县供销社不服,提起上诉。

1991年12月5日,邯郸地区中级人民法院作出(91)法经上判字第33号经济判决书,维持广平县人民法院判决。永年县供销社不服,于1992年6月23日向河北省高级人民法院提起申诉。

1992年6月26日,邯郸地区中级人民法院决定立案复查,原判决暂缓执行。

1993年12月16日,邯郸市(地改市)中级人民法院作出(1993)

邯市经监字第10号民事裁定书,裁定发回广平县人民法院重审。

1994年12月18日,广平县人民法院作出(1994)广经初字第12号民事判决书,判决永年县供销社偿付杜士陆货款和违约金共计45万余元。永年县供销社不服,提起上诉。

1995年7月5日,邯郸市中级人民法院作出(1995)民经终字第235号民事裁定书,撤销广平县人民法院(1994)广经初字第12号民事判决,发回重审。

1996年4月18日,广平县人民法院作出(1995)广经初字第198号民事判决书,判决永年县供销社偿付杜士陆货款及违约金36万余元。永年县供销社不服,提起上诉。

1997年5月29日,邯郸市中级人民法院作出(1997)邯经终字第121号民事裁定书,裁定发回重审。

1997年10月27日,广平县人民法院作出(1997)广经初字第120号民事判决书,判决永年县供销社偿付杜士陆货款及违约金41万余元。永年县供销社不服,提起上诉。

2000年4月30日,邯郸市中级人民法院作出(2000)邯市经终字第118号民事判决书,撤销广平县人民法院(1997)广经初字第120号民事判决,由贾二海承担下欠货款102571.74元和自1982年12月18日至执行完毕之日的同期银行贷款利息,永年县供销社负连带清偿责任。

因时间久远,有3份裁判文书来信没有提供。把这些拖沓冗长、枯燥无味的裁定和判决罗列出来,连记者都难以卒读,但对于当事人来说,这一列列、一行行俱是他们顶着风雨,冒着寒暑,盼星星盼月亮盼来的裁决,每一份裁决都饱含着他们的心血。一张简简单单的合同书,一个普普通通的民事案,三个人民法院翻来覆去作出十八份裁判,而最后一个判决仍不能让当事人心服口服。

2000年6月15日,永年县供销社向邯郸市人民检察院提起申诉,邯郸市人民检察院提请河北省人民检察院抗诉。

2002年4月28日,河北省人民检察院就该案向河北省高级人民法院提起冀检民行抗字(2002)39号民事抗诉书。抗诉理由是:石官营供销社原给贾二海的合同书涉及辣椒粉的数量是10万斤,对于贾二海、杜士陆二人私自向四川超供的155700斤辣椒粉,系贾二海、杜士陆二人的个人行为,与石官营供销社原给贾二海的销售辣椒粉的合同书无关。永年县供销社对本案所超供的155700斤辣椒粉不应承担责任。

［提示与问题］

1. 本案看起来并不复杂,但是其审判过程却如此复杂,分析一下,你认为原因何在?

2. 要解决我国的审判效率问题,除了法官的内在伦理要求外,在制度上还有哪些需要改进之处?

五、法官与理性

假设在19世纪美国西部的一个小镇里,法律与秩序刚刚建立。某天吉姆·詹姆斯的一匹马被认出是别人丢失的,吉姆因此作为偷马贼遭到指控。而他争辩说这匹马是从一个陌生人那里买来的。按照当地的法律,盗马贼将被处以绞刑。整个小镇对于盗马行为深恶痛绝,希望用詹姆斯来杀一儆百。凑巧的是,小镇的法官亲眼看见了吉姆买马的全过程,当时他躲在树后,并未被吉姆或其他任何人发现。然而法官到那里是去购买一些威士忌,这在当时是违法行为。如果法官为吉姆作证,他不得不说出自己到那里去的真相,这会使他失去执法的资格,小镇将在很长时间内陷入混乱。此外,小镇的居民对吉姆的罪行深信不疑,坚决要求绞死罪犯,为他辩护可能引起公众的愤怒。经过反复斟酌,法官认为,无论是否作出判决,吉姆都将被愤怒的居民杀死,为吉姆辩护将带来更大的损害。①

［提示与问题］

这是一则关于批判现代功利主义观点的典型案例,也是关于法官伦理的很好的素材。作为本案中的法官,他应当采取的正确的态度是维护法律的公正,而不能仅仅满足公众一时一事的情绪,更不能因为自己的切身利益受到影响就放弃对法律公正的追求。

---

① 〔美〕理查德·T.德·乔治:《经济伦理学》,李布译,北京大学出版社2002年版,第78、79页。

1. 当法官的个人利益与审判产生矛盾时,法官应采取什么样的态度?

2. 你认为法官在审理案件时对于案件涉及的社会大众的情绪应当采取什么态度?

对1914—1916年对纽约市治安法院几千个轻微刑事案件处理进行调查,结果表明:治安法官在其处理同类案件时的差别达到惊人的程度。在送交一个法官处理的546个被控酗酒的人中,他只释放了一个人,而其他人(约99%)均有罪;而在另一法官审理的673个被控酗酒的人中,531人(即79%)是无罪的。在扰乱秩序行为的案件中,一个法官只释放了18%的人,另一法官则释放了54%的人。这也就是说,在前一法官手中,受审人只有1/5的获释机会,而在后一个法官手中,会有1/2以上的获释机会。调查报告的结论是,这些数字表明,审判是因人而定的,它反映了治安法官的脾气、个性、教育、处境和个人特点。①

美国亚拉巴马州有一位职业素质很差的法官,他同时还是一个极端的种族主义者和宗教主义人士。这位法官把《圣经十诫》悬挂在民事法庭里,按照《圣经》的条文进行审判。这侵犯了非基督徒的宪法权利,因为不能以《圣经》里的清规戒律要求非基督徒。每次开庭前他还要朗诵一段《圣经》里的颂词,依照美国法律,他如果不改正这一做法,将被取消法官的资格。而他非但拒绝改正,还决定参加亚拉巴马州大法官的竞选。由于亚拉巴马州是一个宗教势力很强的地区,他得到了许多信教公民的选票,并最终赢得了胜利。(《中国青年报》对美国著名律师采访实录节选)

[提示与问题]

1. 法官审理案件除了受到自身伦理道德的影响外,还会受到心理、个性、习惯、宗教等因素的影响。但是作为一个理性的法官应当尽量减少这些因素对于审判的影响。西方有所谓"法官的一顿早餐的质量也会影响审判案件的质量"的说法,虽然有夸大之嫌,但是也

---

① 沈宗灵:《现代西方法理学》,北京大学出版社1992年版,第341页。

不能不重视这些案外的偶然的因素对于审判活动的影响。根据你个人的理解,结合上述材料谈谈你的看法。

2. 第二个实例说明了美国州法官公选制度的弊端,当选与否与竞选人受本州居民欢迎的程度有关。德肖维茨先生说,这样的荒唐事在中国不可能发生,因为中国法官的遴选不受公众意志的影响。① 你觉得德肖维茨先生说得有道理吗?

阿道夫·艾克曼(Adolf Eichmann)是一名纳粹战犯,二战后逃亡至阿根廷,后于1960年被捕,并被押回以色列受审。艾克曼对于审理案件的法庭和法官的正当性提出疑问:你们都是犹太人,不可避免与大屠杀的受害者血脉相连,感同身受,因此你们任何一个人从心理上都不具备客观公正审理此案的能力。但是以色列的法院驳回了他的意见,并作出如下阐释:"法官在法律的国度里实施正义,但同时他们又是普通人,有着人类通常的情绪与情感。根据法律的要求,他们克制自己的情绪与情感,否则世界上不会有任何的法官有资格审理激起人们极大恶感与憎恶的刑事犯罪案件,如叛国、谋杀或者其他严重犯罪。的确,灾难的记忆对于每一个犹太人都是一种深入骨髓的震动,但是当我们作为法官审理案件的时候,控制自己的这种情绪就成了我们应尽的义务。我们将履行这一义务。"②

[提示与问题]

在上面的案例中,你如何看待纳粹艾克曼的辩护?你是否同意以色列的法官的解释?如果你不同意该法官的解释,你是否能够给出更好的解释,抑或提出更加客观公正的审判方式?

六、法官与涵养

早在17世纪60年代,英国大法官马修黑尔爵士为自己定下的

---

① 参见杨亮庆:《辛普森案的辩方律师谈中美法律热点》,载《中国青年报》2001年3月26日。转引自陈军编著:《法学典型案例分析》,哈尔滨工程大学出版社2009年版,第98—99页。

② 〔澳〕大卫·科比:《好法官所必备的素质》,载怀效峰主编:《法院与法官》,法律出版社2006年版,第4页。

自我"警示录"中就要求自己履行职责过程中维护和实现正义方面的种种要求:(1)我为上帝、国王和国家职司裁判、伸张正义。为此我应恪守下述准则。(2)审判案件时应做到深思熟虑,坚决果断。(3)我应依赖上帝的指引和力量而非个人的理解和力量。(4)为实现正义,我必须摒弃个人私欲,在任何情况下都不允许私欲主宰自己。(5)我应将全部精力投入事业中,不可分心于不当烦恼。(6)在聆听全案和双方当事人辩论之后作出判断。(7)开始听审案件之时不可有先入为主之见,且应在整个听审过程中保持中立。(8)人之天性可能使我对当事人心怀同情,但我从不敢忘记自己对国家所负的责任。(9)如果案件之是非只能以良知为标准作为判断,我便不应过于苛求与刻板。(10)在正义面前,我不应怜悯穷人或偏袒富人。(11)不论公众是否喜欢,也不论法庭上出现的是掌声还是嘘声,我都应公正裁判而不受其左右。(12)只要完全依照公正原则行事,则不必考虑旁人说长道短。(13)对于普通刑事案件,我的原则是首先考虑宽恕和无罪释放。(14)在只有言辞伤害而无其他伤害的刑事案件中,温和的处置就未必是不公正。(15)在恶性刑事案件中,如果案件事实清楚,则应严惩以求实现正义。(16)任何人以任何方式私下过问与案件有关的事项,只能得到我的蔑视。(17)我的助手和工作人员应遵守以下准则:不许介入任何诉讼事项;不许收取额外费用;不许对诉讼给予不公正的偏袒;不许为当事人介绍律师。(18)饮食有度,保持健康,以便更好地工作。[1]

[提示与问题]

阅读上述法官的"警示录",你是否觉得法官太难当了?世界上赫赫有名的法官主要产生于英美法系国家,背后的原因是什么?

绿叶对根的情意——记全国模范法官李增亮[2](节选)

黑格尔的名言"毕生为真理作证"悬挂在墙上;和苍白瘦削的脸颊极不协调的大框眼镜下,一双有神的眼睛洋溢着执着。全国十大

---

[1] 于秀艳编译:《英国法官"自我警示录"》,载《人民法院报》2001年4月30日。
[2] 载《法制日报》2003年12月12日。

法治人物之一、全国模范法官李增亮,此刻正努力端坐在床上。见到记者,李增亮辗转不安地说:"我对单位没有做多大贡献,却给组织添了许多麻烦,真是受之有愧。"李增亮就像青青白鹿塬上的一片绿叶,默默地为家乡的父老乡亲奉献着自己的一切。

一

"在平凡岗位上勤勤恳恳,几十年如一日,这样的人不见得能对社会作出大的贡献,但培养了责任意识,使品质得以升华。"(1997年10月15日李增亮日记)

1990年,李增亮大学毕业后被分配到一个条件相对较好的地区——陕西省西安市阎良区人民检察院,但他却坚决要求回到他的故乡——国家级贫困县蓝田工作。这一年11月,他背着行李,走进了蓝田县人民法院鹿塬法庭。在他的心中,白鹿塬就是他的根,他要用自己学到的知识为家乡的人民排忧解难。

这一去,就是漫漫的13年。

由于艰苦的生活和工作环境,加之长年累月超负荷工作,李增亮从1994年起患上了慢性胃炎、风湿性关节炎等疾病,每当右腿疼痛得难以忍受时,他就趴在桌上或床上工作,为了办案他经常拄着双拐行走。

李增亮有多次调动和改变自己经济窘迫状况的机会,在广东某海关工作的同班同学每次回陕探望老同学,都说要帮李增亮调往海关,每次都被李增亮含笑拒绝。还有一次,李增亮赴银川办案,受到了另一位同学的热情接待。在了解到李增亮的工作条件与病情后,他主动提出将李增亮调到银川市司法部门,同样被他谢绝了。

放弃了优越的条件,放弃了个人的利益,李增亮始终没有放弃他的理想和对司法事业的执着追求。"既然选择了司法这个事业,就要一如既往地向前走,把生命的最后一滴血也浇在她的根基上。"李增亮这样告诉记者。

二

"我觉得,一个优秀的法官应当是这样的:品位高雅,意志清明,判断成熟。"(2000年4月21日李增亮日记)

在鹿塬法庭工作了13年,李增亮办理了526起案件,尤其是自1999年7月至去年5月,他带病独立审结案件293件,比原定的办案任务165件超办了80%。在他所办的案件中,调解结案的,占到40%左右,而且当事人无一反悔;判决结案的,无一超审限;少数上诉的案件,也没有一件被上级法院改判或发回重审,当地群众由衷地称赞李增亮是白鹿塬上的"铁案法官"。

据统计,在2002年,李增亮走村串户,共办理了102起民事案件,行程超过500公里。对患有晚期股骨头坏死的他来说,这千里行程胜似一次万里长征,每一步都印证着一个人民法官以民为天的赤子情怀。

李增亮经手办结的案件,每一件都倾注着他的心血,一纸判决或裁定对他来说不过是笔墨上的工夫,可他办案,每一件都是一趟趟地往当事人的家中跑,从当事人的实际情况出发,最大限度地保护当事人的权益。他付出的,是对白鹿塬人民深厚的感情,是对人民法官工作的无限崇敬。

2003年1月以后,由于他的病情加重,领导劝他在家休息,他还要求把没有整理好的卷宗拿回来整理,并给家里安装了电话,请求县法院和报社记者将电话号码在社会上公布,免费为人民群众提供法律咨询服务。热线电话开通以来,每天都要接到不少向他咨询法律问题的电话,他都认真、耐心地给予解答。甚至在他住院治疗的时候,还有群众通过他的家人,把咨询电话打到病房里。当记者就这些案件问及李增亮的体会时,他给了记者这样一句话:"一个文明的社会,首先是一个法治的社会。而这除了有待于国民法律意识的发育外,首先要求法律工作者的率先垂范。"对他来说,白鹿塬是他的根,法官工作是他的魂。

三

"做一个法官,要让思维长期沉浸在事业的追求中,外面红尘滚滚,我自风清月朗;他人翘首嫦娥,我只寻找月光与黑暗的分界线。"(1998年9月10日李增亮日记)

谈到家,他的心头充满了酸楚。

年老体弱的父母住在距法庭七八十里的乡下,他的妻子带着年幼的儿子远在四五十里外的乡村中学教书。三点一连,形成一个巨大的三角,一家人就这样天各一方地生活了十来年。

13年来,李增亮看望父母、妻儿的时间加起来不足4个月,平均每年还不到10天。有好几个春节,他都积极要求在法庭值班。当地群众给他起了个绰号叫"守庙人"……

在别人的眼里,李增亮似乎是一个硬心肠的人,可熟知他的人都知道并非如此,他挚爱着自己的父母妻儿,挚爱着白鹿塬人民,挚爱着党的事业。他只是把这浓浓的情、厚厚的意,深埋于心,一如地火在地下奔涌。他的妻子阎玲一提起丈夫便泪水涟涟:"别看增亮话不多,腿脚不好,可一旦他回到家,就不停地干活。临上塬时,还不忘给我们娘儿俩提桶水……"可遗憾的是,这样的日子实在太少了。

塬上的草青了又黄,黄了又青;坡边的花开了又谢,谢了又开。13年漫漫岁月,13年不懈的追求,成就了一个铁骨铮铮、无私无畏的硬汉,也成就了一个廉洁奉公、情系百姓的好法官。如今,李增亮病卧床榻,可他的心还时时眷念着白鹿塬,他的梦仍时时在白鹿塬上萦回……"腿好了,我还要回到白鹿塬!"李增亮坚定地告诉记者。这就是李增亮朴实的情怀,绿叶对根的深深的依恋。

[提示与问题]

中国的法官绝大多数工作在基层,许多法官生活条件不是很好,有的和李增亮法官一样很艰苦,但是他们默默无闻,无私奉献,工作在审判的第一线,为维护社会稳定、促进经济和社会全面发展、保护公民、法人和其他组织合法权益作出了重要贡献。他们构筑了中国审判事业的核心。2016年全国法院共受理案件2300多万件,审结、执结1900多万件,其中85%以上的案件在基层法院。[①] 2021年9月15日,最高人民法院发布《关于推动新时代人民法庭工作高质量发展的意见》。据通报,2020年,全国人民法庭办理了基层法院1/4的案件,法官人均办案232件,该意见为此要求推动人员编制向案件数

[①] 参见方圆震:《我国85%案件在基层法院审理》,载中国政府网,http://www.gov.cn/xinwen/2017-02/21/content_5169877.htm,最后访问日期:2024年9月16日。

量多、基层治理任务重的人民法庭倾斜。"基层治理是国家治理的基石,是实现国家治理体系和治理能力现代化的基础工程。"最高人民法院副院长贺小荣表示,加强新时代人民法庭工作是加强基层政权治理能力建设的重要环节。近年来,全国法院加强人民法庭建设,优化区域布局。截至 2021 年 8 月,全国实际运行的人民法庭 10145个,其中乡村法庭 6201 个、城区法庭 1234 个、城乡接合法庭 2710个,实现人民法庭司法服务全覆盖。数据显示,2016 年至 2020 年,全国人民法庭收结案 2040.8 万件,收结案约占基层法院收结案总数的 25%。[①] 这些成果都倾注了基层法官的汗水与心血。因为地区经济的差别,中国还有大批像李增亮这样的基层法官。

  法官并不完全意味着荣耀、权力和地位,还有艰辛、困苦和困惑,你毕业后愿意到艰苦地区去做一名普通的基层法官吗?

  姚晓红,男,41 岁,原任绛县人民法院副院长。姚仅有小学文化程度,却伪造考试成绩由工人转为干部,并获大专文凭,当上副院长;身为执法者不懂法也不执法,任意非法拘禁干部群众;生活上流氓成性,大肆侵吞公款供自己挥霍。姚的恶行在当地引起公愤,被群众骂为"三盲院长"(即法盲、文盲、流氓)。姚的恶行也引起中央领导的高度重视,在中央领导的直接关注下,运城地区中级人民法院于 1999年初将姚逮捕,并于 8 月 11 日作出判决:姚犯有贪污罪,判处无期徒刑,剥夺政治权利终身,没收个人财产 5 万元,追缴个人所得 16.75万元;犯有非法拘禁罪,判处有期徒刑 3 年。决定执行无期徒刑,剥夺政治权利终身,没收个人财产 5 万元,追缴个人非法所得 16.75 万元。一审后,姚晓红不服,提出上诉。山西省人民检察院运城地区分院也认为一审漏掉了姚的报复陷害罪,依法提出抗诉。运城地区中级人民法院又于 2000 年 1 月 8 日对姚晓红一案进行了重审,并作出新的判决,即姚不但应承担刑事责任,还要承担赔偿原告 2505.4 元

[①] 参见林平:《最高法:5 年间人民法庭收结案逾 2 千万件,占基层法院 25%》,载澎湃新闻网,https://www.thepaper.cn/newsDetail_forward_14510799,最后访问日期:2024 年 9 月 16 日。

经济损失的民事责任。①

据新华网2001年11月28日报道,《新闻周刊》日前做了一个随机电话调查,20个受访者当中15人知道"三盲院长"姚晓红,只有1个人知道最高人民法院2000年表彰的100个"全国人民满意的好法官",具体到先进法官的姓名,他则显得茫然无知。虽然像"三盲院长"这样的腐败法官,在中国30万法官队伍中的比例极小,可是他们的出现使秉公执法的法官群体,没有获得应有的社会尊重。再如沈阳市中级人民法院可能是中国司法史上唯一的"腐败法院"的典型,和姚晓红的个人腐败不同,沈阳市中级人民法院的腐败,更像一个法院集体腐败的典型。沈阳市十二届人大四次会议上,沈阳市中级人民法院的工作报告经表决未获人大通过。出席当天闭幕会议参加表决的代表有474人,只有218人对法院的报告投了赞成票,支持率不到一半,成为共和国50年来法院报告未被人大通过之首例。沈阳市中级人民法院给中国法院和法官抹了黑,是人民法院50年来最丑的一回。具体的抹黑者,是沈阳市中级人民法院半个领导班子。在耗资1.8亿元兴建的气派的院办公大楼里,接连有三名院级领导因涉嫌重大违纪违法问题被立案调查,一个班子烂掉了一半,在沈阳市、辽宁省乃至全国法院系统都属罕见。副院长梁某,包养了两个情妇。副院长焦某,与黑社会首要分子关系密切。院长贾某,人大会议期间,他上午还稳坐在主席台上,下午就被中纪委专案组叫去核实问题,市中级人民法院不得不临时换人作了工作报告。人大代表们尖锐地指出了沈阳市中级人民法院的问题:领导班子存在严重腐败问题;审判队伍整体素质不高;办案质量低,有的案件判决不公;执行工作缺乏力度,许多案件迟迟不能执行完结。嗣后,执纪执法机关的调查处理结果表明,人大代表们对沈阳市中级人民法院的整体性指责确实不是空穴来风,更不是捕风捉影:27名法官和干警因违法审判或违反纪律被追究责任,其中有曾为"十佳法官"和"劳动模范"的。外界评论说,2000年工作报告未获通过作为历史的一页已经翻了过

---

① 参见《光明日报》2000年1月21日。

去,但法院的耻辱并不会就此从人们的记忆中淡去。①

[提示与问题]

1. "三盲"法官和沈阳市中级人民法院的法官腐败,以及后来出现的多名省级法院院长腐败,可以说是中国法律职业的耻辱和悲哀。中国最高人民法院正在进行的法官的职业化,就是试图改变我国目前的法官职业队伍不尽如人意的状况。但是这种改变不是短期内就能够完成的,需要长期的不懈的努力。法官素质中除了专业文化素质外,就是道德素质,专业文化素质可以通过考试来解决,而道德素质的提高怎么解决?文化素质与道德素质总体上呈正相关,但是有很多例外,如何解决这样复杂的问题?

2. 世界上很多国家给予法官优厚的待遇。在美国,联邦最高法院首席大法官的工资与副总统相等,联邦法院的法官与国会议员、政府内阁官员的工资大体相等。在墨西哥,联邦最高法院大法官的工资相当于部长。每个大法官配备两部汽车,并享受医疗补助,法官工资不缴纳所得税。在巴西,联邦最高法院大法官和部长、议员一样,都享有国家最高一级工资。此外法官享有每年60天休假,法官及其家人享有医疗待遇。在我国,法官总体待遇还比较差。你认为高薪养廉可以减少司法腐败吗?

广东省高州市人民法院制定的《高州市人民法院立案庭审判活动"忌语"(试行)》就非常生动形象地反映了法律职业人员的在执业态度上应注意的语言问题。该规范规定审判人员在接待与审理案件时禁止使用以下语言:

1. 你来干什么?有事快说!
2. 简单一点,别那么啰唆!
3. 说了半天也说不清楚,找个会说话的人来!
4. 你这事该谁管,自己去问!
5. 不交诉讼费打什么官司!

---

① 参见章敬平:《整体形象偏低 法官面临信任危机》,载中国新闻网,https://www.chinanews.com/2001-11-29/26/142885.html,最后访问日期:2021年9月16日。

6. 我这是简易程序,不要搞那么复杂!
7. 别一直找我,回去等通知就是了!
8. 别说了,有完没完!
9. 我不听你说,你出去!
10. 别哭了,要哭去外边哭。
11. 别吵了,要吵回家去吵。
12. 出去,出去,我没空!
13. 有意见是吧?那你去告我吧!
14. 别看了!都是你说的,先签名吧!
15. 有什么规定,自己不会去看!
16. 这是领导规定的,有意见你找领导!
17. 再闹,就把你铐起来!
18. 给你调解书,不拿,到时候也生效!
19. 别拿死吓唬人,我才不管你那一套!
20. 你不同意调解,我就判你败诉。
21. (案件审结前)你这个案件,我看肯定会输。
22. (案件审结前)你这个案件,我看是可以打赢的。
23. 不要再说了,我都知道了!
24. 跟你说了半天也不懂,去找律师来!
25. 我是承办人,我的观点就是这样,你自己看吧。
26. 我看不要上诉了,上诉也没用!
27. 你不撤诉,我就驳回起诉。
28. 这个案件你最好撤诉,不然对你不利。
29. 这是领导定的,我也没办法。
30. (在法庭调查时)不要啰唆!
31. 是听你的还是听我的?
32. (与当事人发生争执时)你去向领导反映好了。
33. (对当事人催案子)催什么?又不是我们欠你的!

34.（对申请执行人）干嘛老找法院，法院又不是专门为你开的！①

[提示与问题]

广东省高州市人民法院总结出来的审判"忌语"可以说煞费苦心，用心良苦。其实这些忌语是审判活动中许多法官语言的真实写照，有些甚至成了职业"口头禅"。审判活动是非常严肃的活动，审判活动本身的影响实际上早已经超出了案件本身的结果。法官代表国家履行审判职责，在审判活动中的一言一行都会对当事人产生重要的影响，其所影响的不仅是当事人对法官个人的评价，还涉及对法院的司法水平的评价。因此法官在审判活动中的一言一行事关重大，所谓法庭上面无小事，就是这个道理。你和法官打过交道吗？你听说过对法官的评价吗？结合上面的材料谈谈你的想法。

---

① 《高州市人民法院立案庭审判活动"忌语"（试行）》，载高州市人民法院网站，http://www.gzcourts.gov.cn/xwview.aspx? newsid = e303ab5d394a5fbc，最后访问日期：2024 年 9 月 16 日。

第四章 检察伦理

检察伦理是检察官在履行职责过程中应遵循的行为规范,也可以称检察官职业伦理或检察官职业道德。检察官职业伦理是世界各国检察界共同关注的问题。中外检察官制度名称虽同,但性质有别。在我国,检察官是从事检察事务即法律监督事务的国家官员。检察官职业的这一特殊性决定了检察官职业伦理的内容有别于其他法律职业伦理。

第一节 检察官职业伦理概述

一、检察官职业伦理的概念

检察官职业伦理是指检察官在履行职务过程中必须遵守的伦理规范或行为准则。应从以下三个方面理解这一概念:

(一)检察官职业与道德密不可分

从一般意义上说,检察官是指从事检察事务的国家官员。关于检察官的范围,在我国,根据2019年《检察官法》的规定,检察官是依法行使国家检察权的检察人员,包括最高人民检察院、地方各级人民检察院和军事检察院等专门人民检察院的检察长、副检察长、检察委员会委员和检察员。

职业和职业道德之间有着密切联系,按照伦理学和社会学的观点,单独考察各种职业,每一种职业都担负一定的社会责任,即各有各的职责和分工,而且,每种职业又总意味着一定的社会权力。其无论多少、大小,都是公共权力的一部分,如何行使这些权力,必然会联系到社会道德问题。比如,掌握公共权力是为公众服务或是作为攫取个人私利的工具,很能反映出一个掌握权力的人的"德行",尤其是每种职业在具体运作中常常体现和处理着一定的利益关系。职业是社会整体利益、职业服务对象的公众利益、行业利益和从业者个人利益等诸多种利益的交汇点、结合部,在这交织着多种利益的情形下,如何处理好其中的关系,是每一个"职业"从业者所必然面临的抉择,而其态度和行动,必然反映着道德问题。正是从这个意义上,有学者称,职业道德是以"责、权、利"的统一为基础,以协调个人、集体与社会关系为核心的职业行为准则和规范系统。没有相应的道德规范,职业就不可能担负起社会职能。①

检察官工作作为一种职业同样有职业道德问题。检察工作是一种专门从事检察事务的司法工作,它同样是一种社会分工,同样符合"专人做专事"的职业特征,这里的"专人"就是"检察官",这里的"专事"就是"检察"事务。检察职业既承担一定的社会职责,同时又有一定的社会权力,体现着一定的利益关系,如同任何职业一样,它与职业道德有着不可分割的内在联系。

(二)检察官职业伦理适用于检察官履行职务过程中

任何有职业的人都具有双重属性:一方面,他是社会中的普通一员,作为一个公民面对着社会;但另一方面,他又是社会分工的某一项职业的承担者,作为一个职业者面对公众。当其以公民身份进行活动时,自然应遵守普通的道德规范;而当其以职业身份出现时,换句话说,以职业面目履行社会赋予的权力时,他应该遵守国家和社会赋予这一职业的道德规范。

在现实生活中,每个人都有三大生活领域,即公共生活、职业生活和婚姻家庭生活。为调整和规范这些领域中的关系,相应地形成了社会公德、职业道德和婚姻家庭道德。社会公德、职业道德和婚姻家庭道德是相互联系又相互区别的道德规范。就社会公德而言,有广义和狭义之说。广义的社会公德是指反映阶级、民族或社会共同利益的道德,它包括一定社会、一定国家特别提出和实行的道德要求,甚至还以法律规定的形式,使之得到重视和推行。狭义的社会公德特指人类在长期社会生活实践中逐渐积累起来的、为社会公共生

---

① 参见沈忠俊、刘同华编著:《司法职业道德》(修订版),中国政法大学出版社1999年版,第25页。

活所必需的、最简单、最起码的公共生活准则。它一般指影响着公共生活的公共秩序、文明礼貌、清洁卫生以及其他影响社会生活的行为规范。① 在现实生活中,尽管"物以类聚,人以群分",但处于同一时代的同一社会环境的社会成员,为维持社会的起码生活秩序,必须遵守社会所需的生活规则。职业道德就是在一定的职业活动中所应遵循的具有职业自身特点的道德准则和规范。婚姻家庭道德是恋爱婚姻家庭领域中应遵循的道德准则和规范。三种道德规范之间具有联系和相同点,但又有区别。三种道德规范调整着不同的对象,适用于不同的范围。就某一个特定的人来讲,他/她可能扮演不同的角色:当作为普通公民时,应遵循公共道德;当作为职业人员时,应遵循职业道德;当作为婚姻家庭中的一员时,应遵循婚姻家庭道德。但是,绝不能将三种道德规范混淆在一起,或将三种角色的道德规范混同使用。

如同其他职业道德规范一样,检察官职业伦理适用于检察官履行职务的过程中。易言之,检察官履行法律赋予的权力,扮演"检察官"职业人这一角色时,检察官职业伦理才对其适用。当检察官未以"职业"身份出现,而是以普通公民身份或以婚姻家庭一员生活时,检察官职业伦理规范就失去意义。②

(三)检察官职业伦理是检察人员必须遵循的道德规范和行为准则

与普通的道德规范不同,职业道德有范围上的有限性、内容上的稳定性、形式上的多样性和效力上的准强制性,它是检察人员必须遵守的道德规范。对检察人员来讲,除了法律必须遵守外,职业道德也是必须遵守的。检察官职业伦理普遍融合了国家、社会和公众对检察官从业的道德期许,它是完成检察工作必须遵循的规范。除《检察官职业道德基本准则》的条文内容外,它常常表现为检察界的公约、誓词或纪律。如若违反,也必将受到纪律或行政处分。

---

① 参见巩献田主编:《法律基础与思想道德修养》,高等教育出版社2000年版,第254页。
② 这也许与法官职业道德的要求不同。

二、检察官职业伦理的历史发展

检察官职业伦理是随着检察官职业的产生而出现,并随着检察官制度的变化而变化的。

(一) 检察官职业伦理的起源与发展

法国自 12 世纪初期开始,就出现了代表国王参加诉讼的"代理人"。他们受国王的指派处理其私人事务。后来这种代理人逐渐发展成为代表国王向法院提起民事诉讼的人。到 13 世纪中叶,代理制度又扩大到刑事诉讼领域,即由代理人起诉刑事犯罪案件。在国王腓力四世(1268—1314)在位期间,法国封建社会发展到中央专制集权阶段。为了监督各封建领主,更好地维护国王的利益,1302 年,腓力四世颁布敕令规定,国王代理人须和地方官吏同样宣誓,并以国王的名义参加有关国王利益的一切诉讼,国王代理人从而成为国家官吏。法国 14 世纪的国王代理人制度,是检察官制度乃至检察制度的雏形。鉴于当时实行的是"纠问式"诉讼模式,缺乏追诉权与审判权的严格区分,且国王代理人主要代表国王而非公共利益,因而不是现代意义上以"公诉权"为核心特征的检察制度。现代意义上的检察官制度是按照 1808 年制定的《刑事诉讼法典》确立的。这一法典又称《拿破仑治罪法典》,它将审前程序的主持者确立为公诉官和预审法官,前者负责追诉犯罪,后者负责审问。不经公诉官请求或被害人告诉,预审程序不得发动,这种制度与从前的国王代理人制度已有重大差异,因而具有了现代以"公诉权"为特征的检察官制度特征。法国这种检察官制度模式被大陆法系国家所借鉴和采用。

英国检察官制度具有自身的特点。在英国,13 世纪 40 年代至 80 年代,出现了国王律师和国王法律顾问,代表国王就有关皇室利益的财产诉讼和行政诉讼案件进行起诉。1461 年,国王律师改名为英国总检察长,国王法律顾问改名为国王辩护人。1515 年,国王辩护人又改名为英国副检察长。他们对杀人案件、破坏皇室利益的案件以及开除皇家官员、偿还土地等案件进行调查、起诉和听审。1827 年,英国增设追究破坏皇室利益以外案件的检察官。1879 年,英国颁布《犯罪追诉法》,规定设置公诉处为国家检察机关。① 英国这种检察官制度模式被英美法系国家所借鉴。

随着检察官职业的出现,其职业道德问题自然被提上了议事日程。检察官职业在资本主义初期出现,这一时期资产阶级的主要任务是消除封建制度残余、巩固和发展资本主义制度,所以,检察官的职业道德也被打下了这一时代烙印。资产阶级思想家提出了"严格执法"和"严格守法"双重道德规范。"严格执法"为17世纪的英国掘地派领袖杰拉德·温斯坦莱提出,他认为"严格执行法律是政府的生命"②。强调要严格执行平等原则,不论是公职人员或是平民百姓都应严格执行法律的各项规定。所有执法者只有依法行使职责的义务,而没有超越于法律之上的权利。执法人员应该无私,把国家的法律当作自己的意志去执行。而18世纪的法国资产阶级启蒙思想家卢梭则强调,一切统治者都应是"法律的臣仆……由于他享受法律的一切好处,他若强制他人遵守法律,他自己就得更加严格地遵守法律"③。即先正己,后正人。而另一位法国启蒙学者摩莱里则认为,如果执法者不洁身自好,敢于以身试法,玩忽职守,法律本身将剥夺他们的一切权限。④ 无论是检察官"严格执法"还是"严格守法",强调的都是法律至上、法律至尊,确定的是法律面前人人平等等资本主义基本法律思想和伦理道德规范,它是对封建制度伦理道德的否定,也是与资产阶级初期的政治、经济、法律思想以及人文环境等密不可分的。

随着资本主义社会的发展,对司法人员的职业道德要求也有了新的发展和进步。世界各国无论大陆法系国家或英美法系国家,20世纪前后,在制定了详尽的法官职业道德、律师职业道德的同时,也制定了检察官职业伦理。尤其是,1990年9月7日,第八届联合国预防犯罪和罪犯待遇大会审议通过了《关于检察官作用的准则》,经联合国大会决议批准,该准则已经成为世界各国检察官行为准则的

---

① 参见龙宗智:《检察制度教程》,法律出版社2002年版,第23—29页。
② 《温斯坦莱文选》,任国栋译,商务印书馆2009年版,第141页。
③ 〔法〕卢梭:《论政治经济学》,王运成译,商务印书馆1962年版,第9页。
④ 参见沈忠俊等编著:《司法道德新论》,法律出版社1999年版,第40—43页。

范本。

该准则综合了世界各国的检察官职业伦理内容,就世界各国已达成共识的内容作了进一步的概括和归纳,并根据检察官制度的发展状况提出前瞻性的要求。这是国际社会对检察官履行职责的最低要求。该准则就检察官的行为准则提出了七个方面的要求:一是根据法律和法律授权积极发挥职能作用;二是公平地依法办事,尊重和保护人的尊严,维护人权,特别是犯罪嫌疑人和被害人的诉讼权利,确保法定诉讼程序和刑事司法系统职能的顺利运行;三是不偏不倚地履行其职能,避免任何形式的歧视;四是保证公共利益,适当考虑犯罪嫌疑人和被害人立场;五是保守职业秘密;六是维护法治权威,注意对公务人员所犯罪行特别是对贪污腐化、滥用权力、严重侵犯人权和国际公认的其他罪行的起诉与调查,拒绝使用通过非法手段获得的证据,尤其是通过拷打或者残酷的、非人道的,或有辱人格的待遇或处罚,或以其他违反人权办法获得的证据,检察官不仅应当拒绝使用,而且应当采取一切必要的步骤确保使用此类手段的责任者被绳之以法;七是在充分尊重犯罪嫌疑人和被害人人权的基础上适当考虑免予起诉、有条件或无条件地中止诉讼程序,或使某些刑事案件从正规的司法系统转由其他办法处理,特别是对少年,应尽量考虑非起诉的处理办法。这些行为准则是检察官发挥作用的最基本的保障,是不同制度的国家、不同制度下的检察官必须共同遵守的基本准则。①

(二)我国检察官职业伦理的历史发展

我国奴隶社会和封建社会均无检察官制度之说,只有与检察制度在形式上、职权上具有某些相似性的"古代御史监察制度"。"御史"之名,在西周官职中即已出现,但只是在君主左右掌管文书档案和记事的史官。战国时,各主要国家都设御史。秦时御史,相当于副丞相,其职责为监理诸郡、察地方违法事宜。自此以后,历朝历代均设有此官职。至清代时御史职责有三:一是肃正纲纪,纠弹百官,即

---

① 张智辉、[加]杨诚主编:《检察官作用与准则比较研究》,中国检察出版社2002年版,中文序言第5页。

对封建官吏是否尽忠于皇帝和有无违法失礼实施监督；二是对大臣及百官的任免具有向皇帝的建议权；三是参与刑事案件的侦讯、审理和评议，并巡视州县的诉讼，实行审判监督。以担当"公诉权"为职责，维护公益的现代意义上的检察制度发端于清朝末年。1906年，清王朝仿照西方资本主义国家权力分立的原则，建立了行政、司法、立法分立的体制，由此建立了现代检察官制度。当时规定检察官的职责有四项：一是实行搜查处分；二是提起公诉；三是监督审判的执行；四是作为诉讼当事人或公益代表人，实行特定事宜。清王朝灭亡后，民国政府借鉴了这些规定，继续确立检察官制度。

自清末始至民国止，与当时半封建半殖民地的社会性质相适应，检察官乃至整个司法职业的道德问题不能不反映或体现其时代特征。这一时代检察官职业伦理有一个共同的特点，即一方面大量引入资产阶级的法理原则，例如，根据法律面前人人平等原则要求检察官等司法人员对旗人汉人"一体同科"，以求建立公正平允的法律新秩序；另一方面，在职业道德中又大量充斥着封建社会的纲常礼数，以维护君主专制制度。

在中国历史上具有鲜明革命性和人民性的包括检察官职业伦理在内的司法职业道德，产生于革命根据地时期，历经工农民主政权、抗日民主政权和解放区民主政权三个阶段。这一时期的检察官职业伦理并未构成单独的序列，而是所有司法人员遵循共同的职业道德。这些职业道德包括：一是平等，即法律面前人人平等原则，不但为法律准则，也为道德准则；二是人道，即对罪犯实行革命的人道主义，一言以蔽之，"把犯人当人看"，即尊重罪犯人格，不打骂、不体罚、不虐待，并保护其合法权益；三是"便民"，相信群众，依靠群众，便利民众解决冲突和纠纷是人民司法的一大特色。

中华人民共和国成立后，人民检察官制度得以建立，但随着政治形势的变化，我国检察官制度在20世纪50年代后半期受到漠视，这种状况至20世纪60年代中期发展到了顶峰，随后，检察机关被取消达10年之久，检察官制度根本无从谈起，更不用奢谈检察官职业伦理了。至20世纪70年代末恢复检察制度以后，检察官制度乃至检察官职业伦理问题仍未提到议事日程上来。1995年2月28日第八届全国人民代表大会常务委员会第十二次会议通过了《检察官法》,昭示着新中国检察官制度的确立。随之,检察官职业伦理问题作为检察官素质问题的一部分始被重视起来。特别是随着依法治国和以德治国作为党的战略方针被提出并付诸实施,为检察官制度建设和检察官职业伦理的确立提供了广泛的理论支撑,自此,检察官职业伦理问题成为新时期检察队伍建设的战略重点之一。

近十多年来,检察官的职业伦理和职业纪律规范有了相当长足的发展和进步,最高人民检察院出台了内容丰富全面的一系列规范检察官职业行为的道德和纪律的规范性文件。目前这类职业规范主要包括:《检察官职业道德基本准则》《检察人员纪律处分条例》《廉洁从检十项纪律》《人民检察院刑事诉讼规则》《人民检察院司法责任追究条例》和《检察人员任职回避和公务回避暂行办法》,等等。这些规范性的检察职业道德文件的出台和实施,说明我国检察官的职业道德建设已经迈上新的台阶。目前,中国检察系统正在进行检察官员额制度和工资制度改革以及检察人员的司法责任制度改革,其中对于检察官的职业伦理和纪律规范都提出了更高更新的要求。

纵观中外检察官职业伦理的发展状况,有以下几个方面的结论:第一,检察官职业伦理发展与检察官制度有着天然的依附关系。当检察官制度存在时,检察官职业伦理问题才能浮出水面,当不存在检察官制度时,其职业道德问题也自然无人问津。第二,不同性质的国家有不同的检察官职业伦理内容。作为上层建筑,职业道德的性质是由经济基础决定的。不同的经济基础之上检察官有不同的职业道德要求。第三,职业道德还有相通性。尽管不同性质的国家的职业道德不同,但并不妨碍检察官职业伦理之间的承继关系存在。在中国历史上检察官制度确立较晚,职业道德建设起步迟,可承继的内容屈指可数。但是,古今中外的检察官职业伦理都是可借鉴和吸纳的对象。

三、检察官职业伦理的特点

检察官职业伦理是既不同于普通的道德规范,也不同于其他法律职业的职业道德规范的特殊道德规范。这种特殊性,从根本上说是由检察机关的性质和检察官的职业特殊性所决定的。

关于检察机关和检察官的性质问题,中外有别。在国外,检察机关一般被视为享有"公诉权"的特殊行政机关。由于司法权专属"审判机关",因此,检察机关不属司法机关,检察官也是如此。检察官是担当"公诉"任务的行政官员,履行职务时具有"上令下从,职务收取和转移"的行政权特征。在我国,检察机关是国家法律监督机关,对法律的遵守和执行情况进行监督,以维护法律的统一实施。检察机关和检察官性质的不同,根源是国外按"权力分立"的理念和框架建立国家机构,而我国是以人民代表大会制为基本政治制度来建构的。人民代表大会是国家权力机关,它产生和监督"一府两院"即政府、法院、检察院。因此,检察机关是一个与政府和法院等平行设置、独立行使检察权的国家机关。它在人民代表大会的监督下进行工作,对包括政府、法院在内的所有国家机关、团体、企事业单位、个人的执法和守法情况进行监督。当然,在具体进行监督时,根据对象的不同,监督的模式特性也不同。具体说,对于一切个人和组织,检察机关的监督为犯罪监督,即检察机关对于个人和组织的一般违法行为不予干预,因为这属于行政执法的对象和范畴,只有达到犯罪的程度,检察机关才行使刑事追诉权,将其提交法院审理和裁决。对于国家机关的执法监督,其对象是审判机关、侦查和执行机关的执法活动。而对于除此之外的一般行政机关的一般违法活动,检察机关也不予干预,因为这属于行政监督和行政诉讼审查的问题。检察机关依照法定授权和法定的程序,在诉讼活动中发现和纠正违法的活动,包括刑事诉讼活动中对侦查的监督、审判活动的监督和刑罚执行活动的监督以及对民事审判和行政审判活动的监督。

由此可以说,对检察机关而言,由于法律将它定位于法律监督机关,并将审判机关、侦查机关和执行机关的执法纳入监督的范围,它还要对所有国家机关、团体、企事业单位和个人的犯罪行为进行监督,因此,检察机关"地位"特殊。检察官职业也相应特殊,具体来说,其一,权力更大。权力性,指司法工作者代表国家履行职能或行使权力,具有四点共性,即命令、决定、强制、执行。这是司法职业的共同特征。检察官职业的权力性更大。司法职业本身权力就大,检察官不但行使这些权力,同时又对其他的司法机关进行监督,由此可见其权力的特殊。其二,社会性更广。司法职业活动具有社会性,一般意义上是说,司法职业活动涉及社会生活的广泛领域,同时其活动直接关系到社会的稳定和发展。而检察官职业的社会性更广泛是指:一方面,自己的活动具有上述特性;另一方面,它还通过"监督"手段更深层次涉足别的司法机关不曾涉足的领域。其三,政治性更强。司法工作历来被视作人民民主专政的工具,是国家政权的支柱之一。而由于国家设立检察制度的目的为保证"国家法制的统一",因而,检察官职业政治性更强。其四,易腐性更甚。司法职业由于种种原因,很容易产生被腐蚀的危险。而检察官职业由于其特殊性,形成了检察官监督他人,但是对检察官缺乏监督的局面。在我国现实生活中,检察官在法律层面上属于单向监督,即他能监督别人,别人无法监督他。而脱离了法律层面的监督,权力极易走向腐败。这已是无数事实证明了的规律。

由此可见,检察官职业较之一般的司法职业具有特殊性,因而其职业道德也具有特殊性,表现为:

第一,更大的责任性。权力与职责是成正比的。权力越大,职责或责任越大。检察官在国家社会生活中,权力甚大。国家法律赋予了检察官以特殊职权,检察官必然承担特殊的更大的责任。检察官活动既是司法活动,同时又是法律监督活动。司法活动方面,其一举一动都关系到国家的安全和社会的稳定,关系到公民人身权利、财产权利及其他合法权利的保护问题。在法律监督方面,检察官要保证国家法律的统一实施,以维护国家长治久安。如果检察官能严格地按照法律规定行事,法律就能发挥应有之作用;反之,则产生巨大的负面效应。因此,比较一般的职业道德,尤其是司法职业道德,检察官职业道德具有更大的责任性。

第二,更特殊的示范性。检察官职业既执行法律,又监督法律实施。当执行法律时,检察机关和其他司法机关并无两样,必须按照法定程序、步骤进行工作。但当监督法律实施时,则处于一种"超然"的位置,同时也是公众聚焦点。检察官职业伦理的优劣,不仅关系到司法工作是否廉洁高效地运行,更关系到公共利益、国家利益的保护,甚至关系到国家长治久安。因为,如果人们从"管人"的人那里得不到足以取信于社会和公众的信息,自然容易离经叛道,离心离德。反之,如果检察官坚决依法办事,秉公执法,一身正气,被人们视作"正义"的化身,自然又有相对应的效果。检察官的职业道德应当是较一般职业道德有更特殊的示范性,它应当比一般的职业道德更严,内容更加科学、合理,以成为整个司法队伍的"范本"。

第三,更大的强制性。道德规范主要是靠舆论、传统习惯和内心信念起作用,主要是靠人们的自觉遵守,从而与强制推行无缘。但司法职业道德,尤其是检察官职业道德则在很大程度上是靠强制性实现的。这些强制性包括:一是法律的规定。如我国《检察官法》中对检察官职业伦理问题作了规定,从而把道德伦理、规范、准则上升为法律,使之具有与法律同等的效能与作用。法律的规定将检察官职业伦理从道德规范转化为法律规范,从而具有道德和法律规定双重属性。这种情况下,检察官职业伦理就不是检察官内心遵循与否的问题,而是必须遵循的法律义务。二是将职业道德规范的遵守与纪律挂钩。不遵守检察官职业伦理规范,将为检察纪律所不容,受到纪律处分。

为什么检察官职业伦理具有强制性特点?因为检察官假如违反了职业道德准则,出现以权谋私、贪赃枉法、玩忽职守和滥用职权等,将使国家的法律监督机制失去意义。此外,检察官身处社会生活中,而我国正处在新旧体制转轨期间,社会风气不一,法律权威尚未完全树立,检察官队伍中有滋生和蔓延不正之风的现象。在此情况下,在涉及检察官职业伦理时,应不失时机地通过规范和说服教育进行引导,但与此同时,也要在制度上以强制手段执行职业道德规范,方能见效。

四、检察官职业伦理的作用和意义

(一)检察官职业伦理建设是"依法治国"方略的具体落实

"依法治国"是党和国家提出的战略口号,它是在特定的历史时期和特定的历史条件下提出的治国方略。这一治国方略的实施,极大地促进了中国民主与法制化建设的进程,使我们国家向法治国家迈出了一大步。但是,随着社会主义市场经济体制的建立,社会机制面临转轨问题,各种社会矛盾和问题层出不穷,特别是以西方为代表的外来文化和意识形态的侵入,使我们国家在发展过程出现了许多的社会矛盾和问题,这就引出了人类社会治理的最基本手段,也是人类社会生存的精神动力和人类的文明底线——道德问题。

检察官的职业行为涉及社会生活的方方面面,公众是通过检察官的职业行为来了解检察机关和检察官职业的。因此,建立检察官职业伦理,使检察官树立高尚的职业道德,对于履行检察工作职责和建立法治国家,都有促进作用。

(二)检察官职业伦理建设是检察官履行检察职能的必然要求

检察官在履行检察监督职责过程中,必然同社会各界、各类人员发生各种社会关系和职业联系。对这些关系的调整处理,当然需要法律,但也需要检察官职业伦理。例如,对于检察官与法官的关系,检察官与律师、侦查人员、当事人和诉讼参与人以及社会公众的各种关系的处理,仅有法律是不够的。因为法律的性质决定了它不能将所有的社会关系事无巨细地全部罗列出来,日常的、大量的司法活动还要靠职业道德去调节。党的十八届四中全会指出,检察机关在履行职责中发现行政机关违法行使职权或者不行使职权的行为,应该督促其纠正。[①] 检察官掌"生杀予夺"大权,这正如同一把"双刃剑",运用得好,则能保证社会和国家的安全、健康、有序发展;反之,则损害公众利益,对国家发展和社会进步造成妨害。而能否达到好的效果,关键取决于检察官职业伦理水平的高低。检察官职业伦理水平高,则使权力运用达到匡扶正义目的;反之,检察官道德水准低,将使检察职能变成危害公众的工具。

(三)检察官职业伦理建设是保证国家长治久安的需要

道德与国家长治久安是有联系的。在中外历史上,凡道德沦丧、世风日下之时,也正是社会矛盾突出、社会不稳定之日。因此,道德,

---

① 参见中共中央文献研究室编:《习近平关于全面依法治国论述摘编》,中央文献出版社 2015 年版,第 80、81 页。

尤其是公职人员的职业道德在保证国家长治久安方面有其特效。在中国历史上，早在古代，思想家就将社会廉耻等道德体系与国家的安危联系在一起，从"克己复礼"到"三纲五常"，从"无为而治"到"禁欲主义"等封建传统道德体系，被视为维护社会稳定和促进发展的精神支柱。

检察官职业伦理更是与国家的长治久安联系密切。检察机关作为法律监督机关，应该是法治的守护神，是正义的化身，也是处理和化解社会矛盾冲突的场所，更是弱者寻求法律帮助之处。检察官具有良好的职业道德，担当守护"正义"之责，就能使矛盾得到化解，正当权益得到保护，法律天平得到平衡。如果没有良好的、高尚的职业道德，对社会冲突视而不见，或不能秉公执法，甚至知法犯法，贪赃枉法，检察机关就会失信于民，进而使公众对法律漠视和对国家失去信任，并危及国家政权的安全。所以，建设检察职业道德在保证国家长治久安方面具有战略意义。

第二节 忠诚规范

忠诚是指忠心与实在的良好品质，其具体含义可表述为真挚诚实、忠贞不贰、言而有信、一诺千金等。"忠诚"是我国古已倡导的传统美德。远的如孔子的"言忠信，行笃敬"，儒家所倡导的"仁、义、礼、智、信"等，几千年来一直被遵循和延续，并深深地扎根于民众的思想意识之中。近的如推翻反动统治制度的无数仁人志士，抛头颅、洒热血，忠诚于理想，忠诚于"主义"。忠诚既是对公职人员道德的一般倡导，也是对检察官的特别要求。自检察官职业诞生的那一天起，它就是国家利益、公共利益和人民利益的守护者。唯有忠诚，方能完成守护者的职责。也唯有忠诚，才能不辜负检察官的称号。

"忠诚"的品德有以下具体内容：

1. 忠诚于党、国家和人民

忠于党。中国共产党是全国各族人民利益的忠实代表，是中国特色社会主义事业的领导核心。党的这种地位在宪法和法律上已经得到确认。忠诚于党，就是坚定对党的信念，执行党的指示，维护党的声誉,服从党的领导。

忠于国家。国家是阶级社会的产物,是法律的制定者和权力的象征。国家的意志制定为法律,需要包括检察官在内的司法人员去执行。法律绝不能脱离国家而存在,检察官等司法人员是国家权力和意志的代表和具体执行者,因此,检察官必须无条件、毫不保留地忠诚于国家。

忠诚于人民。人民是国家的主人。忠诚于人民就是要顺乎民心民意,关心人民疾苦,给人民一个安全的生活环境,这是忠诚于人民最本质、最实际的内容。一切以"人民拥护不拥护,高兴不高兴,赞成不赞成,满意不满意"作为检验检察官工作的标准和尺度。

忠诚于党、国家和人民是统一的,不存在三者割裂的问题。党和国家、人民是不同的法律范畴,但在具体执行中,三者又是统一的。党是国家的领导核心,是人民意志的集中代表。从政治学角度看,党和国家是不同的范畴。但在我国,由党作为国家的领导核心是具有宪法和法律依据的,而且在现实中,党在国家生活中实际发挥着领导作用。而从人民的角度看,国家是人民的国家,人民是国家的主人,党又是人民利益的忠实代表。因此,三者联系密切,很难将它们割裂开。具体到检察官履行"忠诚"道德义务时,自然也不能分割开。

2. 忠诚于宪法和法律

宪法是一个国家的根本大法,而各项法律制度是宪法原则和精神的具体化。在我国,宪法和法律是党和人民意志的集中反映,是为维护国家、民族和人民利益,维护社会正常发展秩序服务的。宪法和法律的实施是通过包括检察官在内的司法人员进行的。从这个意义上讲,忠诚于宪法和法律是忠诚于党和国家、人民的,也是"忠诚"内容的更进一步具体化。

忠诚于宪法和法律是检察官的天职。宪法和法律是检察机关和检察官进行职业活动的依据。检察官的一切职务活动都是时刻围绕着宪法和法律进行的。宪法和法律是检察机关和检察官的工作武器和工具,也是其存在的根据。检察官作为法律的执行者和实施者,是法律的人格化或人格化的法律,其灵魂就是宪法、法律,思想就是宪法和法律条文。离开了宪法和法律,检察官就失去了灵魂,其职业活动就失去意义,也就寸步难行。因此,忠诚于宪法和法律对检察官而言是毋庸置疑的。

在我国,检察官是法律和法律监督的具体实施者。也就是说,一方面,检察官自己在实施着宪法和法律的基本要求,而另一方面,还要监察和督促国家机关、团体、企事业单位和个人自觉地遵守和执行法律。如有违反,检察官将通过行使检察权纠正这种越轨。检察官与宪法和法律的这种特殊的关系更进一步要求检察官忠诚于宪法和法律。

忠诚于宪法和法律在实施和操作中有具体的内容,这就是"有法可依,有法必依,违法必究,执法必严"。所谓"有法可依",是针对立法而言的,它要求有一个比较完备的法律体系。所谓"有法必依",是说检察官在履行其职务活动中,要按照国家已经制定颁行的法律、法规进行执法活动。"违法必究"是说对违反法律的人,必须给予法律追究,绝不容许逍遥法外,逃避法律的惩处。"执法必严"是说检察官严格按照法律规定履行职责,具体指依法立案、侦查、起诉以及进行法律监督。

3. 忠于事实真相

对于检察官的具体工作来说,除法律外,事实问题也是一个十分重要的问题。"事实"是检察官处理案件的依据,法律则是处理案件的准绳和尺度。离开了"事实",法律的适用就失去了对象和依据,律的准绳和尺度作用也无从谈起。忠于事实,是说检察官处理案件时,应该按照事实所呈现的状态去认定,既不夸大,也不缩小。不能为满足一己之利或屈从于某种压力而人为地改变案件事实,或人为地进行淡化处理,"大事化小,小事化了";或人为地上纲上线,枉法追究。总之,事实是什么样,就按事实的原样去认定。

忠于事实真相是检察官基本的道德要求。"说实话,办实事"是我国历史上传统的做人的道德规范。脱离了事实真相去进行活动,无异于恣意妄为,使法律成为"玩偶",这是法律工作的大忌,同时也是检察官法律监督工作的大忌。因为离开了事实真相去适用法律将是对法治的最大嘲弄和破坏。

当然,解决事实真相的客观问题不是一蹴而就的。在众多的案件中,事实真相往往是和假象混同在一起的。造成这种状况的原因有客观和主观两个方面:一方面是检察官的主要工作——刑事诉讼中犯罪分子的逃避打击心态外化所致,常常给侦查起诉工作出难题;另一方面,事实真相的认定过程是一个认识过程,而认识过程是一个十分复杂的思维活动。由于认识能力所限,常常力不从心,因此,许多案件呈现于检察官面前的常常是"真真假假、虚虚实实"的证据材料。在这种情况下,检察官需要许多的素质条件,但最关键的还是作为司法人员的最基本的操守,即忠诚于事实真相。实践证明,检察官认定案件可能是对的,也可能是错的,但他只要本着忠于事实的道德要求去做,就是最佳选择。

4. 爱检敬业,恪尽职守

(1) 检察官应有责任心。"责任心"是履行好检察职责的基础。不能设想,一个不负责任、以漫不经心态度对待检察工作的人会履行好检察职责。同时,责任心也是工作绩效提高的重要因素。没有责任心,工作将拖拉和无明显的成就。因此,考察检察官是否"敬业"时首先应考察其有无"责任心"。"责任心"并非可望而不可即的事物。根据学者的研究成果,"责任心"的判定有以下标准:一是对每一项职责,事无巨细,不论其重要程度如何,不论性质如何,是否给予同样的关注;二是是否利用一切合法手段,防止事务拖延处理;三是从维护法律秩序的角度出发、从保护国家公共利益和当事人合法权益出发,并在适当处理两者之间关系的前提下安排实施一切活动。

(2) 检察官应致力于履行检察职责。这就是说检察官应当把检察事务置于一切事务的首位,把主要精力投入履行法律监督职责之中。对于一个检察官来说,履行检察职责是所有事务中的头等大事。当其他任何事务或个人爱好与检察职责发生矛盾或冲突时,都应将其置于检察职责之后。

此外,检察官致力于履行检察职责还应处理好以下几个方面的关系:一是妥善处理本职工作与其他公共职责的关系。检察官的本职工作是检察事务,但除此之外,还有一些与检察工作没有直接关系的诸多公共事务,可能会占用检察官的时间、精力,从而影响本职工作。其中有些是纯粹无偿地去尽义务,有些则是有偿的劳动。无论有偿与无偿,过多的公共职责活动将影响检察官职务的履行,必须引起检察官的注意。二是适当调整本职工作与业余活动的关系。本职工作和职务活动在很多时候或很多情况下是与业余活动矛盾和冲突的。人的精力又是有限的,一个检察官,如果将精力和时间投入本职工作,必然减少在业余活动上倾注的精力和时间。反之,则会将过多精力、时间放在与检察工作职责无关的业余活动上,必然影响本职工作的履行。

(3)检察官应增强工作绩效。司法绩效是司法工作的成绩和效果。检察官是否敬业不是体现在说辞上,也不在于是否夸夸其谈,或做做样子,而是有一个实质性的标准,即检察工作绩效如何。不以绩效作为判断标准,就失去了敬业与否的判断意义。所以,检察工作绩效高低将是检察官敬业与否的标志。而要做到敬业,必然想方设法倾尽一切力量促使工作绩效提高。

要提高检察工作绩效,从爱检敬业角度考虑应当使检察官具有非凡的工作能力。只有工作能力提高,工作绩效才能提高。因此,检察官必须勤奋地钻研业务知识,虚心向书本学习,向同行学习,精益求精,掌握履行检察职务必需的法律知识和技能。从理性分析,任何人都要终身学习方能跟上时代步伐,而不被淘汰。尤其是由于制度和历史的问题,我国检察官队伍的文化素质、知识技能并不令人乐观。在这种情况下,要想完成检察工作职责,只有学习、学习、再学习,才是唯一出路。

(4)检察官应有职业良知和荣誉感。职业良知或良心是指具体领会和感知社会对其的要求并有着为社会尽具体义务的明确意识。职业良知或良心是在个人一般良心基础上形成的,在检察官职业伦理中占有重要地位。可以说,没有职业良心,就没有职业道德。它是开展检察工作时达到敬业道德水平必须具备的情感和动力,既可以使检察官更好地履行自己的义务,又可以更好地规范检察官的职业行为,比如职业良心可以促使检察官有责任感、是非感。

荣誉感,则是个人履行义务之后受到社会赞扬、肯定,从内心获得的一种价值认同和情感上的满足。一般的规律是如果一个人没有荣誉感和羞耻心,就不会产生进取、努力向上或不甘落后的心理意识和行为,也就不会对自己的职业产生神圣感和责任感等。

第三节 公正规范

公正是指检察官履行职务时应避免事实和法律以外的因素的消极影响,平等地对待诉讼各方。公正成为检察官职业伦理的内容之一,源于以下特殊的考虑:

其一,由检察官的工作性质决定。在我国,检察官的工作除公诉外,还有两项重要工作,即侦查和监督。就侦查而言,检察机关的侦查对象指向司法机关人员的渎职犯罪。渎职类犯罪主要涉及司法人员的刑讯逼供、伪证等妨碍正常司法的非法行为。主体当然是有职务的司法人员。与一般犯罪相比,这些人具有拥有一定权力,有较高的知识文化水平,反侦查能力强,心理素质好等诸多特殊之处。因此,工作难度之大、危险程度之高、案件复杂性之强与杀人、抢劫等恶性刑事案件相比有过之而无不及。尤其是,复杂的社会关系造就了职务犯罪者背后一定的"关系网"和"势力圈",与检察官的侦查相对抗、较量。监督工作同样也是一个充满着监督与反监督的艰苦困难的工作。监督即法律监督,是指对所有国家机关、团体、企事业单位、公民个人执法、守法的情况的监督,具体分作两类:一类为对有关的国家机关执法活动的监督,系指对法院、侦查机关和监狱等执行法律情况的监督。另一类为对所有的国家机关、团体、企事业单位、个人遵守法律情况的监督,这是指不遵守法律到了犯罪程度由检察官进行干预。

其二,现行的执法机制不顺。现行的检察官执法机制存在许多问题,其中关键在于检察领导体制问题给检察官履行职务出了许多难题。根据现行检察工作体制的要求,检察官须服从检察长领导,而检察工作又受地方政府人、财、物的制约和影响。每起公诉犯罪案件、每项法律监督工作都多多少少受到各种阻挠和干扰。这种情况下,检察官若无一个公正的道德标准,十案有九案不能办下去。从全国查处的大案要案情况来看,许多涉及地方关系的重大案件查办过程中都存在上述现象。因此,执法机制存在的问题须由职业道德规范来弥补。这些案件查办过程中都有这么一个规律:检察官公正的道德规范对促使案件解决起积极作用。

其三,司法实践中出现的新问题对检察官提出了挑战。比如,"黑恶势力"的出现等。打击"黑恶势力"是公、检、法等司法机关一项艰巨而复杂的任务,而"黑恶势力"的广泛蔓延又为此增加了困难,有些黑恶势力甚至渗透到了公检法机关内部,因此,检察官处理这些案件需要极大的勇气,同时在道德修养上须具备公正的特性,否则,不足以担当此重任。

公正规范的基本内容包括:

1. 崇尚法治

"法治"与"人治"是两种不同的治国理念和模式。"它既是一种理想目标,也是一种现实化的客观运动","在法治中,权力虽然作为一种支配力量而存在,但它必须受到法律的控制。法治把权力与法律的关系置于一种新的格局,法律不但得到权力的有效支持,而且它作为一种非人格化的力量对权力发挥着制约作用。在此基础上,法律(宪法)具有最高效力,具有普遍权威……"[①]因此,崇尚法治就意味着宪法至上、法律至上,而不是权力至上、个人至上。

崇尚法治在检察官的工作中应有如下要求:

(1) 所有检察事务的处理都以法律作为尺度和标准。不能在法律的范围之外,另立标准。

(2) 不偏不倚。法律本身是公正的,执行法律的过程中同样也应该按照法律的这种公正性去进行。

(3) 不枉不纵。检察事务中占相当比重的工作为刑事诉讼工作。在刑事诉讼中,应切实按照法律规定去进行活动,不够罪的不能追究刑事责任。反之,已构成犯罪并需要追究刑事责任的,必须追究。不放过任何一个坏人,也不冤枉一个好人。

2. 客观求实

客观求实是要求检察官办理检察事务,应当从事物的本来面目出发,尊重事实,而不能随心所欲,按照个人好恶和主观想象进行活动。

---

① 王人博、程燎原:《法治论》(第2版),山东人民出版社1998年版,第101—103页。

"客观求实"是我党一贯倡导的思想和工作作风,也是辩证唯物主义哲学观在检察工作领域中的具体体现,是我国司法工作正反两方面经验教训得出的结论。

"客观求实"具体要求如下:

(1) 检察官处理事务应该发挥主观能动性,但必须建立在尊重"事实"的基础之上,而不能脱离事实。

(2) 力戒片面性和表面性。片面性是客观事物认识过程中的大忌。按片面性去进行工作,自然不会有科学的结论。

(3) 不能随心所欲,凭想当然办事。检察事务是一项很严肃的工作,不能不加分析任意行事。

3. 依法独立行使检察权

"检察权"是检察机关职权的总称。依法独立行使检察权是说检察官应在法律规定的范围内,独立自主地行使各项检察职权,不受其他国家机关、社会、团体和个人的非法干涉。这一规范是各项检察工作有效进行的基础和保障。

在我国,检察官依法独立行使检察权是有限度的。第一,检察官独立行使检察权不能排斥国家权力机关的监督。依照宪法和法律规定,国家权力机关有权对检察机关和检察官的活动进行监督。因此,检察官独立是在人民代表大会监督范围之内的独立。第二,检察官独立行使检察权不排斥检察机关的内部领导。检察机关内部上下级之间是一种领导与被领导的关系,检察官不能脱离上级的领导而独立。

4. 法律面前人人平等

坚持对任何人适用法律上的平等即意味着:任何人只要触犯了刑法,不论其出身、民族、种族、职业、性别、宗教信仰、教育程度、财产状况、职位高低和功劳大小,都应追究其刑事责任。我国长达两千多年的封建专制统治,造就了浓厚的"等级"和"特权"意识和氛围,而且,"官本位"文化传统根深蒂固。现实生活中,处理有一定权力的公职人员困难重重就是这种潜意识作怪的结果。而检察官如果不能将触犯刑法者绳之以法,必将失信于公众,有损法律的尊严。

5. 维护实体公正和程序公正

程序和实体是诉讼中的两个基本问题。程序是按照一定的次序、步骤作出决定的过程。① 实体是程序的对称,是指诉讼主体的实质权利、义务。程序和实体公正实质上意味着平等地适用程序法和实体法,这是"公正"的落脚点。"公正"的规范在诉讼中的具体运用最终体现为维护程序公正和实体公正。维护程序公正和实体公正的要求包括以下几方面内容:

(1) 具有法定事由应当回避。检察官与案件有利害关系等情形出现,按照法律规定,应当回避。有利害关系存在,案件就有不公正处理的可能。因此,检察官应当自觉回避,否则,有违职业道德。

(2) 平等对待诉讼各方。检察官在处理案件过程中,对于诉讼各方应一视同仁,不能有任何歧视。

(3) 严格遵守诉讼期间之规定。不人为地拖延诉讼,在诉讼期间内尽快完成诉讼行为。

(4) 禁止检察官接受当事人请吃和送礼。从实际生活来看,一般的请吃、送礼,尚未达到违法犯罪的程度,但这些行为足以影响检察官的立场。表面看来,这是廉洁与否的问题,实质上直接影响公正与否。

第四节 清 廉 规 范

清廉涉及检察官处理公职与私利时的态度,以及如何对待外部的不当利益和维持检察公职的公信力。将"清廉"作为检察官职业伦理出于以下几个方面的考虑:

第一,检察官职责需要。检察官的天职是反对腐败。腐败分子与检察官的关系是"老鼠和猫"的关系。在我国,检察官的职责之一是"惩治腐败",检察机关享有对职务犯罪的侦查权。惩处腐败分子,是检察官的职责。而惩治腐败首先必须保证惩治者不腐败,如果检察官本身不清廉,将使反腐工作无法进行,有时甚至会导致腐败的泛滥成灾。因此,检察官的职责必然要求检察官是清廉的代表或典范。

第二,检察官存在利用公权谋取个人私利的可能。无论从理论

---

① 参见王利明:《司法改革研究》,法律出版社 2000 年版,第 44 页。

上讲还是从实践中看,检察官手中有很大的权力,其行使权力足以影响到利益的分配,由于有国家强制力作后盾,很多情况下,公众不得不服从这一权力的行使。因此,检察官权力使用得好时会带来好的效果,当被检察官不当使用时,有可能变成谋取个人私利的工具。同时,检察官是人,不是神。他生活在社会之中,有七情六欲,有生老病死,要和各种阴暗面打交道,要面对腐败的包围,有被"同化"的危险,有把权力当作谋取个人利益的现实可能存在,因此,更应强调清廉。

第三,检察官履行职务过程中面临"清廉"的困境。据学者分析,当前社会机制处于转轨时期,正是腐败的高峰期。反腐形势不但不容乐观,而且任重而道远。检察官履行职务时,由于素质问题、环境问题等诸多影响,"清廉"起来非常困难。根据中央纪委研究室委托调查的结果,群众心目中的腐败重地有"建设工程、公安、检察院、法院、医疗、教育和组织人事"等五大领域。其中 38.53% 的受访者认为公、检、法问题"比较严重"。[①] 这已经足以说明检察官"清廉"所遇到的难题了。

清廉对实现检察官职业的价值是非常重要的。清廉能提高公众对检察职业的信任度。"公生明,廉生威",如果检察官清廉,则公众对检察官信任感就强;反之,检察官不清廉,将严重降低检察职业的信任度。清廉还能保证检察官的法律监督职责有效地履行。检察官两袖清风,严格自律,不以公职牟取私利,不接受不当利益,则检察官职责的履行将"公事公办",简单而且明了;反之,则将人为地为履行检察职责投下重重的阴影,增加负面的砝码,使自己履行检察职责偏离正确方向。

清廉作为检察官职业伦理准则包含以下基本内容:

1. 法律至上,正确处理好法律与人情、权力之间的关系

一是处理好法律与人情的关系。对于生活在社会之中并面对诸多社会关系的检察官来说,怎样处理好人情与法律的关系是一个经常要面对的棘手问题。检察官也是普通的人,同样有人际交往链条。但是,在人情与法律之间,检察官应当时刻将法律放在首位,以不违

---

① 参见《大河报》2004 年 1 月 27 日。

法作为处事原则。检察官的情应表现为对国家、对人民的热爱和对法律的敬畏。将情置于法之上,徇情枉法,则是对职业的亵渎。

二是处理好法律与权力的关系。法律赋予了检察官权力,检察官履行职务的过程就是运用权力的过程。权力运用的正确与否,判断标准就是法律。也就是说,权力的运用要依法进行,并时刻限定在法律规定的权限范围内,做到不专权、不越权、不弃权;在其位,谋其政,守其位,尽其责。要注意防止两种倾向出现:一是滥用权力,要特权;二是放弃权力使用,行使权力失职。

2. 不贪图或获取私利

这是清廉的重要内容之一。无论人情影响也好,权力是否正当使用也罢,最主要的表现方式还是履行检察职业中检察官是否贪图或获取私利。对检察官来说,在主观上不能存在贪利的意识,在客观上不能存在贪利的行为。

在社会主义市场经济体制的建立过程中,整个社会充满了物质诱惑,"富裕"和"小康"已成为整个时代的标志。如何在物欲横流的社会中,"君子爱财,取之有道",确实是对每个从事检察官职业的人的最大考验。

3. 不得有"不当收入"

所谓"不当收入",一般指法律禁止或职业禁止所得之收入。检察官作为国家公职人员,有其合法收入和正当收入。前者如国家向其支付的劳动报酬;后者指以法律允许的手段获得的收入,如合法投资,从事脑力劳动创作所得稿酬以及民事活动中的继承和亲属间的馈赠,等等。除此之外,检察官不得获取"不当收入"。不当收入的一种表现形式为法律禁止,这意味着,判断收入正当与否的标准是法律。如果法律允许,则为正当收入;如果法律禁止,则为不当收入。至于哪些是法律禁止的,哪些是法律允许的,则依法律规定而定。不当收入的第二种表现形式为"职业禁止所得",这属于广义的法律禁止所得,但又有独立的意义,即前者是法律对一般公职人员所作的设定,而后者则是法律对检察官这一特定职业所作的禁止性规定。如《检察官法》第 47 条第 1 款第 9 项规定不得"违反有关规定从事或者参与营利性活动,在企业或者其他营利性组织中兼任职务",那么,从事营利性经营活动的所得,就是不当收入。

4. 不能兼职从事律师工作

为确保检察官职务的正当履行,保证检察官的清廉,法律明文规定现职检察官不得兼做律师。这有充分的法理依据,因为检察官兼做律师,势必与其公诉人的身份和职责发生冲突。而且,检察官从兼职从事律师活动中获利将影响检察官自身职务的纯洁性。

5. 不能与腐朽现象同流合污

检察官保持清廉形象之要求,除了不能有非分物质贪欲外,精神生活上也应洁身自好。精神生活方面的诱惑同样影响检察官的职业清廉问题。现实生活中,许多人可能在物质方面尚能守得住自己的防线,但在精神方面由于缺乏警惕而被打开了缺口,坠入物欲的泥淖之地。因此,精神方面的清廉特别重要。

精神方面的诱惑最重要的是腐朽的社会现象问题。例如,高消费的生活质量、奢华的生活作风、各种不健康的娱乐方式等都属腐朽现象之列。检察官过多出入这些场所,显然与其身份和地位不相符,并有可能发生权钱、权色、权权等不正当交易,从而给公众留下不廉洁的印象。

理论界对于检察官的精神生活要求问题也有探讨。检察官除了本职工作,也必然有业余生活需要,但现行的机制无法满足这一起码要求,职业道德准则又限制检察官活动。因此,理论界提出了建立检察官俱乐部的构想,使检察官的业余活动限定于一定范围内,最大限度地隔绝外界的不良影响和刺激。[①]

第五节　严　明　规　范

"严明",即严格和文明执法,是对检察官履行职务过程中对待办案的相辅相成的两方面要求:一方面,检察官应当使法律得到不折不扣的执行,但另一方面,又要避免为达到目的不择手段的现象出现。将"严明"作为检察官职业伦理的内容有其必然性,理由如下:

---

① 参见谭世贵主编:《司法腐败防治论》,法律出版社 2003 年版,第 209 页。

第一,它是社会主义法治国家的必然要求。建设法治国家是我国实现社会主义现代化的必由之路,也是党带领人民进行的艰苦探索和孜孜不倦的追求。法治国家要求"一切依法"行事,不能有任何越轨或不到位的情况出现。这既是对社会成员的一般要求,也是对包括检察官在内的执法人员的要求。

第二,它是检察机关的性质决定的。与国外检察机关不同,我国检察机关是法律监督机关。法律监督的目的和实质是保证法律在全社会得到正确统一的实施。这一点对检察机关提出了要求:既然自身担负法律监督的职责,那么,"己不正焉能正人",检察官自身若不依法办事,如何去监督他人依法办事?检察官自身违法办事,任意行事,怎样去向别人提出违法纠正意见?因此,检察机关的性质要求检察官必须是严格执行法律的模范。

第三,检察官执法现实中存在的不尽如人意之处也须借助道德规范解决。在目前,检察机关执法过程中,由于法律定位其是法律监督者,加上现实生活中,权力机关对检察机关的监督往往缺乏实质程序和途径。因此,检察官在执法中,违法和不文明问题时常发生,并且由于体制的影响,这些不文明问题往往不能通过法律途径解决。这在一定程度上影响了检察官的形象,降低了公众对检察机关的信任度。同时,使法律监督的效果不尽如人意。这些都是检察机关执法过程中的一些反常现象,若不能及时处理,势必给检察工作带来更大的危害。

第四,"严明"也是检察机关长期工作经验的总结。某些地方检察机关在工作中,根据自身工作性质和特点,提出了这一办案过程中的工作规范并于实践中运用,收到了明显的工作效果和社会效果。反之,不注重这一工作规范者,往往在工作中会出现偏差。"严明"是一个矛盾统一体,它是在检察官办案或执法过程中必须注重的两个方面。仅注重了"严格"而忽视了"文明",或仅注重"文明"忽视"严格"都是不可取的。

"严明"规范包括以下具体准则:

1. 严格执法

法律是公正或正义的体现。严格执法正是体现法律的公正。检察官作为执法者,应当保证这种公正,坚持在对任何人适用法律上的平等。任何人只要触犯了刑律,都应对其追究刑事责任。

2. 文明办案

(1) 犯罪嫌疑人的人格尊严应得到尊重。犯罪嫌疑人是涉嫌触犯刑法构成犯罪的人,但其在未被法院审判确定为有罪之前,不能称为罪犯,检察官在办案中应尊重其作为人的起码的人格尊严。尊重人格尊严是社会主义法律的时代特征。在奴隶社会和封建社会,一般人尚不被看作人,犯罪人的地位更可以想象,在"纠问式"诉讼方式里,仅为拷打对象,毫无权利和尊严可言。现代社会越来越进步,越来越文明,而进步和文明的标志体现到司法领域里,则透射出人文关怀。检察官执法中尊重犯罪嫌疑人的人格权,正是符合这一社会进步和文明的趋势。"尊重犯罪嫌疑人的人格尊严"有以下几个方面的具体要求:

第一,不在办案过程中实施有伤风化的侦查措施。尊重人格尊严与一般风俗习惯和禁忌相关联,法律不可能对这些琐碎的事务进行规范,但是,检察官职业伦理必须也应该尊重这些禁忌,尽量避免有伤风化的举动。尤其是在侦查过程中,对于侦查实验、侦查的措施,在适用时须以审慎之态度,严肃对待,待谨慎评判后再行事。

第二,避免在不恰当的时间采用强制措施。作为现代文明的要求之一,尊重人权、敬畏民意是基本标志。在国外,司法机关办理案件过程中,尊重人权已成时尚。应避免在不恰当的时间,采取强制措施,给犯罪嫌疑人带来难堪和侮辱。过去受传统的刑事诉讼价值观影响,司法机关办案时,不讲方式,不尊重习惯,侵犯人权事件屡屡发生,使犯罪嫌疑人和公众苦不堪言,给执法带来负面效果,也有损检察机关形象。

第三,不能在讯问犯罪嫌疑人时使用羞辱的方法。用刑讯逼供方法办案是法律禁止的,而一般的体罚、打骂、羞辱,使犯罪嫌疑人产生痛苦的办法尽管不构成犯罪,不触犯法律,但却被检察官职业伦理所禁止。

必须指出,尊重犯罪嫌疑人人格尊严与办案谋略的运用是两个不同问题,也是不矛盾的。问题的关键是,谋略的运用应以不违反法律规定为前提,同时,不以牺牲道德规范为代价进行。

(2) 尊重法官和律师。作为检察官职业伦理之一的"文明办案",其内容不但包括上述面对犯罪嫌疑人时的要求,也包括对待法官和律师的态度问题和行为举止问题。对待法官应有起码的尊重。不能因为检察官是法律监督者,法官是其监督对象而产生职业的优越感。尊重应表现为在法庭上要尊重法庭纪律,听从法官对审判活动的指挥,与法官的对话有起码的礼貌等。对待律师,不能在心理上将其打入另类,不能以执法者自居;不能因为律师是对手而产生职业歧视,也不能轻视律师的活动,更不能由于工作分歧,将职业过程中的矛盾演变为"职业报复"。

(3) 关于对弱势群体的保护。在现实生活中,有一部分人属于社会上的弱势群体,如智力低下者、身体残疾者、精神缺陷者和其他弱势之人。对这一部分人的态度和行为也能反映出检察官的职业道德水准。对待被害人,检察官应有同情心,通过办案抚慰其受创伤的身体和心灵,通过履行职责伸张正义,保护弱者的合法利益。当弱势群体因犯罪走入歧途时,检察官在办案过程中应当以比对一般人更多的同情心对待他们,分析其犯罪原因,找出解决的对策。在办案中,尽量使用礼貌的态度、行为、言语,不刺激其脆弱的自尊心。

(4) 摒弃非法手段和非法证据问题。"严明"准则排斥非法证据和非法手段的使用,因此,应当特别注意非法证据和非法手段的问题。检察官办案中有可能在两种情况下面对这种问题:一是当以公诉人身份出现和监督者身份出现时,面对公安等侦查机关和法院及执法部门所收集的非法证据;二是在自侦案件中,自己用非法手段搜集证据的问题。对前一种情况,检察官应当本着尊重法律的原则,以履行检察监督职责为己任,摒弃非法证据,并在其构成犯罪时,不袒护、不隐瞒,追究其法律责任。而当遇有后一种情况时,检察官应时刻牢记自己的工作职责,不知法犯法,不为追求一种正当结果而去尝试进入非法的"误区"。

3. 刚正不阿

刚正不阿作为一项道德准则,具有以下基本内容:

(1) 不畏权势。即不怕权力压制,不怕黑恶势力威胁。在检察官履行法律监督职责的过程中,必须注意到,执法环境、人文素质、社会机制转轨等情况,加之传统的旧意识影响,必然对检察官的执法形成重重的障碍、干扰。有的人可能利用权力直接或间接干预,有的则恫吓、威胁,检察工作可能会面临诸多困难。每一位检察官都面临一个抉择:是不畏权势,勇往直前,还是被权势压倒。刚正的内容要求检察官不能为权势所吓倒,也不能面对威胁而不战自降。

从实质上看,检察官执法是代表国家、社会公益和人民的利益,是以法律为后盾和依托,行使的是正当的国家权力,因此,检察官应通过自己的行为,使非法干预者感到任何非法干预和威胁都是与国家权力相对抗,是注定要失败的,因而也是徒劳的。

(2)铁面无私。"刚正"还体现为在工作中一身正气,不徇私情,坚持原则,毫不妥协。检察官是法律工作者,是公益的代表,是社会正义的化身,理应秉公执法,不徇私情,对原则问题毫不退让。不构成犯罪的,就不能按犯罪来处理;反之,已构成犯罪,就不能袒护和照顾。这是对检察官的基本要求。之所以如此,是因为这牵涉宪法和法律的正确实施,关系到检察官职责是否履行。

"铁面无私"落实到具体工作中,需要解决法律和亲情的关系问题。与人情不同,亲情具有天然性、持久性及难以割舍性等特性,它最能触动检察官的神经,因而对每一个检察官来说都是十分棘手的问题。解决这一问题的关键是将法律放在第一位,亲情放于第二位。

(3)敢于斗争。① 在检察官履行职务过程中,要敢于碰硬,有"舍得一身剐,敢把皇帝拉下马"的劲头,对于案件,不论涉及谁,也不管后台有多硬,一定一查到底,绝不半途而废,以真正维护法律的尊严。

敢于斗争既是一种精神状态,也是一种行为状态。敢于斗争在司法实践中的具体运用就是不怕牺牲,不怕吃苦、流汗,不怕得罪人,将犯罪视作邪恶,必除之而后快。

敢于斗争还必须注重法律规定。敢于斗争并不意味着仅凭自己的一时性起,头脑发热,可以对经手处理的案件及当事人任意处置,

---

① 参见最高人民检察院政治部组织编写:《检察官道德读本》,中国检察出版社2000年版,第104页。

为所欲为；也不意味着可以对工作原则、制度和程序弃之不顾；更不能图一时之快，采用非法手段去从事法律活动。检察官应依法律行事，时刻把法律作为"生命线"。

敢于斗争还必须讲究艺术和策略。刚正要求检察官有一副铮铮铁骨，但也并非要检察官不讲究斗争艺术及方法。社会生活的复杂性，决定了在案件处理过程中，检察官在保持斗争勇气和风格的同时，要把握斗争的艺术和方法。具体说来，在目前我国的国情下，检察官处理检察事务，须注重以下几个方面：一是依靠党的力量支持，党的性质决定党组织能保持其先进性、正确性，并能以其自身非凡的力量排除干扰，使检察官顺利履行职务。二是依靠群众，人民群众是国家的主人，是一切公平和正义力量的源泉所在。依靠群众的配合和支持，检察官就能排除干扰，取得主动性，直至获得胜利。三是注意依靠传媒舆论支持。传媒舆论在国外被称作"第四权力"，在我国，它也发挥着不可替代的独特作用。检察官履行职务时，可以借助这一力量，达到做好检察工作的目的。

第六节 阅读与思考

一、检察官与严格执法

为了"为干事创业者撑腰松绑，为发展清除障碍"，山东省高级人民法院出台"十条界限"等一系列政策，引来轩然大波。几乎与此同时，山东省人民检察院也出台了一系列措施，要为"干事创业、加快发展创造环境"。其中一项措施提出，"对正在进行重大项目洽谈、重要经营活动的人员和科研技术攻关带头人的职务犯罪案件，立案和采取强制措施时慎重稳妥，在严格依法办案的情况下，能缓办的缓办，能从宽的从宽，允许他们戴罪立功"。

也正是根据这一措施，济南市历城区人民检察院于 2003 年 7 月 16 日，对涉嫌受贿的某合资企业部门经理王华（化名）作出不予起诉的决定。

2003 年 5 月，济南市历城区人民检察院反贪局通过侦查证实，在2002年8月和2002年12月,王华先后两次收受某建设工程有限公司项目经理"赠与"的现金、物品折合人民币3.4万元。"鉴于王正在负责重大工程项目,且认罪态度较好,不会出现翻供、串供影响案件进展的实际情况",检察院先是对王取保候审,随后将"赃款"全部退还王华。在此过程中,检察院了解到王华精通数门外语,且正在负责一项价值四五亿元的大型工程,于是决定对王这样的"为经济社会发展作出突出贡献、一贯表现好、偶尔失足、罪行轻微,且认罪、悔罪态度较好的犯罪嫌疑人,给其一个改过自新、戴罪立功的机会"。

针对山东省高级人民法院和山东省人民检察院出台的这一系列界限和措施,当地媒体评价说,这些规则是"为干事创业者撑腰松绑","为发展清除障碍"。

6月21日,一位署名"忧国忧民的离休干部"的人士投书媒体,指出山东省高级人民法院的"十条界限"有多处"暗示可以行贿、受贿,并且"严重违背了'法律面前人人平等'的原则"。关于"十条界限"的合法性问题的讨论开始在传媒展开。

公众质疑的焦点大多集中在"十条界限"是否会提高腐败的频率,并纵容经济领域内的违法犯罪活动。更有言辞激烈者在网上发表评论称,"这些规定的出台,表明了山东司法机关要为腐败行为撑腰松绑,是在向'权钱'倾斜"。

部分法学界人士认为,"十条界限"会在司法审判实践中,将一些罪名的法律界限扩大解释,或者偷换概念,或者借用没有明确法定含意和标准的非法律概念,或者干脆与《刑法》条款相悖而擅自法外施恩,有私自对法律进行解释的嫌疑。①

[提示与问题]

上述材料中的问题涉及地方利益与法律的冲突问题。作为检察官,在司法实践会经常遇到这类问题。如果你是一位检察官,会如何处理这样的问题?

---

① 节录自《十条界限与法外施恩》,载《中国新闻周刊》2003年第33期。

二、检察官与"自由裁量权"

正是出于"给失足大学生一个机会"这一考虑,2003年1月7日,南京市浦口区人民检察院作出了一项引来很大争议的决定——对南京工业大学一名涉嫌盗窃的大学生暂缓起诉。

对涉嫌犯罪的大学生实行暂缓起诉,这在国内尚属首例。

然而,浦口区人民检察院的这一创举,却引发了社会各界的普遍质疑。

"暂缓起诉"第一案

只要在暂缓起诉期间表现良好,不再犯罪,检察院将不对其起诉,这也就是"暂缓不起诉"的含义所在。

2003年4月2日,在浦口区人民检察院,记者看到了这份引起争论的《暂缓不起诉决定书》。

"2002年7月1日,被暂缓不起诉人王某与同学韦某(另处)合谋,由王借故将唐某喊出宿舍,韦某窃得该宿舍同学蒋某摩托罗拉T191手机一部。

"2002年10月29日上午8时,被暂缓不起诉人王某乘同宿舍同学洗漱之机,将周某放于床铺枕头旁边的一部摩托罗拉V66手机窃取,后将手机藏匿于同学韦某住处,后被公安机关逮捕。

"经浦口区物价局价格认证中心鉴定:V66手机价值1687元,摩托罗拉T191价值1060元。

"本案由南京市浦口区公安局侦查终结,被告人王某因犯盗窃罪,于2002年12月27日向本院移送审查起诉。

"根据《刑法》第264条的规定,被暂缓起诉人王某的行为构成盗窃罪,应提起公诉。鉴于被暂缓起诉人王某系在校学生,且犯罪情节轻微,又有一定认罪悔过表现,本院决定对王某暂缓起诉,期限为5个月,自接到通知之日起计算。"

这份《暂缓不起诉决定书》生效之后,学校对王某作出了"留校察看"的处分,并责令该生每月向学校和检察机关分别递交一份"思想汇报"。

经协商,王某家长在学校附近租了一间房,和王同住。每天早上,家长负责把王送到学校;晚上放学后,再由家长将其接回,以减少他和其他学生的接触。

根据检察院的规定,只要王在暂缓不起诉期间表现良好,不再犯罪,检察院在期满后将不对其起诉。浦口区人民检察院的有关人士说,这也就是"暂缓不起诉"的含义所在。

在此案基础上,2月21日,浦口区人民检察院出台了《关于大学生犯罪的预防、处理和实施意见》。在这份《意见》中,浦口区人民检察院认为"大学生失足暂缓起诉"能够"从源头上预防和减少在校大学生的犯罪"。

一个月后的3月28日,浦口区人民检察院和区内高校联合成立浦口区"大学生预防犯罪中心"。中心由检察院牵头,区内每个高校派出一个信息员参加,主要从事对"暂缓不起诉"的大学生的帮教工作。

通过这两项举措,"大学生失足暂缓不起诉"作为一项制度,被浦口区人民检察院确定了下来。

遏制犯罪?纵容犯罪?

记者在采访中了解到,浦口区人民检察院因"暂缓不起诉"引起舆论争议,这已经不是第一次了。

2001年6月12日,江浦区人民检察院(浦口区检察院的前身之一)宣布,对涉嫌盗窃的一名高三学生"暂缓起诉"。但由于当时只是针对这一个案,没有形成制度,同时,该案又涉及未成年人,所以外界虽有争议,但并非十分激烈。

浦口区人民检察院副检察长黄兴武说:"大学生失足暂缓起诉"出台的另一重要目的是遏制不断上升的大学生犯罪率。

据了解,2002年南京市进行行政区划调整。地处城郊且高校众多的江浦区和浦口区合并之后,新浦口区内的高校数量已达十余所,在校生达5万余人。

"由于社会发展各方面的因素,在校大学生犯罪有逐年上升的趋势,犯罪类型趋于多样化。"黄兴武认为,成立"大学生犯罪预防中心"以及施行"大学生失足暂缓起诉"制度,既能够起到"从源头上预防和减少在校大学生的犯罪"的作用,又能够挽救失足大学生。

然而,出乎检察机关意料的是,最先对这项改革提出反对意见的,竟是改革的"受惠者"。

南京工业大学浦口校区的一位不愿意透露姓名的大学生说:"近年来区内发生的大学生犯罪案件越来越多,情况越来越复杂,在这个时候开始对失足大学生实施'暂缓不起诉',可能会助长犯罪者的嚣张气焰,我们的安全可能会变得更加难以保障。"

"我觉得这样的规定违背了法律的公正性,对大学生以外的群体来说不公平。"复旦大学新闻系2002级研究生王茜说。

作为一名教育工作者,南京工业大学技术学院的雍书记,对"大学生失足暂缓起诉"也持保留态度。

"我们有一点顾虑,一个大学生犯罪不处理或者处理得很轻,会不会对其他大学生产生不良影响。可能他们会想:他们偷了东西没什么事,我们如果去偷,应该也没什么事了。"他说,"对于王某的案件,在检察院提出'暂缓不起诉'的想法后,我们非常慎重,经过慎重的思考,请示了有关领导后才同意的。我们认为,这个做法仅仅是尝试,是不是成功,还很难说。"

"不追究就是渎职"

更强烈的反对声来自法律界。

"《刑事诉讼法》中根本就没有'暂缓不起诉'的概念",江苏鸣啸律师事务所的侯文辉律师说,"我国宪法中明确规定:法律面前人人平等。浦口区人民检察院的这一制度给大学生以特殊的照顾,这本身就是违宪的。作为国家检察机关,应该对一切犯罪行为进行追究。如果不追究,就是渎职。"

"很多人抢劫是为了家中贫弱的老母幼儿,很多人杀人是为了给被无辜残害的亲人报仇,如果也在司法过程中讲'情理',这些人是不是也可以不处理?如果法律能够让位于情理,我们还要法律干什么?"侯律师说。

"对大学生可以'暂缓不起诉',那么对于'偶一失足'的博士、博士后呢?是否也可以不予起诉?"采访中,江苏的一位检察官同样表示了自己的疑虑,"这与'刑不上大夫'有什么区别?"

"从另一个角度看,一个人的社会活动自由与其所具有的知识是相对应的,一个人的知识越多,社会活动空间越大,对社会造成的影响也就越大。大学生是一个素质较高的群体,对于他们的犯罪行为,不应该从宽,而是应该实事求是,依法处理。"南京大学法学院孙国祥教授说。

"我们不否认,给予失足大学生以改过自新的机会的想法是好的。但问题是,改革应该惠及社会的每一个成员,如果只有一部分成员受益就不合适了。"

"变法"需要制度保障

对于被暂缓起诉人的教育,也一定要有切实可行的方案,每个月交一份思想汇报的方法是远远不够的。

"暂缓不起诉"究竟有没有用处?

尽管目前没有明确的法律规定,但南京大学法学院的王钧教授认为,对"暂缓不起诉"立法并予以规范化并非不可以,因为"人性化是法制发展的一个趋势"。

[提示与问题]

上述材料中涉及的暂缓起诉问题反映了现实生活中用法律来解决问题的复杂性和局限性。古代就有"春秋决狱",以情断法,上述材料中都有这样的问题。作为检察官到底应当如何处理这些法与情错综复杂的案件?谈谈你的看法。

第五章 律师伦理

本章的内容是法律职业领域的律师代理伦理,专指律师的代理和辩护活动以及与之相关活动中的伦理要求和规范,也可以说是律师的职业道德,或律师的职业伦理。习近平指出,律师队伍是依法治国的一支重要力量,要大力加强律师队伍思想政治建设,把拥护中国共产党领导,拥护社会主义法治作为律师从业的基本要求。① 律师作为国家法治队伍的重要组成部分,通过提供法律服务,维护当事人的合法权益,促进法律的正确实施,因此其职业伦理水平的状况直接影响着律师职业的健康发展。

第一节 律师职业伦理概述

律师职业伦理,是指作为律师业务从业人员和律师执业机构所应当遵守的行为规范的总称。律师职业伦理是法律职业道德的重要组成部分,是指导律师执业行为的准则,是评判律师执业行为是否符合律师职业要求的标准,是对违规律师、律师事务所追究职业责任的依据。它不仅适用于包括公司律师、公职律师在内的广大律师,也适用于实习律师和律师助理等人员。

律师是国家法治建设的重要参与者,律师通过为社会提供法律服务,维护法律的尊严和正确实施,维护社会的公平与公正。由于律师在国家政治、经济生活中发挥着重要作用,其行为对各种权利义务关系有着重要影响,因而律师的职业行为受到了严格的规范。

经过二十多年的建设,我国关于律师职业行为的规范形成了多层次的规范体系。这些规范性文件既包括法律、司法解释、规章,也

---

① 参见中共中央文献研究室编:《习近平关于全面依法治国论述摘编》,中央文献出版社 2015 年版,第 104 页。

包括律师协会的行业规范,后者如《中华全国律师协会章程》《律师执业行为规范(试行)》《律师办理刑事案件规范》《律师协会会员违规行为处分规则(试行)》等,此类规范属行业自律性规范,虽然不属于法律规范,但是对于本协会的会员仍然具有很强的拘束力。在这些规范中,集中体现律师职业伦理要求的是中华全国律师协会制定的《律师执业行为规范(试行)》。

  在《律师法》制定后,1996年10月6日,中华全国律师协会常务理事会通过了《律师职业道德和执业纪律规范》。2001年,根据形势的变化,中华全国律师协会对该规范进行了进一步的修订。该规范共分为7章,第一章"总则"主要规定了制定该规范的目的和依据,以及该规范的适用范围;第二章"律师职业道德基本准则"规定了律师应当遵守的9条职业道德;第三章规定了律师在其执业机构中的纪律;第四章规定了律师在诉讼和仲裁活动中的纪律;第五章规定了律师与委托人、对方当事人关系的纪律;第六章规定了律师与同行之间的纪律;第七章"附则"规定了律师协会对违反该规范的律师的处分权、对该规范的解释权和该规范的施行日期。其中第三章至第六章共规定了32条律师执业纪律。2004年3月20日,第五届中华全国律师协会第九次常务理事会审议通过《律师执业行为规范(试行)》。2009年和2017年中华全国律师协会对其进行了两次重大的修订,根据时代的新要求和新情况来完善律师的执业行为规范。2017年《律师执业行为规范(试行)》分为总则、律师执业基本行为规范、律师业务推广行为规范、律师与委托人或当事人的关系规范、律师参与诉讼或仲裁规范、律师与其他律师的关系规范、律师与所任职的律师事务所关系规范、律师与律师协会关系规范、附则,共9章109条。与《律师职业道德和执业纪律规范》相比,2017年《律师执业行为规范(试行)》在内容上丰富了许多,是我国律师职业伦理建设的主要现行规范基础。近年来多次修改的《律师法》在律师法律职业的伦理规范立法方面又有了新的进展,特别细化了违反律师职业代理规范的责任形式和处罚形式,这反映了国家、社会和律师行业对于加强律师职业伦理规范的积极态度。

  近年来,我国律师职业伦理的规范化建设方面取得了很大的进步,有关部门采取多种措施来提升律师职业素质和道德水平。2012年,全国人大常委会根据2012年修正的《刑事诉讼法》中有关律师执业的新规定,对《律师法》再次进行修改,扩大了法律援助和律师保密的范围。同时,我国近年来律师职业领域出现了新的情况,特别是有些律师超出律师职业的正常范围和方式来进行的权利诉求,引起社会的广泛关注。2015年8月,中央专门召开了全国律师工作会议,专题研究律师职业权利保障、规范律师执业行为、加强律师队伍建设。2015年9月,最高人民法院、最高人民检察院、公安部、国家安全部、司法部联合出台了《关于依法保障律师执业权利的规定》。这是深化律师制度改革、促进律师事业发展的重要举措,对保障律师执业权利、充分发挥律师作用,建立中国特色社会主义律师制度具有重要意义。该规定特别强调,人民法院、人民检察院、公安机关、国家安全机关、司法行政机关应当尊重律师,健全律师执业权利保障制度,依照有关法律规定,在各自职责范围内依法保障律师知情权、申请权、申诉权,以及会见、阅卷、收集证据和发问、质证、辩论等方面的执业权利,不得阻碍律师依法履行辩护、代理职责,不得侵害律师合法权利。同时该规定强调,要依法规范法律服务秩序,严肃查处假冒律师执业和非法从事法律服务的行为。对未取得律师执业证书或者已经被注销、吊销执业证书的人员以律师名义提供法律服务或者从事相关活动的,或者利用相关法律关于公民代理的规定从事诉讼代理或者辩护业务非法牟利的,依法追究责任,造成严重后果的,依法追究刑事责任。随着国家全面推进依法治国,律师的社会地位和功能都会有不断的提升和拓展,律师的职业伦理的发展也面临新的挑战与机遇。

第二节 律师与委托人的关系规范

一、律师—委托人关系的建立和终止

(一)律师—委托人关系建立的方式和形式

律师—委托人关系从本质上讲,是一种合同关系。因此,律师—委托人关系的建立,首先来自当事人的委托,律师—委托人关系的建

立过程实际上是二者的洽商过程。二者是平等的民事主体。除了来自当事人的委托以外,律师—委托人关系建立的另一种方式是有关机构的指定。《律师法》规定:律师应当按照国家规定履行法律援助义务,为受援人提供符合标准的法律服务。2003年国务院颁布的《法律援助条例》对于律师的法律援助的义务、程序和职责作出了十分具体和细致的规定。在法律规定的范围内,律师应当承办所指定的法律援助案件。这种情况下律师—委托人关系的建立不是一个平等洽商的过程,而是一种行政性的管理方式,体现了法律援助的国家管理属性。

《律师法》第25条第1款规定:"律师承办业务,由律师事务所统一接受委托,与委托人签订书面委托合同,按照国家规定统一收取费用并如实入账。"因此,律师和委托人之间委托关系的成立,必须采用书面形式。委托关系的双方主体分别是律师事务所和委托人。根据《律师办理刑事案件规范》《律师办理民事诉讼案件规范》等文件的规定,律师受理案件须办理以下手续:(1)律师事务所与委托人签署"委托协议"一式二份,一份交委托人,一份交律师事务所存档;(2)委托人签署"授权委托书"一式三份,一份呈交办案机关,一份由承办律师存档,一份交委托人保存;(3)开具律师事务所介绍信,由律师呈交办案机关。律师受理刑事案件,应当在侦查、审查起诉、一审、二审、申诉各阶段分别办理委托手续;也可以一次性地签订委托协议。对于需要提供法律援助的当事人,律师事务所可以指派律师承办,但须按规定办理委托手续。

(二)代理范围和权限划分

代理范围和权限划分是确立律师—委托人关系时的重要内容。从一定意义上讲,每一个案件都是律师和委托人的共同事业。清晰的代理范围和明确的权限划分是营造好这一事业的前提条件。

就代理范围而言,主要涉及代理目标和实现手段的确定问题。律师有权根据法律的要求和道德的标准,选择实现委托人目的的方法。律师提供法律服务时,不仅应当考虑法律,还可以以适当方式考虑道德、经济、社会、政治以及其他与委托人的状况相关的因素。

律师应当在授权范围内从事代理。律师接受委托时必须与委托人明确约定包括程序法和实体法两方面的委托权限。委托权限不明确的，律师应主动提示。如需特别授权，应事先取得委托人的书面确认。接受委托后，律师只能在委托权限内开展执业活动，不得擅自超越委托权限。委托权限的确定，主要存在于律师的代理活动中。我国《民事诉讼法》第62条第1、2款规定："委托他人代为诉讼，必须向人民法院提交由委托人签名或者盖章的授权委托书。授权委托书必须记明委托事项和权限。诉讼代理人代为承认、放弃、变更诉讼请求，进行和解，提起反诉或者上诉，必须有委托人的特别授权。"第63条规定："诉讼代理人的权限如果变更或者解除，当事人应当书面告知人民法院，并由人民法院通知对方当事人。"《律师办理民事诉讼案件规范》第10条第2款第3项规定："律师事务所与委托人签订委托代理合同及委托人签署授权委托书时，应当记明具体的委托事项和权限，委托权限应注明是一般授权还是特别授权。变更、放弃、承认诉讼请求和进行和解，提起反诉和上诉，转委托，签收法律文书，应当有委托人的特别授权。"律师在进行受托的法律事务时，如发现委托人所授权限不能适应需要，应及时告知委托人，在未经委托人同意或办理有关的授权委托手续之前，律师只能在授权范围内办理法律事务。律师在委托权限内完成了受托的法律事务，应及时告知委托人。律师与委托人明确解除委托关系后，律师不得再以被委托人的名义进行活动。

未经委托人同意，律师不得将委托人委托的法律事务转委托他人办理。律师在接受委托后出现突患疾病、工作调动等情况，需要更换律师的，应当及时告知委托人。委托人同意更换律师的，律师之间要及时移交材料，并通过律师事务所办理相关手续。非经委托人的同意，律师不能因为转委托而增加委托人的经济负担。

（三）律师—委托人关系的终止

律师—委托人关系的终止也是律师在处理该关系时应当特别注意的问题。从我国的实际情况来看，律师—委托人关系的终止主要有两种情况，一种是自然终止，即委托事项办理完毕，律师—委托人关系终止。另一种是法定终止，即在法律规定的情况下，律师—委托人关系可以或者应当终止。法定终止的情况主要包括以下两种：

1. 律师拒绝辩护和代理

《律师法》第32条第2款规定:"律师接受委托后,无正当理由的,不得拒绝辩护或者代理。但是,委托事项违法、委托人利用律师提供的服务从事违法活动或者委托人故意隐瞒与案件有关的重要事实的,律师有权拒绝辩护或者代理。"《律师执业行为规范(试行)》对该规定进行了进一步的解释,将委托关系的终止分为强制性终止和任选性终止两种情况。

律师在办理委托事项过程中出现下列情况,律师事务所应终止其代理工作:(1)与委托人协商终止;(2)被取消或者中止执业资格;(3)发现不可克服的利益冲突;(4)律师的健康状况不适合继续代理;(5)继续代理将违反法律或者律师执业规范。

出现下列情况时,律师可以拒绝辩护、代理:(1)委托人利用律师提供的法律服务从事违法活动的;(2)委托人坚持追求律师认为无法实现的或不合理的目标的;(3)委托人在相当程度上没有履行委托合同义务,并且已经合理催告的;(4)在事先无法预见的前提下,律师向委托人提供法律服务将会给律师带来不合理的费用负担,或给律师造成难以承受的、不合理的困难的;(5)委托人提供的证据材料不具有客观真实性、关联性与合法性,或经司法机关审查认为存在伪证嫌疑的;(6)其他合法的缘由。

2. 委托人拒绝辩护和代理

《律师法》第32条第1款规定:"委托人可以拒绝已委托的律师为其继续辩护或者代理,同时可以另行委托律师担任辩护人或者代理人。"在委托人拒绝律师辩护或者代理的情况下,律师应当退出对该委托人的代理。委托人对律师的解雇使得律师的退出代理成为强制性的,从而为替代的律师留下了空间。如果不这样规定,那么委托人任意解雇律师的权利就是无意义的。

(四)律师—委托人关系终止后律师的义务

律师—委托人关系终止后涉及律师的以下义务:

1. 律师—委托人关系终止的程序要求

律师—委托人关系的终止涉及律师和委托人之间的权利义务关系,涉及法院等有关机构的效率。因此,这种关系的终止同样应当遵

循一定的程序要求。从我国的规定来看,主要有以下几点:

(1)查证和通知。《律师办理民事诉讼案件规范》第18条规定:"委托人利用律师提供的服务从事违法活动或者隐瞒事实的,律师可以拒绝代理,经律师事务所收集证据,查明事实后,告知委托人,解除委托关系,记录在卷,并整理案卷归档。"律师事务所在查证后,应当尽可能提前向委托人发出通知,以便为委托人委托其他律师留下尽可能多的时间,同时也有利于避免法院等有关机构因律师的退出而影响工作效率。

(2)批准。当律师被指定代理某委托人时,退出代理通常需要得到指定机构的批准。在法律援助案件中,受援人不遵守法律规定以及不按法律援助协议的规定予以必要合作,经法律援助机构批准,承办人员可以拒绝或终止提供法律援助。因此,如果律师是被有关机构指定担任委托人的诉讼代理人或辩护人的,在退出代理或辩护时,应当得到有关机构的批准。

(3)劝诫义务。律师在接受委托后发生可以拒绝辩护或代理的情况,应当向委托人说明理由,促使委托人接受律师的劝告,纠正导致律师拒绝辩护或代理的事由。

(4)委托关系终止后的通知义务。在终止代理时,律师应当尽可能提前向委托人发出通知。律师事务所在征得委托人同意后,可另行指定律师继续承办委托事项,否则应终止委托代理协议。

2.律师—委托人关系终止后律师的善后义务

(1)采取合理保护措施的义务。终止代理,律师事务所应当尽量不使委托人的合法利益受到影响。在解除委托关系前,律师必须采取合理可行的措施保护委托人的利益,如及时通知委托人以使其有充分时间再委聘其他律师、收回文件的原件、返还提前支付的费用等。按照《律师执业行为规范(试行)》的规定,律师事务所因合理原因终止委托代理协议的,有权收取已完成部分的费用。委托人因合理原因终止委托代理协议的,律师事务所有权收取已完成部分的费用。委托人单方终止委托代理协议的,应按约定支付律师费。

(2)不得扣押当事人的诉讼材料的义务。律师不得为阻挠委托人解除委托关系,威胁、恐吓委托人,或者无正当理由扣留委托人提供的材料。但是因拒绝辩护、代理而解除委托关系的,律师可以保留与委托人有关的法律事务文件的复印件。

二、律师的保密规则

律师的职业秘密问题是贯穿于整个律师业务活动的一个基本问题,对委托人和律师的权利义务有着重要的影响。随着我国律师事业的迅猛发展,律师职业秘密问题也越来越引起人们的重视。

(一) 我国关于律师职业秘密问题的现行规定

我国律师职业秘密规则的现行渊源主要有两个,一个是《律师法》上的渊源,另一个是《律师执业行为规范(试行)》上的渊源。《律师法》第38条第1款规定:"律师应当保守在执业活动中知悉的国家秘密、商业秘密,不得泄露当事人的隐私。"《律师执业行为规范(试行)》第9条规定:"律师应当保守在执业活动中知悉的国家秘密、商业秘密,不得泄露当事人的隐私。律师对在执业活动中知悉的委托人和其他人不愿泄露的情况和信息,应当予以保密……"因此,律师的保密义务,可以区分为保守国家秘密的义务和保守委托人秘密的义务两种情况。

这两条规定共同构成了我国律师职业秘密问题的主要渊源。此外,在一些诉讼法律和有关部门作出的规定中,对律师保守职业秘密问题亦有所规定。[①]

(二) 律师保守委托人秘密的义务

1. 律师保守委托人秘密义务的特点

(1) 保密义务的广泛性。律师保密义务的范围不仅包括委托人的商业秘密和个人隐私,还包括通过办理委托人的法律事务所了解的委托人的其他信息。

(2) 保密主体的广泛性。律师事务所、律师及其辅助人员都不

---

① 例如《行政诉讼法》第32条第1款规定:"代理诉讼的律师,有权按照规定查阅、复制本案有关材料,有权同有关组织和公民调查、收集与本案有关的证据。对涉及国家秘密、商业秘密和个人隐私的材料,应当依照法律规定保密。"

得泄露委托人的秘密信息。

(3) 保密时间的后续性。律师代理工作结束后,仍有保密义务。这是因为有关事项的秘密性并不因委托代理关系的结束而消灭,为了保证委托人能够坦诚、全面地向律师披露案件的有关情况,律师在委托关系结束后也仍然要承担保密义务。

2. 律师保守委托人秘密义务的例外

《律师法》增加了律师保密义务的例外规定,其中第38条第2款规定:"律师对在执业活动中知悉的委托人和其他人不愿泄露的有关情况和信息,应当予以保密。但是,委托人或者其他人准备或者正在实施危害国家安全、公共安全以及严重危害他人人身安全的犯罪事实和信息除外。"综合《律师法》和《律师执业行为规范(试行)》,律师保密的例外大体上涵盖以下几大类:

(1) 防止未来伤害的例外。律师事务所、律师及其辅助人员不得泄露委托人的商业秘密、隐私,以及通过办理委托人的法律事务所了解的委托人的其他信息。但是律师认为保密可能会导致无法及时阻止发生人身伤亡等严重犯罪及可能导致国家利益受到严重损害的除外。

(2) 自我保护的例外。律师在代理过程中可能无辜地被牵涉到委托人的犯罪行为时,律师可以为保护自己的合法权益而公开委托人的相关信息。

(3) 授权披露的例外。律师可以公开委托人授权同意披露的信息。

三、利益冲突规则

利益冲突是律师在执业活动中面临的一个具有普遍意义的重大问题,特别是近几年发生的若干案例进一步说明了这一问题的复杂性和重要性。无论是律师个人还是律师事务所,无论是规模较大的律师事务所还是规模较小的律师事务所,都面临着如何有效处理执业活动中的利益冲突这一棘手问题。调整利益冲突的规则是律师职业伦理的一个重要组成部分。

(一) 利益冲突概述

利益冲突是指在代理委托人的过程中,律师对委托人的代理将对律师自身的利益、律师现委托人的利益、律师前委托人的利益或者第三人的利益可能产生重大不利影响的情况。利益冲突可以分为律师—委托人之间的利益冲突和委托人之间的利益冲突。委托人之间的利益冲突又可以分为同时性利益冲突和连续性利益冲突。

一般认为,利益冲突规则的理论基础主要是两个:

1. 律师保守职业秘密的职责

如前所述,律师保守职业秘密的职责是律师执业活动中最为重要的职责,体现在诸多方面。在利益冲突规则中该保守职业秘密的职责有许多具体的运用。例如,如果律师同时代理委托人A和B,或者现在所代理的是委托人B,以前代理的是委托人A,则律师可能知道有关委托人A的秘密信息,且该信息对于委托人B来讲具有一定的利益。如果律师在明知有关A的秘密信息的情况下而不向B披露这些信息,则律师违反了真诚代理委托人B的职责;如果律师向委托人B透露了这些信息,那么律师就会违反对A所承担的保守职业秘密的职责。

2. 律师忠诚于委托人的职责

律师忠诚于委托人的职责也是利益冲突产生的重要基础之一。即使在不存在律师违反有关职业秘密的职责的情况下,律师也可能因违反忠诚于委托人的职责而面临利益冲突问题。例如,律师在侵权诉讼中为被告进行代理。律师为该委托人所进行的代理是由保险商提供有关费用的,被告是该保险商的客户。保险商指示该律师不要就原告指控被告的侵权行为是故意的理由进行争辩,因为如果法官认定被告的行为是故意的,则保险商不承担任何责任。如果律师从维持自己与保险商的关系的角度出发听从了保险商的指示,则律师违反了忠诚于被告的职责。

(二) 律师—委托人利益冲突

律师—委托人利益冲突规范主要有:

第一,律师和律师事务所不得利用提供法律服务的便利,牟取当事人争议的权益。

第二,律师和律师事务所不得违法与委托人就争议的权益产生经济上的联系,不得与委托人约定将争议标的物出售给自己;不得委托他人为自己或为自己的近亲属收购、租赁委托人与他人发生争议的标的物。

第三,非经委托人同意,律师不得运用向委托人提供法律服务时所得到的信息牟取对委托人有损害的利益。

(三)委托人利益冲突

委托人的利益冲突可以分为同时性利益冲突和连续性利益冲突。

律师的同时性利益冲突,是指律师或者律师事务所的现有委托人之间存在的利益冲突。关于律师的同时性利益冲突的规范主要有:

(1)律师不得在同一案件中,为双方当事人担任代理人。

(2)律师不得在同一案件中,同时为委托人及与委托人有利益冲突的第三人进行代理、辩护。

(3)律师不得在两个或者两个以上有利害关系的案件中,分别为有利益冲突的当事人代理、辩护。

(4)律师担任法律顾问期间,不得为法律顾问单位的对方当事人或者有其他利益冲突的当事人代理、辩护。

(5)在同一刑事诉案件中,律师事务所不得委派本所律师为被害人的代理人和犯罪嫌疑人、被告人的辩护人,但本县区域内只有一家律师事务所,并经双方当事人同意的除外。律师在接受委托后知道诉讼相对方或利益冲突方已委聘同一律师事务所其他律师的,应由双方律师协商解除一方的委托关系,协商不成的,应与后签订委托合同的一方或尚未支付律师费的一方解除委托关系。

(6)在未征得委托人同意的情况下,律师不得同时接受有利益冲突的他方当事人委托,为其办理法律事务。

(7)拟接受委托人委托的律师已经明知诉讼相对方或利益冲突方已委聘的律师是自己的近亲属或其他利害关系人的,应当予以回避,但双方委托人签发豁免函的除外。律师在接受委托后知道诉讼相对方或利益冲突方委聘的律师是自己的近亲属或其他利害关系人,应及时将这种关系明确告知委托人。委托人提出异议的,律师应当予以回避。

律师的连续性利益冲突,是指律师对委托人的代理可能受到其对前委托人的职责或者前职务职责的影响的利益冲突。律师的连续性利益冲突规范主要有:

(1) 曾经在前一法律事务中代理一方的律师,在解除或终止代理关系后一年内,不能再接受与前任委托人具有利益冲突的相对方委托,办理相同法律事务,除非前任委托人作出书面同意。

(2) 曾经在前一法律事务中代理一方的律师,不得在以后相同或相似法律事务中运用来自该前一法律事务中不利前任委托人的相关信息,除非经该前任委托人许可,或有足够证据证明这些信息已为人所共知。

(3) 委托人拟聘请律师处理的法律事务,是该律师从事律师职业之前曾以政府官员或司法人员、仲裁人员身份经办过的事务,律师及其律师事务所应当回避。

四、律师收费与财物保管规范

(一) 律师费的合理性

律师收取的费用可以分为律师费和办案费用。律师费是指律师事务所因本所执业律师为当事人提供法律服务,根据国家的法律规定或双方的自愿协商,向当事人收取的一定数量的费用。办案费用是指律师在办理案件过程中发生的律师费以外的其他费用。这些费用包括:(1) 司法、行政、仲裁、鉴定、公证等部门收取的费用;(2) 合理的通信费、复印费、翻译费、交通费、食宿费等;(3) 经委托人同意的专家论证费;(4) 委托人同意支付的其他费用。这些办案费用应当由委托人在律师费之外另行支付。律师对需要由委托人承担的律师费以外的费用,应本着节俭的原则合理使用。

律师费的收取应当合理。律师事务所和律师应当根据国家行政管理部门、律师协会制定的相关规定合理收费。在确定律师费是否合理时应当考虑以下因素:(1) 从事法律服务所需工作时间、难度、包含的新意和需要的技巧等;(2)接受这一聘请会明显妨碍律师开展其他工作的风险;(3)同一区域相似法律服务通常的收费数额;(4)委托事项涉及的金额和预期的合理结果;(5)由委托人提出的或由客观环境所施加的法律服务时间限制;(6)律师的经验、声誉、专业水平和能力;(7)费用标准及支付方式是否固定,是否附有条件;(8)合理的成本。

(二)律师收费的方式和要求

律师收费方式依照国家规定或由律师事务所与委托人协商确定,可以采用计时收费、固定收费、按标的比例收费。在一个委托事项中可以同时使用前列几种方式,也可使用法律不禁止的其他方式。

律师承办业务,由律师事务所统一接受委托,与委托人签订书面委托合同,按照国家规定向当事人统一收取费用并如实入账。律师事务所应当在委托代理合同中约定收费方式、标准、支付方法等收费事项。律师不得私自收案、收费。委托人所支付的费用应当直接交付律师所在的律师事务所,律师不得直接向委托人收取费用。委托人委托律师代交费用的,律师应将代收的费用及时交付律师事务所。律师事务所不得向委托人开具非正式的律师收费凭证。律师不得索要或收取除依照规定收取的法律服务费用之外的额外报酬或利益。

采用计时收费的,律师应当根据委托人的要求提供工作记录清单。

(三)附条件收费

1. 附条件收费的特殊要求

以诉讼结果或其他法律服务结果作为律师收费依据的,该项收费的支付数额及支付方式应当以协议形式确定,应当明确计付费用的法律服务内容、计付费用的标准、方式,包括和解、调解或审判等不同结果对计付费用的影响,以及诉讼中的必要开支是否已经包含于风险代理酬金中,等等。

2. 不能附条件收费的情况

律师和律师事务所不能以任何理由和方式向赡养费、扶养费、抚养费以及刑事案件中的委托人提出采用根据诉讼结果协议收取费用的方式,但当事人提出的除外。

(四)财物保管

第一,律师应当妥善保管与委托事项有关的财物,不得挪用或者侵占。

第二,区分保管义务。律师事务所受委托保管委托人财物时,应将委托人财产与律师事务所的财产严格分离。委托人的资金应保存在律师事务所所在地信用良好的金融机构的独立账号内,或保存在委托人指定的独立开设的银行账号内。委托人其他财物的保管方法应当经其书面认可。

第三,委托人要求交还律师事务所受委托保管的委托人财物,律师事务所应向委托人索取书面的接收财物的证明,并将委托保管协议及委托人提交的接收财物证明一同存档。

第四,告知义务。律师事务所受委托保管委托人或第三人不断交付的资金或者其他财物时,律师应当及时书面告知委托人,即使委托人出具书面声明免除律师的及时告知义务,律师仍然应当定期向委托人发出保管财物清单。

第五,律师应当谨慎保管委托人提供的证据和其他法律文件,保证其不遭灭失。

五、执业推广规范

(一)业务推广

律师和律师事务所推广律师业务,应当遵守平等、诚信原则,遵守律师职业伦理和执业纪律,遵守法律服务市场及律师行业公认的行业准则,公平竞争,禁止行业不正当竞争行为。律师和律师事务所应当通过努力提高自身综合素质、提高法律服务质量、加强自身业务竞争能力的途径,推广、开展律师业务。

律师和律师事务所不能以向中介人或者推荐人许诺兑现任何物质利益或者非物质利益的方式,获得有偿提供法律服务的机会。

1. 业务推广方法

(1)律师可以通过简介等方式介绍自己的业务领域和专业特长。

（2）律师可以发表学术论文、案例分析、专题解答、授课等，以普及法律并宣传自己的专业领域。

（3）律师可以举办或者参加各种形式的专题、专业研讨会，以推荐自己的专业特长。

（4）律师可以以自己或者律师事务所的名义参加各种社会公益活动，参加各类依法成立的社团组织。

2．业务推广原则

律师在执业推广中，不得提供虚假信息或者夸大自己的专业能力，不得明示或者暗示与司法、行政等关联机关的特殊关系，不得贬低同行的专业能力和水平，不得以提供或者承诺提供回扣等方式承揽业务，不得以明显低于同行业的收费水平竞争某项法律业务。

（二）律师广告规范

1．律师广告的主体

律师广告是指律师和律师事务所为推广业务与获得委托，让公众知悉、了解律师个人和律师事务所法律服务业务而发布的信息及其行为过程。律师广告可以以律师个人名义发布，也可以律师事务所名义发布。以律师个人名义发布的律师广告应当注明律师个人所在的执业机构名称。律师个人广告的内容应当限于律师的姓名、肖像、年龄、性别、出生地、学历、学位、律师执业登记日期、所属律师事务所名称、在所属律师事务所的工作时间、收费标准、联系方式，以及依法能够向社会提供的法律服务业务范围。律师事务所广告的内容应当限于律师事务所名称、办公地址、电话号码、传真号码、邮政编码、电子信箱、网址、所属律师协会、所辖执业律师及依法能够向社会提供的法律服务业务范围简介。

下列情况下，律师和律师事务所不得发布律师广告：(1)没有通过年度年检注册的；(2)正在接受暂停执业处分的；(3)受到通报批评处分未满一年的。

2．律师广告原则

发布律师广告，应当遵守以下原则：

（1）律师广告应当遵守国家法律法规和《律师执业行为规范（试行）》，坚持真实、严谨、适度原则。

(2) 律师广告应当具有可识别性,应当能够使社会公众辨明是律师广告。

(3) 不得利用广告对律师个人、律师事务所作出容易引人误解或者虚假的宣传。

(4) 律师和律师事务所发布的律师广告不得贬低其他律师或律师事务所及其服务。

(5) 律师和律师事务所不能以有悖律师使命、有失律师形象的方式制作广告,不能采用一般商业广告的艺术夸张手段制作广告。

(6) 律师在执业广告中不得出现违反所属律师协会有关律师执业广告管理规定的行为。

(三) 律师宣传规范

律师宣传是指通过公众传媒以消息、特写、专访等形式对律师和律师事务所进行报道、介绍的信息发布行为。律师的宣传规范包括:

第一,律师和律师事务所不得自己进行或授意、允许他人以宣传的形式发布律师广告。

第二,律师和律师事务所不能进行歪曲事实或法律实质,或可能会使公众产生对律师不合理期望的宣传。

第三,律师和律师事务所可以宣传所从事的某一专业法律服务领域,但不能自我声明或暗示其被公认或证明为某一专业领域的专家。

第四,律师和律师事务所不能进行律师之间或律师事务所之间的比较宣传。

第五,通过公众传媒以回复信函、自问自答等形式进行法律咨询的行为,亦应当符合有关律师宣传的规定。

第三节 律师在诉讼、仲裁活动中的规范

一、律师的回避义务

根据《律师法》的规定,曾经担任法官、检察官的律师,从人民法院、人民检察院离任后2年内,不得担任诉讼代理人或者辩护人。此

外,根据《法官法》的规定,法官从人民法院离任后2年内,不得以律师身份担任诉讼代理人或者辩护人。法官从人民法院离任后,不得担任原任职法院办理案件的诉讼代理人或者辩护人。法官的配偶、子女不得担任该法官所任职法院办理案件的诉讼代理人或者辩护人。根据《检察官法》的规定,检察官从人民检察院离任后2年内,不得以律师身份担任诉讼代理人或者辩护人。检察官从人民检察院离任后,不得担任原任职检察院办理案件的诉讼代理人或者辩护人。检察官的配偶、子女不得担任该检察官所任职检察院办理案件的诉讼代理人或者辩护人。

律师因法定事由或者根据相关规定不得担任诉讼代理人或者辩护人的,应当谢绝当事人的委托,或者解除委托代理合同。

二、律师的真实义务

律师不得伪造证据,不能为了诉讼意图或目的,非法改变证据的内容、形式或属性。

律师在收集证据过程中,应当以客观求实的态度对待证据材料,不得以自己对案件相关人员的好恶选择证据,不得以自己的主观想象去改变证据原有的形态及内容。

律师不得威胁、利诱他人提供虚假证据;不得利用他人的隐私及违法行为,胁迫他人提供与实际情况不符的证据材料;不得利用物质或各种非物质利益引诱他人提供虚假证据。

律师不得向司法机关和仲裁机构提交已明知是虚假的由他人提供的证据。

律师在已了解事实真相的情况下,不得为获得支持委托人诉讼主张或否定对方诉讼主张的司法裁判和仲裁而暗示委托人或有关人员出具无事实依据的证据。

律师作为必要证人出庭作证的,不得再接受委托担任该案的辩护人或代理人出庭。

三、庭审仪表和举止规范

1. 庭审仪表规范

律师担任辩护人、代理人参加法庭审理,必须按照规定穿着律师出庭服装,注重律师职业形象。律师出庭服装应当保持洁净、平整、不破损。在出庭时,男律师不留披肩长发,女律师不施浓妆,面容清洁,头发齐整,不佩戴过分醒目的饰物。

2. 举止规范

律师的庭审发言用词应当文明、得体,表达意见应当选用规范语言,尽可能使用普通话。不得使用脏话等不文明、不规范语言。律师庭审发言时应当举止庄重大方,可以辅以必要的手势,避免过于强烈的形体动作。

四、司法评论与诉讼宣传规范

第一,律师不得在公共场合或向传媒散布、提供与司法人员及仲裁人员的任职资格和品行有关的轻率言论。

第二,在诉讼或仲裁案件终审前,承办律师不得通过传媒或在公开场合发布任何可能被合理地认为损害司法公正的言论。

五、维护司法工作正当性与正派性规范

第一,律师应当遵守法庭、仲裁庭纪律,遵守出庭时间、举证时限、提交法律文书期限及其他程序性规定。律师不得借故延迟开庭,律师确有正当理由不能按期出庭的,应请求人民法院在不影响案件审理期限的情况下,另行安排开庭时间,并及时通知当事人及其委托的律师。

第二,在开庭审理过程中,律师应当尊重法庭、仲裁庭,服从审判长、首席仲裁员主持,不能当庭评论(包括批评和颂扬)审判人员、仲裁人员。对于庭审中存在的问题,可以在休庭后向法官、仲裁员个人或其主管部门口头或书面提出。

第三,律师在执业过程中,因对事实真假、证据真伪及法律适用是否正确而与诉讼相对方意见不一的,或为了向案件承办人提交新

证据的,可以与案件承办人在司法机关内指定场所接触和交换意见。律师不得违反规定单方面会见法官。

第四,律师不得以不正当动机与司法、仲裁人员接触。习近平指出,制度的生命力在执行,有了制度没有严格执行就会形成"破窗效应"。比如,世界上许多国家都对律师同法官、检察官接触交往作出严格规定,严禁律师和法官私下会见,不能共同出入酒店、娱乐场所甚至同乘一部电梯。但是,我们的一些律师和法官、检察官相互勾结,充当"司法掮客",老百姓说是"大盖帽,两头翘,吃了被告吃原告",造成了十分恶劣的影响。这方面已经有的制度要严格执行,不完善的制度要抓紧完善,筑起最严密的篱笆墙。在执法办案各个环节都要设置隔离墙、通上高压线,谁违反制度就要给谁最严厉的处罚,终身禁止从事法律职业,构成犯罪的要依法追究刑事责任。[①]

第五,律师不得向司法机关和仲裁机构人员馈赠财物,更不得以许诺回报或提供其他便利(包括物质利益和非物质形态的利益)等方式,与承办案件的司法或仲裁人员进行交易。当事人委托的律师不得借法官或者其近亲属婚丧喜庆事宜馈赠礼品、金钱、有价证券等;不得向法官请客送礼、行贿或者指使、诱导当事人送礼、行贿;不得为法官装修住宅、购买商品或者出资邀请法官进行娱乐、旅游活动;不得为法官报销任何费用;不得向法官出借交通工具、通信工具或者其他物品。

当事人委托的律师不得假借法官的名义或者以联络、酬谢法官为由,向当事人索取财物或者其他利益。

第六,律师在代理案件之前及其代理过程中,不得向当事人宣称自己与受理案件法院的法官具有亲朋、同学、师生、曾经同事等关系,并不得利用这种关系或者以法律禁止的其他形式干涉或者影响案件的审判。

第七,律师不得明示或者暗示法官为其介绍代理、辩护等法律服务业务。

---

① 参见中共中央文献研究室编:《习近平关于全面依法治国论述摘编》,中央文献出版社2015年版,第72页。

第八,律师不得以各种非法手段打听案情,不得违法误导当事人的诉讼行为。

第四节　律师职业内部规范

一、律师在执业机构中的纪律

（一）律师的执业机构

律师事务所是律师的执业机构。《律师法》规定:律师事务所是律师的执业机构。律师必须在一家律师事务所内注册执业,才能够合法地履行职责,承办法律事务。依据《律师法》和有关行政规章的规定,律师事务所虽然是由律师组成的,但相对于律师个人而言,律师事务所是更为本位的制度。律师个人不能独立地以律师的身份承办法律事务,而必须通过律师事务所。与委托人签订法律服务合同的主体是律师事务所,而不是律师。律师因执业上的过错给委托人造成损失,也是由律师事务所负责赔偿。律师是受律师事务所的指派而为委托人提供法律服务。律师事务所还拥有一些由《律师法》和有关行政规章规定的对律师和律师事务所各类事务的管理权。因而在法律上,律师事务所具有相对独立于律师的法律地位。在某种意义上,律师事务所是最基本的律师事务管理部门。律师事务所具有经营法律服务事务的法定权利,而律师个人虽然具有从事法律服务事务的权利,但却不能独立行使,而必须通过律师事务所。因此,律师事务所的性质是双重的,它既是法律服务事务的经营者,又是律师的管理者。根据《律师法》的规定,我国律师事务所目前共有国家出资设立的律师事务所、合伙律师事务所和个人律师事务所三种组织形式。国家出资设立的律师事务所,以该律师事务所的全部资产对其债务承担责任;合伙律师事务所合伙人根据合伙形式承担责任;个人律师事务所设立人对该所的债务承担无限连带责任。

（二）律师在执业机构中的行为规范

根据《律师执业行为规范（试行）》的规定,律师在执业机构中的行为规范主要有:

第一,律师在承办受托事务时,对出现的不可克服的困难和风险应当及时向律师事务所报告。律师与委托人发生纠纷的,律师应当接受律师事务所的解决方案。

第二,律师因执业过错给律师事务所造成损失的,律师事务所有权向律师追究。

第三,律师事务所对受其指派办理事务的辅助人员出现的错误,应当采取制止或者补救措施,并承担责任。

第四,律师变更执业机构的,应当按规定办理转所手续。转所后的律师,不得损害原所属律师事务所的利益,应当信守对其作出的保守商业秘密的承诺;不得为原所属律师事务所正在提供法律服务的委托人提供法律服务。接受转所律师的律师事务所应当在接受转所律师时注意排除不正当竞争因素,不得要求、纵容或协助转所律师从事有损于原所属律师事务所利益的行为。

二、律师与同行之间的行为规范

从律师行业的整体上来说,所有律师构成了律师这样一个职业阶层。因此律师之间既有共同的整体利益,又有在具体的法律服务事务中的竞争。每个律师在处理与同行的关系时,既要维护自身的个体的利益,又要维护行业的整体利益。所谓维护行业的整体利益,就是每一个律师都有义务维护律师业在社会上的存在价值和生存环境。或者说,就是要遵守律师的行为准则和同行间的竞争规则,不得违反职业道德、执业纪律和从事不正当的竞争。只有这样,才能营造良好的行业内的融洽氛围,也才能得到社会各方面的积极评价,使全行业受益,推动律师业的向前发展。所以处理好同行关系的意义是非常重大的。根据《律师执业行为规范(试行)》的规定,律师与同行之间的行为规范主要有:

(一)尊重与合作

在尊重与合作方面,律师的行为规范有:

第一,律师和律师事务所不得阻挠或者拒绝委托人再委托其他律师和律师事务所参与同一事由的法律服务。

第二,就同一事由提供法律服务的律师之间应明确分工,相互协作,意见不一致时应当及时通报委托人决定。

第三,律师和律师事务所不得在公众场合及传媒上发表贬低、诋毁、损害同行声誉的言论。

第四,在庭审或谈判过程中各方律师应互相尊重,不得使用挖苦、讽刺或者侮辱性的语言。

(二)禁止不正当竞争

律师执业不正当竞争行为是指律师和律师事务所为了推广律师业务,违反自愿、平等、诚信原则和律师执业行为规范,违反法律服务市场及律师行业公认的行业准则,采用不正当手段与同行进行业务竞争,损害其他律师及律师事务所合法权益的行为。

第一,律师和律师事务所在与委托人及其他人员接触中,不得采用下列不正当手段与同行进行业务竞争:(1)故意诋毁、诽谤其他律师或律师事务所的信誉、声誉;(2)无正当理由,以在同行业收费水平以下收费为条件吸引客户,或采用承诺给予客户、中介人、推荐人回扣,馈赠金钱、财物的方式争揽业务;(3)故意在委托人与其代理律师之间制造纠纷;(4)向委托人明示或暗示律师或律师事务所与司法机关、政府机关、社会团体及其工作人员具有特殊关系,排斥其他律师或律师事务所;(5)就法律服务结果或司法诉讼的结果作出虚假承诺;(6)明示或暗示可以帮助委托人达到不正当目的,或以不正当的方式、手段达到委托人的目的。

第二,律师或律师事务所在与行政机关、行业管理部门及企业的接触中,不得采用下列不正当手段与同行进行业务竞争:(1)通过与某机关、某部门、某行业对某一类的法律服务事务进行垄断的方式争揽业务;(2)限定委托人接受其指定的律师或律师事务所提供的法律服务,限制其他律师正当的业务竞争。

第三,律师和律师事务所在与司法机关及司法人员的接触中,不得采用利用律师兼有的其他身份影响所承办业务的正常处理和审理手段进行业务竞争。

第四,依照有关规定取得从事特定范围法律服务资格的执业律师和律师事务所不得采取下列不正当竞争的行为:(1)限制委托人接受经过法定机构认可的其他律师或律师事务所提供法律服务;

(2)强制委托人接受其提供的或者由其指定的其他律师提供的法律服务;(3)对抵制上述行为的委托人拒绝、中断、拖延、削减必要的法律服务或者滥收费用。

第五,律师和律师事务所相互之间不得采用下列手段排挤竞争对手的公平竞争,损害委托人的利益或者社会公共利益:(1)串通抬高或者压低收费;(2)为争揽业务,不正当获取其他律师和律师事务所收费报价或者其他提供法律服务的条件;(3)泄露收费报价或者其他提供法律服务的条件等暂未公开的信息,损害所属律师事务所的合法权益。

第六,律师和律师事务所不得擅自或非法使用社会特有名称或知名度较高的名称以及代表其名称的标志、图形文字、代号以混淆、误导委托人。所称的社会特有名称或知名度较高的名称是指:(1)有关政党、国家行政机关、行业协会名称;(2)具有较高社会知名度的高等法学院校名称;(3)为社会公众共知、具有较高知名度的非律师公众人物名称;(4)知名律师以及律师事务所名称。

第七,律师和律师事务所不得伪造或者冒用法律服务质量名优标志、荣誉称号。使用已获得的律师以及律师事务所法律服务质量名优标志、荣誉称号的应当注明获得时间和期限。

第五节 律师与管理机构关系中的规范

司法行政机关的行政管理和律师协会的行业管理相结合,是我国目前的律师管理体制的主要特点。在这种体制中,律师既要接受律师协会的行业管理,也要接受司法行政机关的行政管理。根据《律师执业行为规范(试行)》的规定,律师与律师行业管理机构或行政管理机构关系中的行为规范主要有以下内容:

一、接受行业管理和行政管理的义务

1. 律师和律师事务所应当遵守司法行政管理机关制定的有关律师管理的规定、律师协会制定的律师行业规范和规则。律师和律师事务所享有律师协会章程规定的权利,承担律师协会章程规定的义务。

2. 律师应当参加、完成律师协会组织的律师业务学习及考核。

3. 律师应当按时交纳会费。

二、重大事项报告义务

1. 律师参加国际性律师组织并成为其会员的,以及以中国律师身份参加境外会议等活动的,应当报律师协会备案。

2. 律师和律师事务所因执业成为民事被告,或者受到行政机关调查、处罚,应当向律师协会书面报告。

三、参与律师协会活动的义务

律师和律师事务所应当积极参加律师协会组织的律师业务研究活动,完成律师协会布置的业务研究任务,参加律师协会布置的公益活动。

四、自觉接受调解处理的义务

律师应当妥善处理律师执业中发生的各类纠纷,履行经律师协会调解达成的调解协议。律师应当认真履行律师协会就律师执业纠纷作出的处理决定。

第六节 律师执业机构的行为规范

律师事务所是律师的执业机构。根据《律师和律师事务所违法行为处罚办法》和《律师执业行为规范(试行)》的规定,律师的执业机构也是律师职业行为规则的规范对象,也要承担某些职业责任。根据这些规定,律师执业机构的行为规范可以分为以下几个方面:

一、对司法行政机关和律师协会的行为规范

第一,遵守向管理机关登记管理行为的义务。司法行政机关和律师协会是我国的律师管理机构。这种管理的重要内容之一就是对律师事务所的重大事项的登记管理。因此,律师事务所变更名称、住所、章程、合伙人等重大事项或者解散,应当报原审核部门。根据有

关规定,律师事务所不得从事下列行为:(1)使用未经核定的律师事务所名称从事活动,或者擅自改变、出借律师事务所名称;(2)变更名称、章程、负责人、合伙人、住所、合伙协议等事项,不在规定的时间内办理变更登记;(3)将不符合规定条件的人员发展为合伙人、合作人或者推选为律师事务所负责人;(4)未经批准,擅自在住所以外的地方设立办公点、接待室,或者擅自设立分支机构。

第二,维护律师管理严肃性的义务。律师事务所不得从事下列行为:(1)向司法行政机关、律师协会提供虚假证明材料、隐瞒重要事实或者有其他弄虚作假行为;(2)允许或者默许受到停止执业处罚的本所律师继续执业;(3)采用出具或者提供律师事务所介绍信、律师服务专用文书、收费票据等方式,为尚未取得律师执业证的人员或者其他律师事务所的律师违法执业提供便利;(4)为未取得律师执业证的人员印制律师名片、标志或者出具其他有关律师身份证明,或者已知本所人员有上述行为而不予制止。

二、内部管理上的行为规范

1. 财务管理规范

律师事务所不得从事下列行为:(1)不按规定统一接受委托、签订书面委托合同和收费合同,统一收取委托人支付的各项费用,或者不按规定统一保管、使用律师服务专用文书、财务票据、业务档案;(2)不向委托人开具律师服务收费合法票据,或者不向委托人提交办案费用开支有效凭证;(3)违反律师服务收费管理规定或者收费合同约定,擅自扩大收费范围、提高收费标准,或者索取规定、约定之外的其他费用。

2. 依法纳税

根据《律师法》《律师执业行为规范(试行)》等有关规定,律师事务所应当依法纳税。

3. 内部监督管理规范

律师事务所有义务通过建立律师事务所的规章制度和有效的管理措施,规范自身执业行为并监督律师认真遵守律师执业行为规范。律师事务所对本所律师执业行为负有监督的责任,对律师违规行为负有干预和补救的责任。律师事务所有义务对律师、实习律师、律师助理、法律实习生、行政人员等辅助人员在律师业务及职业道德方面给予指导和监督。

三、对委托人的行为规范

律师事务所不得从事下列行为：

第一，利用媒体、广告或者其他方式进行不真实或者不适当的宣传。

第二，在同一案件中，委派本所律师为双方当事人或者有利益冲突的当事人代理、辩护。

第三，泄露当事人的商业秘密或者个人隐私。

四、同行之间的行为规范

律师事务所不得从事下列行为：

第一，采取不正当手段，阻挠合伙人、合作人、律师退所。

第二，利用与司法机关、行政机关或者其他具有社会管理职能组织的关系，进行不正当竞争。

第三，捏造、散布虚假事实，损害、诋毁其他律师事务所和律师的声誉。

五、其他行为规范

第一，不得向法官、检察官、仲裁员行贿。不得为承揽案件事前和事后给予有关人员任何物质的或非物质的利益。

第二，律师事务所应当建立健全人事、财务、业务、收费等内部管理制度。

第三，律师事务所应当与所内执业律师、其他工作人员签订聘用合同，并按期如实缴纳事务所律师、其他工作人员的失业保险金、养老保险金、医疗社保金、住房公积金等社会保障费用。

第四，律师事务所按照章程组织律师开展业务工作，学习法律和国家政策，总结、交流工作经验。

第五，律师事务所不得投资兴办公司、直接参与商业性经营活动。

第六,律师事务所不得拒绝或疏怠履行有关国家机关、律师协会指派承担的法律援助和其他公益法律服务的义务。

第七节　阅读与思考

一、律师与当事人的关系

客户律师反目成仇　火烧律师楼案曾轰动大连终结案[①]

2004年6月,大连市某某区人民法院对一起放火案作出一审判决,姜某某等5人犯放火罪,分别被判处4年和5年有期徒刑。至此,这起轰动滨城的焚烧律师事务所案终于告一段落。

新闻背景　客户律师反目成仇

大连某某律师事务所主任杨某某,1997年为姜某某代理案件时与其相识,姜某某是山东省烟台市人,后到大连发展。随着交往的加深,二人关系越来越近乎,甚至到了称兄道弟的份上。"真没想到他会烧我的律师事务所",杨某某说。

二人反目是从1998年开始的,当年3月,姜某某得知杨某某要买一处房子(即被烧的律师事务所),很仗义地借给杨某某3万元钱,正是这3万埋下了祸根。为了感谢姜某某借钱之情,杨某某将装修办公室的活让姜某某去做。过程中,杨某某对工期太长表示不满。

事后,姜某某送来一份决算书,标明装修费用是3万多元。杨某某感到很惊讶,也非常生气,认为这个价高得离谱,后来双方都作出让步,杨某某支付了15000元装修费,此事告一段落。

但是,事情并没有就此结束,一年后,姜某某向杨某某索要3万元借款,杨某某的回答是:"钱是该还,但这期间我为你及你公司代理的6起案件的代理费也要算一算。"双方意见不一致,于是,姜某某起诉杨某某还借款,杨某某起诉姜某某及他的两个公司付代理费。二

[①] 载搜狐在线,http://news.sol.sohu.com/40/99/news201299940.shtml,最后访问日期:2024年6月3日。

人反目成仇。

新闻事件　律师事务所被烧

1999年5月8日,杨某某像往常一样于早8时来到办公室,眼前的情景把他惊呆了,办公室的铝合金窗三层都被打碎,窗上的防护栏被烧得漆黑,杨某某打开自己的房间,整个房间被烧得破烂不堪,桌、椅、卷宗、书籍、地板、铝合金窗全被烧毁。

当天上午,公安部门对现场进行勘查,发现现场有两个啤酒瓶子嘴,结论是:有人利用两瓶汽油纵火。杨某某说,当时就想到是姜某某干的,但苦于没有证据。

将近两年的时间过去了,2001年3月,杨某某突然接到一个匿名电话:"某某律所办公室的火是姜某某指使手下的两个人陈某、张某放的。"大连市某区公安分局刑警迅速前往山东省莱州市将犯罪嫌疑人陈某(真名叫瞿某)缉拿归案。随后,张某、初某、徐某、姜某某落入法网。

最先到案的瞿某供认了受姜某某等人的指使,伙同徐某放火焚烧某某律师事务所的犯罪事实。主犯姜某某到案后,在公安机关接受审讯时,承认放火的目的是吓唬杨某某。

......

[提示与问题]

上述案件的起因是律师同委托人之间进行的交易。律师和委托人进行交易,会存在哪些风险?如何消除这种风险?为了得出你的结论,你还需要掌握哪些信息?

状告对方辩护律师"变脸"①

陈某某,河南郑州人。1999年12月4日,陈某某9岁的独子陈一鸣到郑州市儿童医院就医,在医院为他实施了阑尾切除手术后的第25天死于医院。当陈家结账时,收到了一张7米多长的账单,并被告知各种花费共15.8万元。

---

① 《国内首例状告律师变脸案》,载新浪网,http://news.sina.com.cn/c/2001-09-07/350579.html,最后访问日期:2024年9月22日。

2000年4月22日,陈某某以医疗事故为由,向郑州市中级人民法院提起诉讼,要求儿童医院赔礼道歉,并赔偿503.39万元人民币。2001年3月27日,郑州市中级人民法院一审宣判,儿童医院向患儿家属赔偿各类损失10.075万元。2000年7月17日陈某某又以医院乱收费为由,向郑州市金水区人民法院提起诉讼,要求依照《消费者权益保护法》规定对向他多收的费用实施"一加一"赔偿。2000年12月22日郑州市金水区人民法院一审判决认为,"医疗纠纷非《消费者权益保护法》调整范围",对陈某某索要"一加一"赔偿的请求不予支持。

陈某某对这两个判决结果都不满意,表示要上诉。而2000年6月上旬的一天,陈某某在医院太平间探视儿子的尸体时,闻到恶臭味,检查发现,存放尸体的冰箱电源插座掉了。于是他又以"医院故意破坏尸体毁灭证据"为由,向公安机关报案,案子目前尚无结果。

数起官司余波未了,陈某某又一次向法院递交了一份起诉状。这一次他要告的是在医院索赔案中担任医院方代理律师的北京律师邓某某,郑州市金水区人民法院于2001年8月23日立案受理。

陈某某:拿着我的材料却做对方的律师

2001年8月28日,记者收到陈某某的传真,其中包括一份向郑州市金水区人民法院递交的民事起诉状。陈某某在起诉状称:1999年12月29日儿童医院"宣布"其儿子陈一鸣死亡。2000年1月2日,被告邓某某的经纪人毛某某来到陈家,不失时机地推销所谓"医疗案件第一诉讼高手"邓某某。毛某某当即用手机与邓某某取得了联系,联系后邓某某对他们一家深表同情,表示会尽力相帮。他于是答应可以请邓某某作为代理律师向医院索赔,并于当天将65页材料给了毛某某。3天后,即1月6日上午10时,毛某某来电话说已与邓某某联系好,邓某某说材料太少看不明白,让他提供手中现有的全部证据材料。当天中午12时20分,他将当时手中全部材料共计300页用特快专递寄给了邓某某的经纪人毛某某。此后他不断催促毛某某,希望尽快见到邓某某,毛某某总是说邓某某是名律师,全国各地都有案子,很忙,让他耐心等待。

陈某某还说,事情一直拖到2000年2月8日。当晚7时左右,他同两位朋友一道赶到金桥宾馆608房间,请邓某某分析案件前景。邓某某三言两语分析了案情,谈了他认为的几个"关键点",随后就索要15万元"打点关系"。当他说可以凑5万时,邓某某立即变脸,带着材料走了。

陈某某在起诉状中说,令他气愤的是,2000年11月10日开庭时,竟发现邓某某坐在被告郑州市儿童医院代理人席位上!所以他认为:"被告邓某某先与原告联系,索取证据材料,然后将原告的证据材料私自给对方当事人使用,违反律师职业伦理。在没有接受原告委托之后又拒不归还当事人的证据材料,实属侵权违法行为,使原告遭受不利影响,并造成经济损失。因此,根据《律师法》《民法通则》等法律的规定,向法院提起诉讼,请求判令被告邓某某归还材料并赔偿经济损失12.29元。"

……

邓某某:我从没拿过陈某某的材料

2001年8月29日,记者约见了邓某某。邓某某告诉记者,他没有拿过陈某某的任何材料。他说:"2000年2月8日,我回开封老家过年,路过郑州,住在金桥宾馆608房间。我的同学毛某某给我来了个电话,说他有个熟人想向我咨询一下一个医疗纠纷的案子。我告诉他我在郑州,他说那人也在郑州,当时我觉得有点晚不太想见,可是毛某某是我的同学,不好拒绝就答应了,我就告诉了他我住的具体地方。晚上7点左右,毛某某来到了我的房间,用房间的电话通知了对方。直到此时,我还不知对方是谁。三四十分钟后,对方两人赶到我的房间。经介绍我才知道其中一人叫陈某某,另一人据说是他的弟弟。陈某某介绍了他儿子病死医院的事后,对我说想追究大夫的刑事责任。我就问他有没有做医疗事故鉴定,陈某某说没有,我就告诉他,没有这个鉴定是无法追究大夫的责任的。陈某某表示不同意,我也坚持自己的观点。整个谈话大约一二十分钟,内容就这么多。此间陈某某没有提让我代理此案,我也没提,更谈不上说有什么我向他要15万元才愿给他打官司的事。此后半年我在北京与陈某某没有任何联系,自始至终我也没有拿陈某某的材料。"邓某某告诉记者,听毛某某说陈某某的确给过毛某某一些材料,仅仅是一些病历,而且也没有陈某某说的那么多。但他肯定,材料他没有见过,现在可能还在毛某某手上。

31日邓某某在再次接受记者采访时又提出:"他说我拿了他的材料,为什么当时在法庭上他不向我要,这是允许的;庭后为什么也没有向我要?此后到今年6月,为什么也没提有这么回事?陈某某还分别在今年3月和6月两次向北京市律协投诉我,为什么第一次他没有说我拿了他的材料,到6月份的投诉中才提呢?"

至于是如何成为郑州市儿童医院的辩护律师的,邓某某说:"当时儿童医院在与陈某某的医疗纠纷案中处境尴尬。而此前我曾经给开封市妇产医院当过代理律师,也是医疗纠纷,结果医院比较满意,儿童医院就从开封市妇产医院打听到我。2000年8月,儿童医院的一个业务副院长和一个医务科长来到北京,找到我所在的单位北京某某律师事务所,当时是所里的主任和我一起接待的,情况弄清楚后,我才知道这个案子的原告就是当初找过我的陈某某。接下案子后,主任交给了我,我向主任汇报了当初自己与陈某某见过面的事,主任认为我仅仅只是见过他一面,不存在什么问题,我就接手了这个案子。"邓某某还讲了一个细节:"开庭之前我和他(陈某某)在洗手间碰到过,当时闲聊了两句,他还很友好地问我有没有回开封老家。谁知开完庭他就翻脸了,他说开庭时突然发现我是医院方的代理律师,也是谎言。"

[提示与问题]

1. 律师对于潜在委托人负有哪些职责?在判断一个人是不是潜在的委托人时,应当遵循哪些标准?

2. 这个案例告诉我们,律师在同潜在委托人进行接触的时候,存在某些风险。这些风险是什么?应当如何预防?

(a)律师应当将其持有的与代理有关的委托人的或者第三人的财产与该律师自己的财产分离开。资金应当保存在该律师的办公场所所在的州设立的独立账户中,或者委托人或者第三人同意的其他地方。其他财产应当进行如上的区分并适当地加以保管。上述账户资金和其他财产应由律师制作完整记录并在终止代理后将该记录保存一段时间(5年)。

(b) 仅为支付委托人信托账户的银行服务费用,律师才可以将其自己的资金存入该委托人信托账户中,但是数量必须为该目的所必需。

(c) 律师应当将委托人预付的律师费和其他费用存入委托人信托账户中,律师只有在已经赚取该律师费或者该其他费用已经发生的情况下,才能支取这些资金。

(d) 在收到委托人或者第三人拥有利益的资金或者其他财产时,律师应当迅速通知委托人或者第三人。除非根据本条规则的规定或者为法律或者与委托人签订的协议所允许,律师应当迅速地把委托人或者第三人有权收到的任何资金或者其他财产交给委托人或者第三人。根据委托人或者第三人的要求,律师应当迅速提交关于上述财产的完整账簿。

(e) 在代理过程中,在律师持有两个或者两个以上的人(其中可以是律师)都主张利益的财产时,在该争议得到解决之前,该财产应当由律师单独保管。律师应当将该财产中就其利益不存在争议的所有部分迅速分发。

[提示与问题]

上面是美国律师协会《职业行为示范规则》第1.15条的规定,请与我国《律师执业行为规范(试行)》第54、55条的规定进行比较。

通过比较,你发现我国律师职业行为规范在律师处理与当事人有关的财产的规范方面还存在哪些问题?

二、辩护的伦理

辩护的伦理道德[①]
查尔斯·柯蒂斯

我首先要将辩护置于适当的位置,它是一种特殊的代理行为。

---

① 节录自〔美〕博西格诺等,《法律之门,法律过程导论》,邓子滨译,华夏出版社2002年版,第440—448页。

一名律师将生活和事业奉献于他人而行为。牧师和银行家也是如此。银行家处置他人的金钱,牧师处置他人的精神追求,律师处置他人的困境。

但这里还有区别:牧师或教士的忠诚,不是献给特定的教区居民的,而是献给教堂的,尽管他要关照教民的喜怒哀乐;银行家的忠诚则是献给银行的。为教民或贷款人服务的,是教堂或银行,是牧师或银行家所代表的机构,而不是他们本人。他们的忠诚与律师的忠诚异路殊途。

当一名律师为政府工作时,情形也与牧师或教士不同,他的忠诚有了极好的遁词,因为如果说政府是他仅有的客户,那有点儿不切实际。政府太庞大了,它将他吸收掉,使他成为它的一部分。

充当一家公司的总顾问也几乎是完全与他的客户混同为一,塔夫特(Taft)在奥尔巴尼(Albany)法学院做过一些讲座,其中提到在公司法律部的工作时说:"这种雇佣所导致的结果,是使律师变成不折不扣的公司官员,他与公司的认同程度就像他就是董事长、秘书或者财务主管。"事实上,他通常就是一名董事或者副总裁。

而私人执业的律师则不是这样,他的忠诚只针对他的客户,他没有其他的主人。法庭不是他的主人吗?你问。法庭采取的立场难道不是与教堂或银行一样吗?律师不是法庭的一名官员吗?难道法庭不对他的忠诚主张权利吗?有所主张,但却以某种自相矛盾的方式。法庭确实要求律师尽其官方责任,但这一责任就是将自己奉献于客户。基于法庭自己的命令,也就是法律的命令,法庭处在第二位……

一名律师伴其客户能走多远?能够背离法庭到何种程度?

你所代理的人很有理由期望你对他比对别人好,换言之,就是你对他所做的事应比对其他人所做的事有更高水准。这里有很长的历史渊源。苏格拉底在《共和国》一书中,起笔就已经论述了前柏拉图式的伦理道德,即正义在于对你的友人为善而对你的敌人为恶。因此,律师不知不觉之间发现自己对待自己的客户要好于对待其他人,并且其他人因而比自己的客户要坏。一名律师,或者受托人,或者任何为他人服务者,对于外人的行为水准,要低于他对于自己的客户、委托人或主顾的行为水准,尤其是在这些人与外人相对抗的时候。

他被要求像对待野蛮人和敌人一样对待外人。律师越是对客户忠心耿耿,他在为客户服务时对其他人的忠诚与奉献就越少,就好像一个人只有一定数量的美德,给一个人多了,能够给别人的就少了。于是,一个以服务他人为职业的人,在他代表客户与外人打交道的时候,发现自己的行为水准低于他为自己而行为的水准,也低于他的客户代表客户自己的行为水准,事实上,低于任何人为自己而行为的水准。

你不顾自己的危险而献身于另一个人的利益。代理行为使一个人远远脱离了自己。人们甘愿为别人去做他们不愿为自己去做的事——高尚的,以及卑鄙的。我现在想做的是用法律执业中一系列困境来生动说明这一切。这些困境提出了伦理问题,但我认为这些问题无一具有正确或错误这样简单的答案,而且我知道,没有任何伦理或道德准则能够导出任何答案。当这困境的原因在于为他人还是为自己之间的区别时,如何能导出答案呢?

一名律师以前的当事人给他打电话,这当事人此时不幸成为一个逃犯。警察在抓他,他需要律师的建议。律师到他当事人的所在,听了整个情况后劝他投案自首。最后,他成功地说服他相信这是最好的选择,并约定了一起去警察局的时间。这当事人要用两天时间了结一些事情,做一些告别。当律师回到办公室,一名警察正在等候他,问他的当事人是否在城里,具体躲在哪里。当然,他撒了谎。

……

律师对待自己的案件应像一部生动的小说,将自己与其当事人相认同,就像与情节中的男女英雄相认同一样。然后,他将以极大的热情去工作,这种热情就是绝大多数人在救助他人现实危机或者面对他人危机时所感觉到的那种冲动……

一名律师如何确保超然?有两种方式、两种手段。所有的律师,或者几乎所有律师,都熟悉其中一种或两种。

一种方法是将整个事件作为一场游戏。我不是在说体育运动的正义理论,我是在谈律师与其当事人的个人关系以及他超脱于当事人的必要性。永远不要责备一位律师将诉讼当作一场游戏,无论你如何以此指责一位法官。律师是自身超脱的,一个人若全身心投入他人的困难之中,将这些困难采纳为自己的困难吞没,他必须站在自身个性的高地上,不仅为了保护自己,还为了给他的当事人所想要的东西……

另一种方法是具备一种工匠意识。也许这是同一回事,但我认为不全是一回事。在游戏中,只要你竭尽全力,就会有满意,全不必得到好的分数,就像尽力做好任何其他事一样……

一名律师可能不得不将法律执业视作游戏,但如果他能够倚赖手艺,它就可能成为一门艺术……

……我不知道还有什么比尽力做好一件事情,而全不顾其有用性或目的性,更具快乐兴奋之感,至少是一种闲适。

我还将律师比作执掌他人金钱的银行家和执掌他人精神志向的牧师。让我更进一步,将律师比作诗人,其诗句深入事物的核心。"他是那特殊的一人,用第二人称谦卑地向自然发言,在某种意义上,他是世界的庇护者。尽管他最切近于自然,但也最疏离于他。"

[提示与问题]

1. 柯蒂斯断言,那些为政府或公司工作的律师被他们的客户收买了。除了他们的雇主之外这类律师应否对公众承担义务?思考联邦政府供职律师的道德规范:

美国《联邦律师职业道德考量》(Federal Ethics Consideration)第8条第2款:联邦律师之地位可给予特别考量,此类考量不适用于一般律师,包括对与《美国律师协会职责规范》(American Bar Association Code of Professional Responsibility)"准则(Canon)八"有关的完全的行为自由作某种限制("准则八"规定,一名律师应帮助改善法律制度)。例如,在"国内税收服务首席顾问办公室"(The Office of the Chief Counsel of the Internal Revenue Service)工作的律师,可以合理期望他不受公众指责地遵守某些与其职责范围密切相关的政策和规则,即使他本人不同意该机构所持的立场。但即使他亲自参与政策或规则的制定过程,他的良心也不大可能强迫他公开反对一项与职业伦理或道德判断相抵触的判决。在此情形下,他应首先准备辞职。在他判断的形成过程中,他不能滥用自己的职业自信。

2. 律师职业道德规范设立了一系列伦理道德标准,意在让当事人对律师的能力、可信度和热心服务有信心。如果律师是有职业道德的,社会应否从律师与当事人的关系中获取利益?

第六章 公证伦理

公证伦理是指公证员在职务活动中遵循的伦理准则,也可以称为公证员职业伦理或公证员职业道德。《公证法》由第十届全国人民代表大会常务委员会第十七次会议于2005年8月28日通过,自2006年3月1日起施行。2015年4月24日第十二届全国人民代表大会常务委员会第十四次会议对其进行了第一次修正,2017年9月1日第十二届全国人民代表大会常务委员会第二十九次会议对其进行了第二次修正。该法律的颁布对于完善我国公证制度,规范公证员的职业伦理,促进公证事业的健康发展,具有十分重要的作用。本章主要结合现行的公证制度介绍我国公证员的伦理规则。

第一节 公证员职业伦理概述

公证制度起源于古罗马,在大陆法系和拉丁美洲国家得到迅猛发展。1948年成立的国际拉丁公证联盟,是目前最有影响力的公证业国际组织。2003年该联盟接受中国公证协会为其正式成员。公证是指国家法律授权公证机构依法对当事人的法律行为、有法律意义的文书和事实的真实性与合法性进行证明的活动。公证是相对于私证的一种证明活动,具有一般证据和诉讼证据的效力,可以成为法律行为成立的要件并可作为法院强制执行的根据,对社会上重大的法律行为、法律事件具有普遍的引导效力。公证员是依法取得资格,由国家按照法定程序任命的,在公证机构专门从事公证证明工作的法律职业人员。

新中国的公证制度始建于20世纪50年代,受苏联的影响很大。进入20世纪80年代以后,我国的公证事业得到了高速发展,在体制上也发生了很大变化,接受了大陆法系公证法律制度的很多宝贵经验,在市场经济法律体系中发挥了重大作用。公证处由原来的行政体制转变为事业体制,成为执行国家公证职能、自主开展业务、独立承担责任、按市场规律和自律机制运行的公益性、非营利的事业法人。公证员也改变了原来国家公务员的身份,成为通过国家统一法律职业资格考试遴选、执行国家公证职能的专业法律工作者,进入到法律职业共同体中。公证员必须具备坚定的政治信念、优良的道德品质、丰富的法律知识和社会经验等基本素质。

公证员进入法律职业共同体,需要人们有一个认识过程,很多人总认为公证员就是一种证明人,不需要多高的素质及法律专业水平,与律师、法官、检察官无法相比。殊不知公证证明要解决的是法律行为、事实、文书的真实性、合法性问题,其涉及的内容可能发生在过去、现在或将来,对社会具有预防纠纷、减少诉讼、促进稳定、发展经济的重要作用,而且世界各国的公证员与辖区人口大都保持一定的比例,不允许盲目发展,少而精,多易滥,使人们不得不对公证员刮目相看;预防纠纷比解决纠纷要求更高,公证活动的特点促使人们重新审视公证员的作用,对公证员的素质和职业道德也提出了更高的要求。

公证员的职业伦理,是指在公证活动中,公证人员从思想到具体事务的处理所应遵循的行为规范和基本准则。就适用对象而言,不仅指依法取得资格的执业公证员,也包括办理公证的辅助人员和其他工作人员;从道德规范调整的内容看,既包括办理公证业务的行为,也包括公证人员的思想意识。公证人员职业道德建设对公证业的发展具有重大意义,关系到公证业的发展,高尚的职业道德情操是公证员提供高效优质法律服务并赢得社会信赖的根本保障,也是发展高素质公证员队伍的重要途径。

加强公证员职业伦理建设必须牢固树立德才兼备的思想,建立和完善公证人员职业道德规范体系,提高公证人员的思想认识,实现自我约束、自我管理的功能,加强对公证机构的管理,完善内部管理制度,提高公证员的主人翁意识,建立奖惩制度,弘扬传统美德和奉献精神,急当事人之所急,想当事人之所想,全心全意为人民服务,杜绝私心,惩治腐败,一切服从法律,以国家利益和社会公共利益为第一需要,保质保量地完成公证法律服务事项。

公证人员的职业道德建设主要包括以下内容:
(1) 坚定的政治方向和远大的奋斗目标;
(2) 高度的事业心和强烈的责任感;
(3) 勤奋好学的作风与苦干实干的精神;
(4) 忠于事实真相,忠于宪法和法律;
(5) 主持公道,伸张正义;
(6) 忠于职守,严守职务秘密;
(7) 率先垂范,严于律己;
(8) 清正廉洁,一尘不染;
(9) 严肃认真,一丝不苟;
(10) 勇于同各种违法违纪行为作斗争。

公证员作为法律职业共同体的组成部分,应当和法官、检察官、律师在法律意识和道德意识上具有相同的标准,忠于宪法和法律,坚持以事实为根据,以法律为准绳,按照真实合法的原则和法定的程序办理公证事务。公证员的核心任务就是通过对法律行为、有法律意义的事实或文书的真实性、合法性进行证明,来维护当事人的合法权益,稳定市场经济秩序和社会秩序,实现公平正义。从行使国家证明权的角度来说,公证员的业务活动具有国家属性,公证员属于公职人员,其证明的法律效力高于一般的私证,受到法律的特殊保护。

公证员必须按照法定程序去办理公证事务,用法律的标准去衡量申办事项是否达到真实、合法的标准。在对真实性、合法性的判定上,公证员的道德水准和法官一样,必须中立而公正,应当恪守独立、公正、客观的原则,不受非客观事实和法律之外因素的影响,忠实地维护法律的尊严,切实保障法律的正确实施和公众权利的平等实现。要按照法定程序去判明申办事项的真实与否,不能简单地凭借直觉判断。现代社会的发展,使得表面上看起来很简单的事物在内部关系上具有复杂性和隐蔽性,正因为如此,市场经济条件下的社会公众才对公证活动寄予厚望,希望公证能够成为识别真假的锐利武器,成为保护公民合法权益的一道重要防线。人们对公证作用的认识与期盼,会随着司法改革的深入、证据法则的严谨、市场经济体制改革的深化而更加强烈。

从公证活动的后果来看,主要是申办公证的当事人得到益处,与国家及社会公共利益没有直接的联系,所以,公证活动的成本不应由国家来承担。如果国家因为公证的国家属性来支付公证费用,就意味着直接受益的当事人没有因其受益而支付代价,反而将其以国家支出的方式分摊给所有的纳税人,这显然是不公平的。所以,世界各国在确立公证法律制度时,都规定公证费由当事人来承担,因为这是私权的范畴,不应由国家来承担费用。这一特点也同时反映出公证员自由职业的属性,公证员办理公证事项,完全凭借其个人的知识和技能,并非国家意志的体现。这一点又与律师的职业特点相似,但关键的不同在于公证员办理公证事务时,并不是站在公证当事人的立场上来维护其合法权益,而是以中立的第三人身份作出证明,并非当事人的代理人,收费也不能改变中立的立场。这使得公证员的职业道德规范,既有与法官、检察官的共性,又有与律师的共性,还有自己的固有特点。

第二节 公证员与当事人的关系规范

一、公证员的保密义务

中国公证协会审议通过并颁布实施的《公证员职业道德基本准则》第5条规定:"公证员应当自觉履行执业保密义务,不得泄露在执业中知悉的国家秘密、商业秘密或个人隐私,更不得利用知悉的秘密为自己或他人谋取利益。"公证员在办理公证事务中,不可避免地会涉及当事人不愿让他人知道的信息,例如遗嘱、收养、婚前财产公证等事项中涉及的一些内容,公证员对此负有保密的义务。这种保密义务意味着公证员不得向办理公证事务之外的任何人泄露,包括公证员的亲属、同事,也不得利用通过办理公证事项所知晓的秘密为自己或他人谋取利益。随着公证业务范围的不断开拓,公证员在办理公证事务中会接触到很多有可能给自己或亲友带来利益的信息,如开奖公证、拍卖公证、合同公证、证据保全公证等,公证员必须牢记职业道德规范,不能为一己私利,而毁了公证员的信誉,要公私分清,利益面前不动摇,不利用公证员的职务为自己或他人谋取利益。保密义务对公证员来说非常重要,不仅体现在不能随便跟他人谈及这些秘密,还表现在其他形式上。在公证员著书立说及进行科学研讨中,难免会以自己办理的公证事项进行举例说明,此时必须对所引事项进行加工处理,不能让相关人士对号入座,猜到某些内容,以从中牟利,或损害当事人的利益。在一些会议及宣传活动中,也要注意对相关信息的保密,在涉及公证书的内容需要出庭作证时,可就有关情况先向法官通报说明,在公开审判的场合应当注意表达方式。总之,公证员保守职务秘密既是法律规定的义务,也是职业道德的要求。

二、公证员的告知义务

《公证员职业道德基本准则》第 8 条规定:"公证员在履行职责时,应当告知当事人、代理人和参与人的权利和义务,并就权利和义务的真实意思和可能产生的法律后果做出明确解释,避免形式上的简单告知。"公证员是法律职业人员,精通法律知识和程序,而其所接触的当事人可能对相关法律一无所知,公证员应当不厌其烦地将有关规定和当事人依法享有的权利义务一一告知,还要将有关的法律概念讲解清楚,使得当事人在办理公证过程中很好地行使权利、承担义务,配合公证员顺利办理好公证事项。对于不同民族、种族、国籍和宗教信仰的当事人,公证员应当注意语言和宗教信仰的差异,选择适当的语言和表达方式,使其真正了解依法享有的权利和承担的义务;对于老年及健康状况较差的当事人,不仅要明确告知法律的相关规定,还要用通俗的语言作出解释,使其了解法律规定的内涵,在理解法律的基础上,真实地反映自己的思想意识;对于行动不便的当事人,公证员还应当到当事人的住所办理公证事项,讲解有关法律。在执行职务时,公证员要特别注意自己的语言、语气和表达方法、态度,满腔热情地对待当事人,体现出服务意识,避免在思想交流上产生误解,切实办好公证事项。

三、注重礼仪,举止文明

《公证员职业道德基本准则》第 11 条规定:"公证员应当注重礼

仪,做到着装规范、举止文明,维护职业形象。现场宣读公证词时,应当语言规范、吐字清晰,避免使用可能引起他人反感的语言表达方式。"公证员作为法律职业人员,行使的是国家证明权,必须树立良好的职业形象,维护公证行业的声誉。在执行职务时,应当注重礼仪,着装整洁规范,举止文明大方;接待会谈,调查访问,查阅材料及制作笔录,应表现出法律职业人员的儒雅风范;现场宣读公证词时,庄重、严肃,在形体动作上反映出法律的至高无上和威严,用清晰流畅、有节奏的规范语言表达公证词的内容,使现场人员感到法律的神圣与公正,增强合法性和安全感,使人有一种庄重而不疏远,亲切而又有距离的感觉,充分发挥现场公证的作用。

四、提高素质,依法办证

《公证员职业道德基本准则》第7条规定:"公证员应当珍惜职业荣誉,强化服务意识,勤勉敬业、恪尽职守,为当事人提供优质高效的公证法律服务。"第10条规定:"公证员应当严格按照规定的程序和期限办理公证事项,注重提高办证质量和效率,杜绝疏忽大意、敷衍塞责和延误办证的行为。"第15条规定:"公证员应当道德高尚、诚实信用、谦虚谨慎,具有良好的个人修养和品行。"第18条规定:"公证员应当不断提高自身的业务能力和职业素养,保证自己的执业品质和专业技能满足正确履行职责的需要。"公证职业的社会作用在于预防纠纷、减少诉讼,是防患于未然的一项系统工程,需要高素质的人经过不懈的努力才能完成,并非像有些人所说盖一个橡皮图章就完事,要知道这个图章背后是国家证明权的行使,是真实性、合法性的确认。具有强制执行效力的债权文书公证,还会产生既判力的效果。没有高水平法律专业素质和一定实践经验的公证员是无法履行其职责的。

公证员又是一个理性的职业,并非完全程序性操作的熟练工种,很多公证事项都需要公证员进行理性的思考,并且还要把思考判断的过程反映在公证书上,让人看罢公证书能够接受其结论,而非凭职权硬性认定的结论,要素式公证书就充分体现了公证员的这一职业特点。缺乏法律知识和技能的人以后就很难胜任公证员的工作,而且也很难蒙混过关了。公证员职业又是艰苦而高尚的,只有较高的业务素质,没有高尚的道德情操,也难以适应公证员职业的需要。公证员的执业过程,本身就是去粗取精、去伪存真、由表及里的过程,完成这个过程需要艰苦的努力,要不怕困难,勇于吃苦,积极收集相关证据材料,在此基础上还要认真分析、独立思考、自主判断,而且要敢于坚持正确意见,只服从法律,排除一切干扰。公证员是在用自己的良知和品行开展工作,高尚的道德情操和高超的法律专业技能是公证员办理公证的基本条件,并且还要不断学习、提高,以适应社会发展的需要。

五、清正廉洁,忠于职守

《公证员职业道德基本准则》第 16 条规定:"公证员应当忠于职守、不徇私情、弘扬正义,自觉维护社会公平和公众利益。"第 20 条规定:"公证员应当树立廉洁自律意识,遵守职业道德和执业纪律,不得从事有报酬的其他职业和与公证员职务、身份不相符的活动。"第 21 条规定:"公证员应当妥善处理个人事务,不得利用公证员的身份和职务为自己、亲属或他人谋取利益。"第 22 条规定:"公证员不得索取或接受当事人及其代理人、利害关系人的答谢款待、馈赠财物或其他利益。"公证员也是法律工作者,其职务活动导致公证书的产生,可以在诉讼活动中直接作为证据来使用,如果没有足以推翻它的相关证据,人民法院就会将其直接作为定案依据;公证书还可以用作法院强制执行的根据,可以不经审判直接进入执行程序,与生效裁判产生同样的法律后果;公证书还可以引导社会行为,在市场经济条件下可以帮助人们识别真假,具有较高的社会地位。

公证员虽然不是国家机关工作人员,也不是司法官员,但是其对国家证明权的行使,以及其在司法活动和社会活动中的地位,依然没有改变其社会公共管理的职能。公证员中立公正的职业行为特点也进一步印证了其公共管理职能的属性。因此,公证员必须保持清正廉洁的职业道德,不被物质利益所惑,不得接受当事人及其代理人、利害关系人的请客送礼,不拿法律做交易,严格按照法律规定审查申办事项,维护公证书的权威性,维护公证员的良好声誉。

公证员行使的是国家证明权,因而不得再从事其他与公证员职务、身份不相符的活动,例如,不得担任法官、检察官,不得从事其他商业活动。因为审判职能、法律监督职能与证明职能在诉讼活动中不能集于一身来行使。从理论上讲,公证员也不能担任行政职务。在某些特殊情况下,行政官员可以行使一部分公证职能,是公证活动的特例,并不意味着公证员可以兼做行政官员。在英美法系,律师也可以兼做公证员,公证员也被纳入律师的管理体系。在英国,公证处、审判机关和行政机关都有办理公证业务的权利。在美国,公证人可以由律师或其他职业者担任,公证证明只对文书上的签名、盖章的真实性负责,而不对文书内容的真实性负责。在拉丁美洲的一些国家,大学的法学教授可以兼职做公证员,公证员也可以兼职做大学教授。

我国法律规定公证员都是专职的,不能兼职做其他工作,公证员职务必须通过公证处来履行。其实,我国律师制度中目前依然允许高等法律院校(系)及科研机构的教学科研人员担任兼职律师,开创了律师制度的先例,在实践中取得了较好的效果,一方面科研人员积累了实践经验,理论联系实际,促进了法学教育与科研工作;另一方面,兼职律师都是高学历、高职称,理论功底深厚,也提升了律师的整体水平,促进了律师队伍的发展。公证制度为什么不能借鉴律师制度的成功经验和拉丁美洲国家成熟完善的公证法律制度,允许存在兼职公证员呢?这是一个非常值得探讨的问题。大学教授兼职做公证员,与现行的职业道德规范和法律制度并不矛盾。

公证员办理的公证事务涉及社会生活的各个方面,尤其是经济领域,绝大部分都涉及财产权益。公证员在办理公证事务时,必须妥善处理好个人事务,不得利用公证员的身份和职务为自己、家属或他人谋取私人利益。我国的公证法律制度尚不完善,法律上的监督制约机制也不够,主要靠公证员的职业道德来调整,公证员与律师的人才流动渠道也仅仅是公证员转向律师的单向流动。有些公证员在履行公证员职务时,承接了一些必须公证的事项,与相关当事人结识,通过律师资格考试以后,摇身一变就成了律师,原有的公证事项当事人也就成了律师的客户。这主要体现在房地产及金融法律服务方面,对其他律师则构成了不正当竞争,公证法及职业道德规范对此都缺乏调整,应予完善。

公证员还应当树立为当事人服务的良好意识,一切为当事人着想,让自己的个人利益服从为当事人办证的需要,按照规定的程序和期限办理公证事务,对于紧急事项,要特事特办,即使是加班加点,也要及时受理、审查、公证,不能因为公证员个人的原因和其他主观因素拖延推诿,耽误时间而使当事人的利益受损。需要注意的是,加快办证的时间,只能是提高工作效率,而不能在审查工作上打折扣,不能以损失真实性、合法性的代价来换取时间上的节省。公证工作应该既抓紧时间,又保证不出错证。

第三节 公证员同行之间的关系规范

《公证法》第 6 条规定:"公证机构是依法设立,不以营利为目的,依法独立行使公证职能、承担民事责任的证明机构。"第 7 条规定:"公证机构按照统筹规划、合理布局的原则,可以在县、不设区的市、设区的市、直辖市或者市辖区设立;在设区的市、直辖市可以设立一个或者若干个公证机构。公证机构不按行政区划层层设立。"由于我国的公证处是事业法人组织,互相之间没有隶属关系,公证员虽然实行专业技术职务制度,但公证员都是平等的,所出具的公证书具有同等的法律效力,公证处与公证处之间、公证员与公证员之间都是公平竞争的平等关系。在市场经济条件下,特别是在没有国家财政拨款支持的情况下,创设公平竞争机制、加强职业道德建设就显得特别重要了。

一、独立办证原则

独立办证是公证员应当坚持的一项基本原则,公证员要凭借自己的知识和技能,对受理的公证事项依法进行审查;对重大、疑难案件,可以请示汇报;对难以判定的可以向领导或有经验的公证员请教。除审批程序外,公证员都是独立办理公证事务。同时,公证员在向他人请教和讨论公证疑难问题时,不得泄露有关公证事项的秘密。

经过讨论、请教,最终还需公证员自己作出判断,提请审批也要有自己的明确意见。公证员要养成独立思考的良好习惯,认真分析,自主判断,对自己认为是正确的意见,要找出充分的理由和根据,敢于坚持,并善于和持不同意见者进行辩论。真理越辩越明,这样才能最终确保公证书的正确性。

二、不干涉他人办证原则

《公证员职业道德基本准则》第 24 条规定:"公证员不得以不正当方式或途径对其他公证员正在办理的公证事项进行干预或施加影响。"公证员在同一个公证处内,应当互相尊重,各自对依法受理的公证事项认真履行职责,不得干涉他人的正常工作,不得为当事人说情送礼,也不得将公证员的住宅电话和其他私人信息披露给当事人,不得向正在办理公证事务的公证人员打听办证情况,也不得了解相关内容。对于其他公证员正在办理的公证事项或者处理结果,除非在正常的讨论程序或审批程序中,不得发表有可能影响公证员独立自主判断的不同意见。对于有充分理由的不同意见,如果不发表有可能导致错证发生的,可以按管理权限向公证处的相关负责人汇报,并充分阐述不同意见之理由,通过审批程序来维护正常的办证秩序。

三、维护公证书权威的原则

《公证员职业道德基本准则》第 13 条规定:"公证员不得利用媒体或采用其他方式,对正在办理或已办结的公证事项发表不当评论,更不得发表有损公证严肃性和权威性的言论。"任何一个公证员都要自觉地维护每一份公证书的严肃性和权威性,对于办理公证事项的不同看法,允许各自保留,在出具公证书时要尊重主办公证员和审批者的意见。如果确认是错证,可以按照法定程序予以纠正,依法向公证处领导和司法行政机关反映。对于学术上不同观点的争议和讨论,要选择适当的场合及方式进行研究探讨,但不得干涉他人依法出具公证书;更不得出于泄私愤的目的,不负责任地发表言论;也不得在公众场合或新闻媒体上发表不适当的言论,使公证书的严肃性和权威性受到影响。学术上的不同观点以及对办理公证事项的不同意见都有可能存在,而且也是正常的。自己的观点和意见没有被别人接受,也是正常的,科学本身就是不断探讨、不断争论的过程。公证员作为有较高水准的法律专业人员,因此而产生私愤是极不应该的,也是职业道德所不能允许的。在公开场合发泄私愤则更有损公证员的形象,与其身份极不相称,不仅破坏了公证书的权威和严肃性,也会导致他人对公证员的不良评价。

四、尊重同行,公平竞争

《公证员职业道德基本准则》第 23 条规定:"公证员应当相互尊重,与同行保持良好的合作关系,公平竞争,同业互助,共谋发展。"公证业是竞争的行业,也是充满理性的行业。公证员都是受过良好法律教育的人,在这样的执业群体中,尊重同行、遵守公平竞争的职业道德规范是不言而喻的。只有互相尊重、公平竞争,才能找到差距、提高水平,才能携手并进、共谋发展。尊重是最基本的道德水准,公平是竞争的规则,互助是良好的风尚,发展才是目的。公证职业的发展取决于公证员这支队伍的建设,不懂得尊重他人就无法发展,公证员的威信和名誉要靠自己来维护。

公证员的职业道德要求公证员不得利用新闻媒体或其他手段炫耀自己,贬损他人,排斥同行,为自己招揽业务。公证业的广告宣传,目前还缺乏相应的规范来约束,公证业的特点不适宜宣传自己。关于公证管辖的法律规定,已经划出了各公证处的业务领域,只是在直辖市、省辖市和设区的市,存在个别公证处之间的业务竞争,并不具有普遍意义,可以通过调整公证辖区和公证处的整合来解决。而对公证员的不恰当宣传,则应当限制,并应当以相关法律来规范。公证员不得利用与行政机关、社会团体、经济组织的特殊关系进行业务垄断。公证员的业务垄断极有可能与腐败联系在一起,并有可能导致公证员队伍的两极分化,畸形发展,对公证员素质的提高形成巨大障碍。有了由特殊关系促成的业务垄断,某些公证员就控制了一定范围的业务量,其他公证员则失去了这一市场,特别是有关房地产、金融、产权交易等公证收费高、专业性强的业务,而控制市场的公证员未必就是在该领域业务能力强的公证员。凭借特殊关系垄断市场,就会形成水平高、能力强、专业素质好的公证员手中没有案件、无事可做的局面。而不很熟悉专业公证特点,只是基于与行政机关、社会团体、经济组织的特殊关系而垄断了这部分公证业务的公证员,却又由于自己的业务水平办不好公证,不仅损害了其他公证员的利益,而且也损害了公证当事人的利益,破坏了公证法律服务秩序,对公证员的声誉及整个社会的良性循环造成极坏的影响。

第四节　公证员与律师的关系规范

公证业与律师职业本来没有什么内在的必然联系。在普通法系国家,律师业的蓬勃发展,使其触角延伸到社会的各个层面,加之法律制度比较完备,以及判例法的特点,离开了律师就寸步难行;公证的职能并非公证员专属,律师也可以开展公证业务,从而使得本来在社会舞台上就非常活跃的律师更加光彩耀眼,而公证职业则显得有些黯然失色。在大陆法系国家,特别是法国,公证员的社会地位极高,属于国家公务员,由共和国总统任命,非争议性的法律事务几乎都通过公证来解决,形成了独立的公证法律制度,公证与审判的密切联系也抬升了其社会地位。欧洲列强的殖民统治,使宗主国的法律制度对殖民地产生深刻的影响,拉丁美洲国家的公证制度也逐步发展起来,构成了公证业与律师业并行的格局。

新中国的公证法律制度与律师制度相伴而生,共同度过了一波三折的岁月。我国的律师制度在20世纪50年代曾一度处于鼎盛时期,继而受当时政策的影响,发展相对缓慢。公证法律制度虽然也受到当时政策的影响,所幸的是在一些大城市依然保留着公证处,附设在法院中,办理着为数不多的公证业务。之后,公证制度又焕发旺盛的生命力,在改革开放中突飞猛进地发展,基本上实现了与国际接轨。

律师事务所、公证机构都被界定为市场中介组织,这就是它们最大的共性。我国的公证业与律师业同属法律服务业,都是凭借自身的法律知识和技能为委托人提供法律服务,都从委托人那里收取费用。公证员与律师都曾是国家的法律工作者,都经历了从国家机构中分离的过程,都由政府的司法行政机关管理,而且共同由一个职能部门行使管理权,都是法律专业人员,都受苏联法律制度的影响走过了初创阶段,留下了大陆法系的痕迹。所不同的是,律师制度的恢复、发展虽然与公证制度相同,在步伐上总比公证早一个节拍,也为公证制度的发展提供了宝贵的经验和教训。律师制度的改革,在与国际接轨的思想指导下,更多地吸收了美国律师制度的长处;而公证制度的改革,受国际拉丁公证联盟的影响很大,在实际操作中,又习惯性地仿效律师制度的改革,有点"犹抱琵琶半遮面"的感觉,这也许就是公证制度改革总比律师制度改革慢一个节拍的原因。美国是世界头号经济和军事强国,其政治影响也是潜移默化的,在公证制度的改革设计中应当充分重视这一点。律师的执业特点是站在委托人的立场上为其提供法律服务,将委托人的合法权益放在第一位,通过辩护、代理(含非诉讼法律事务的代理)、法律咨询和代书来完成法律赋予的任务;公证员行使的是国家证明权,属于国家权力的一部分,通过法律的授权或确认而取得,以出具公证书的形式实现法律预期的功能。律师的法律服务主要是为了解决纠纷,一部分非诉讼法律服务是为了避免纠纷,追求的都是维护委托人合法权益;公证是为了预防纠纷、减少诉讼,追求的是真实、合法。律师出庭要积极地运用一切合法手段说服法官,使其接受自己的意见,实现诉讼目的;公证员一旦出席法庭,仅仅是为了说明出具公证书的理由,维护的是公证书的权威性、合法性和真实性。律师的业务量没有止境,法律越细化、越完备,人们对律师的依赖也就越多,律师队伍的发展取决于市场;而公证业务比较固定,一般不会有太大的波动,公证员的数量与公证管辖区域的人口应当保持一定比例,公证员队伍不能突破比例盲目发展。

近年来,中国公证业出现了迅速发展的势头,在公证法律制度上也进行了较大幅度的改革,改变了公证处的体制,使其从行政机构转变为事业法人组织,公证员也改变了国家干部的身份。公证员队伍从数量和质量上都有了很大的发展,公证业务拓展很快。与此同时,也存在一些问题,需要进一步研究并解决。突出的是公证业务与律师业务的划分,这不仅是一个法律问题,也需要从职业道德层面加以解决。此外,公证员的发展、公证处的设置及合作制公证处的问题也应引起重视。

《公证法》基本厘清了律师业务与公证业务的关系,改变了公证业务与律师业务的界限不清,又没有法律、法规约束的状态。律师职业道德和公证员职业伦理都有对同业竞争的规范,但调整律师与公证员业务的道德规范则没有,法律规范目前也没有。公证处改制以后,面对市场的压力和生存所迫,必须最大限度地开发公证业务,在非诉讼领域必然会和律师发生激烈的竞争,这是一块没有法律规制的空间,对同属法律服务业的公证员与律师来说都很重要。公证员出具的是公证书,律师出具的是见证书;律师担任法律顾问,公证员送证上门,主动服务,也为客户提供法律意见;律师知道房地产、金融业务收取的律师费高,公证员也知道那里的"油水"多,你做法律顾问,我实行资金监管;为了竞争,律师与公证员难免发生冲突。面对竞争的混乱,法官、检察官、司法行政官员也无可奈何。现实呼唤着相关法律的尽快诞生,职业道德在法律出台前则要协调好这个矛盾。律师协会和公证员协会应当在司法行政机关的主持协调下,认清形势,顾全大局,从法治的长远角度出发,划出各自的业务范围,把握各自的服务方式和特点,完成好自己的工作。公开的争斗要明令禁止,不能把业务上的矛盾冲突扩散到社会上去。要杜绝一切诋毁他人的做法,通过行业协会和司法行政机关协调解决矛盾;对于协商不成的争揽业务纠纷,由司法行政机关处理。

第五节 公证员与司法人员的关系规范

一、公证员与司法行政机关的关系

司法行政机关是人民政府负责司法行政事务的部门,代表国家实施对司法行政事务的行政管理权。公证员的许多事务,司法行政机关都拥有管理权,诸如统一法律职业资格考试的组织实施,公证员的遴选,专业技术职务的聘任,公证事务的行政复议,公证处的设立、合并、终止审批,公证管辖区域的划定,公证管辖争议的裁决等。公证员的一般行政事务应服从司法行政机关的管理。

需要注意的是,司法行政机关虽然具有对公证员司法行政事务的行政管理权,但是并没有法律授权或确认的国家证明权。也就是说,公证当事人对公证员出具的公证书持有异议,依法向司法行政机关申请复议时,司法行政机关主要是对公证员的办证程序进行审查,如果办证程序违法,则依法作出撤销公证书的复议决定;如果没有程序违法的情况,应予维持,驳回申诉。司法行政机关从理论上讲不得就公证事项的真实性、合法性进行审查,那是证明权的内容,当事人如有异议只能通过诉讼,由人民法院依审判权作出判决。对于违法的公证员,司法行政机关可以对其实施行政处罚,受处罚的公证员依法可以申诉或者提起行政诉讼。

二、公证员与法官的关系

公证员与法官发生关系主要是以证人的身份出席法庭审判,履行作证的职责。在法庭上,公证员主要是对所出具公证书的真实性、合法性作出解释和说明,回答法官、检察官及其他诉讼参与人就所出具的公证书而提出的有关问题。当公证处被公证当事人因公证事项起诉到法院时,公证员可以作为公证处的诉讼代理人出席法庭,参加诉讼,依法就原告的指控进行答辩,陈述办理公证的程序事实,运用相关法律与原告辩论,维护公证处的合法权益,行使当事人的权利并承担诉讼义务。公证员对于司法行政机关的行政处罚不服而向人民法院起诉时,公证员是行政诉讼的原告,通过庭审活动,请求法官支持原告的诉讼请求,依法撤销行政处罚决定书。

三、公证员与检察官的关系

在《关于深化公证工作改革的方案》实施前,公证处是国家行政机关,公证员是国家干部,必须接受检察官对其履行职务的法律监督。该方案施行后,公证处和公证员都在性质上发生了变化。主体身份发生这种变化后应否继续接受检察监督,在法律上没有明确的规定,理论上有继续研究的必要。从公证的社会公共管理职能和行使国家证明权的职业特点来看,检察官的法律监督还是必要的。但和对国家机关工作人员的监督略有不同,对于某些基于国家机关工作人员身份而成立的罪名,公证员不具备主体要件,不能受到相应指控。公证员履行职务的行为应当与公务员一样受到检察官的法律监督,在审判监督程序中,公证员也可以当事人身份请求检察官抗诉。

第六节 阅读与思考

西安"宝马"彩票案①

2004年3月23日,西安市6000万元即开型体育彩票销售现场,18岁的西安市灞桥区农民刘亮中得特等A奖:一辆价值近48万元的宝马轿车和12万元现金。随后主办方请刘亮坐上宝马车,进行巡游宣传。

3月24日,西安市体彩中心认为刘亮交来的彩票为假票,表示将暂缓为其兑奖。

3月25日,刘亮再次到体彩销售现场要求提车,遭拒之后情绪失控,爬到现场六米多高的广告牌顶端索要"宝马",场面一度相当混乱。

3月26日,陕西省体彩中心召开紧急新闻通气会表示,经国家体彩中心等部门鉴定,最终确认这张中奖彩票是一张由草花2涂改而成的假票。

3月27日,刘亮及其家人在家中向多家媒体表态,称该假彩票绝不是刘亮伪造,所谓的假彩票不是刘亮原来的彩票。而体彩中心已向公安部门报案。

4月6日,刘亮起诉体彩中心。4月8日,法院受理此案,预定在5月19日开庭审理此案。

4月份,众多记者在调查中发现,在刘亮之前有3位抽中"宝马"大奖的得主(杨小兵、刘小莉、王军)的资料均破绽重重。

在全国闹得沸沸扬扬的西安"宝马"彩票案之后又曝出惊人消息:一是现场发行销售主管杨永明已被刑事拘留;二是在刘亮之前的

---

① 资料来源:CCTV《经济信息联播》(2004年5月15日)。

3位抽中宝马大奖的得主资料全是假的。虽然此案的最终结果需要由司法部门来确定,但联想起我国近几年来彩票发行过程中的种种不正常现象——从"湖北'4·20'体彩案出现'假球'"事件,到"北京双色球人工炮制摇奖画面,摇奖公正性遭质疑"事件,再到"全国首例即开型彩票舞弊案,骗取彩资达人民币5800多万元,15名被告人被判刑"事件,人们已经有充分的理由对彩票发行过程中有关部门的表现表示不满。

而在上述每种彩票的发行过程中,不管是炮制摇奖画面,还是合伙舞弊骗取彩资,有一个部门扮演了重要角色,而且都曾宣布开奖真实、合法、有效,这个部门就是起监督公证作用的公证处。

彩票发行过程无疑是需要社会监督的,在这个过程中,如果说公众由于种种个人事务可以缺席,媒体由于种种原因不能到位的话,肩负着监督责任的公证处却是一次不落地跟到底。那么他们起了什么作用呢?在上述几起事件中,如果说公证处助纣为虐太过分,作伪证稍过分的话,那么说他们没有尽到责任,致使不应该发生的事件发生了,应该是恰如其分的吧!

事件发生后不久,被全国通缉的西安"宝马"彩票案最后一个犯罪嫌疑人孙成贵已经被警方逮捕。另外,记者从陕西省西安市了解到,有关部门已经对西安"宝马"彩票案中的相关公证人员作出处理决定。

董萍是这次西安"宝马"彩票案中的公证人员,她从事公证工作已超过10个年头。有关部门对她的处理是吊销公证员执业证。

董萍:承认自己工作失误,没有辨别出假身份证。

记者通过采访进一步了解到,实际上造假者的身份证造假手段并不高明,在这次西安"宝马"彩票案的三名假中奖者中,其中一位的身份证号码明显是一个假身份证,这个号码的行政区代码只有5位数,而我国合法身份证的行政区代码都是6位数。而通过专业考试取得公证员身份的董萍,却没有验出这些假身份证来。

[提示与问题]

公证是一种证明活动,经过公证员公证过的事实或行为就具有法律上的真实性,这也是公证的效力或权威所在。但是近年来,各地出现的一些假证等所谓"公证不公正"的现象确实引起了人们对公证的反思。

1. 除了公证员个人的职业伦理方面的因素外,你认为现行的公证制度是否存在漏洞?
2. 结合本案件,谈谈关于形式公证与实质公证的关系。
3. 结合《公证法》中关于公证员的法律责任的规定,你认为作为公证员应当吸取什么样的教训?

第七章 仲裁伦理

仲裁活动和法官的审判活动非常近似,但是由于仲裁具有民间性质,因此仲裁员在仲裁活动中遵循的伦理规范与法官遵循的伦理规范并不完全相同。研究仲裁伦理规律,探究仲裁员的伦理规则对于保障仲裁活动的公正具有十分重要的意义。

第一节 仲裁员职业行为规范概述

一、仲裁员职业行为规范的概念

仲裁(arbitration)又称公断,是指当事人双方在争议发生前或争议发生后达成协议,自愿将争议交给第三者作出裁决,从而使纠纷得到解决。仲裁员是指有权接受当事人的选定或者仲裁机构的指定,具体审理、裁决案件的人员。从仲裁员的定义中可以看出,仲裁员的选定方式有两种:一是由当事人选定,二是由仲裁机构指定。当事人有权选定仲裁员,是仲裁与诉讼的重大区别,这是因为仲裁的基础是当事人意思自治,当事人选定仲裁员是当事人自主权利的重要内容。当事人在选定仲裁员时不仅要求其学识渊博、具有丰富经验,还要求其具有良好声誉,公道、正派。在众多的解决纠纷方式中,仲裁之所以备受青睐,独领风骚,不仅是因为其程序快捷、灵活,而且是基于仲裁员具有较高的素质及职业操守,能够公正地审理案件。仲裁员的信誉是仲裁的生命力,是仲裁得以生存、发展的必要条件。仲裁制度的优势能否得到充分发挥,在很大程度上将取决于仲裁员的能力与素质。一个合格的、符合仲裁制度与当事人合理预期的仲裁员应当具备两个基本条件:一是拥有处理案件所需的学识和能力,二是具有较高的道德水准与职业操守。二者相比,后者往往更为重要。正因如此,一些知名国际仲裁机构与有关国际组织纷纷制定旨在明确仲裁员道德行为准则、提高其职业操守的行为规范。仲裁员的行为规范是指仲裁员在审理案件时必须遵循的行为准则。仲裁是一个自律行业,其职业规范供全体仲裁员作为行为的指引。

仲裁员的行为规范一般不在仲裁法中规定,而是由仲裁机构另行规定。目前国际上比较推崇的仲裁员行为规范有美国仲裁协会(American Arbitration Association,AAA)和美国律师协会于1977年制定的《商事争议中仲裁员的行为道德规范》,国际律师协会(International Bar Association,IBA)于1986年制定的《国际仲裁员行为准则》,以及英国皇家御准仲裁员协会(Chartered Institute of Arbitrators,CIArb)于1999年制定的《仲裁员道德行为规范》。我国有关仲裁员的行为规范主要有2021年4月27日修订的《仲裁员守则》,以及各省市制定的《仲裁员守则》等。此外,我国的《仲裁法》对仲裁员也有品德方面的要求,《仲裁法》第13条规定,仲委员会应当从公道正派的人员中聘任仲裁员。

二、制定仲裁员职业行为规范的意义

第一,有利于提高人们对仲裁员的信任度。仲裁员能否达到社会与公众期许的较高的道德水准,在于仲裁员能否自觉地遵守职业行为规则。仲裁员严守职业行为规则,才能在处理案件的过程中获得社会的公信与尊重。仲裁员与法官不同,其权力不是来源于法律的授予,而是来源于当事人的信任和授权。只有"好的仲裁员"才可能被当事人信任,从而得到选择,担当解决问题的重任。否则,仲裁员的公信度就会大打折扣。作为仲裁员也要自觉遵守行业守则,努力增强公众对仲裁的信心。

第二,有利于提高案件的质量。瑞士学者拉利夫(Lalive)的名言"仲裁的质量只取决于仲裁员",即通常所说的"有什么样的仲裁员,就有什么样的仲裁"。仲裁员恪守职业行为规范,坚持公正办案,使案件得到正确的处理,也提高了案件的质量。案件是否能得到公正的处理,不仅在于办案人员的学识,还在于办案人员是否能站在中立的立场,秉公办案,不偏袒任何一方。这一切都有赖于仲裁员用自己行业的规范来约束自己。

第三,有利于提高仲裁员的素质,保证仲裁员队伍的纯洁性。规定仲裁员行为规范,告诉仲裁员应当做什么,不应当做什么,有利于仲裁员自我教育、自我约束,从而提高仲裁员的素质。仲裁行为规范是以仲裁员自觉遵守和服从的意愿为前提的。一般来说,仲裁员在办理仲裁案件中的行为是免责的,但仲裁员如有下述行为,则须承担法律责任:私自会见当事人、代理人或者接受当事人、代理人的请客送礼,有索贿受贿、徇私舞弊、枉法裁决行为。对上述仲裁员,仲裁委员会将不再续聘甚至解聘,从而纯洁仲裁员队伍,维护仲裁员的声誉。

第二节 仲裁员职业行为规范的内容

一、国外有关仲裁员职业行为规范的内容

美国仲裁协会和美国律师协会《商事争议中仲裁员的行为道德规范》以及国际律师协会《国际仲裁员行为准则》主要规定了如下行为准则:

第一,仲裁员应维护仲裁程序的廉正和公平。仲裁员不应自己谋求指定。除非有足够的时间、精力和能力,否则不应接受指定或任命。一经担任仲裁员,便应避免与当事人建立金钱、商业、职业、家庭或社交联系,或谋求金钱或私利,也不得接受当事人的礼物和实质性款待。仲裁员不应超越也不应缩小当事人的协议授权,并应按仲裁规则的要求进行仲裁程序。国际仲裁员协会准则还要求,接受仲裁指定应通晓仲裁语文,否则不宜接受。

第二,披露可能影响公正或可能造成不公平或偏袒印象的任何利害关系或亲属关系。仲裁员应尽力了解并持续向当事人和其他仲裁员披露现存的或以往的与当事人之间或与重要证人之间的金钱、商业、职业、家庭或社交方面的关系,以及与仲裁结果直接或间接的金钱或个人利害关系。披露之后,除非当事人同意,否则不宜担任本案仲裁员。若全体当事人要求某仲裁员回避,即应回避。美国仲裁协会和美国律师协会规范规定,非全体当事人要求某仲裁员回避的,

一般也应回避,但该仲裁员仔细考虑事实后,认为回避理由不充分,他(她)们能担当此任并能无私和公平地裁决案件,而回避会造成另一方当事人不恰当或不合理的花费或将有违公平待遇原则时,仍可继续担任仲裁员。国际仲裁员协会的准则还规定,若当事人就其是否有资格担任仲裁员的有关事项,进行查询,该仲裁员也应予以答复。以往曾被本案当事人指定为仲裁员的情况也应披露。对于披露范围,国际仲裁员协会的准则还明确规定,以往的关系,除非职业或商业等非同小事的关系,间接关系,除非业已查明者,否则无须披露。但拒不作披露可以成为不能担任仲裁员的原因。

第三,不应与当事人私下接触。除非讨论是否愿意接受指定的问题,仲裁员不得与一方当事人庭外讨论案件。即使讨论的问题不涉及实体问题而纯为程序问题,也应适时通告对方,在给予对方表示意见的机会后才作出最后决定。国际仲裁员协会的准则还规定,若一仲裁员在仲裁过程中与一方当事人有不正当接触,其他仲裁员有权经协商采取一定行动,如要求其停止该种接触等。若仍不停止,可告知一方当事人在极端情况下提出质询,或采取其他措施。

第四,给当事人平等待遇,并勤勉地实施仲裁程序。仲裁员应平等公允而耐心有礼地对待当事人,仲裁员之间应彼此给予充分参与程序的机会,相互礼遇并促使当事人效仿。应给予当事人亲自出庭或委托代理人陈述的充分机会和自由。在案情需要时,积极调查。应尽力防止当事人拖延、纠缠或扰乱。应采用适当方式仲裁,使费用不占当事人争议权益太大的比例。除非能保证已给缺席当事人适当通知,否则不应过早作出缺席裁决。另外,仲裁员应建议但不逼迫当事人和解。

第五,独立、公正、审慎地作出裁决。仲裁员不应慑于外界压力而摇摆不定,影响决断。仲裁员不应把作出裁决的职责托付给他人。

第六,仲裁员应忠实于职责的委托关系,应当为当事人保密。仲裁员不应利用在仲裁中了解的情况牟取私利或损害他人。仲裁员应保守仲裁程序和决定的秘密。裁决宣布前不应透露讨论情况和案件结果。除非法律要求,不得在裁决后程序中给予协助。不应就报酬问题与当事人讨价还价或与当事人单方面接触。国际仲裁员协会的准则规定,虽应保密,但若发现其他仲裁员有重大过失或欺诈,认为有责任披露时可披露该类情况。

第七,非中立仲裁员的例外。在国际商事仲裁中,有些国家要求仲裁员必须是中立的,不代表任何一方当事人的利益;而另一些国家却允许经当事人约定,仲裁员可为非中立仲裁员,在仲裁过程中可以偏向于指定他的一方当事人。这就导致仲裁员行为准则的具体内容彼此之间存在差异。美国仲裁协会和美国律师协会的道德规范与国际仲裁员协会的行为准则就代表了两个不同的类型,具有典型意义。不过,无论在哪一种情形下,仲裁庭作为一个整体都应毫不例外地保持公正、独立,仲裁程序的公正性、裁决的公平合法性均不得有半点疑问。这是任一仲裁制度存在和得到承认的基础和先决条件。

非中立仲裁员情况下的机制是这样的:一方当事人指定的仲裁员偏向这一方,另一方当事人指定的仲裁员则偏向另一方,由于对等关系,一比一,数量上保持平衡且另一方当事人要求这一方当事人指定的仲裁员回避时,不必回避。双方指定的仲裁员若达成一致即形成裁决意见定案;若形不成一致意见,交由第三名仲裁员裁断。由于第三名仲裁员是中立的,所以整个程序仍然是公平的,仲裁结果自然也能保持公正。非中立仲裁员的出现,必然有一定的渊源,或经当事人约定,或依惯例一般均如此行事。但不管怎样,都必须符合准据法的要求,否则裁决将没有执行力。

美国仲裁协会和美国律师协会道德规范准许当事人指定的仲裁员为非中立仲裁员,与中立仲裁员分别遵循不同的规范。但国际仲裁员协会行为准则,正如其导言所述,则"采取坚决措施,不管采用什么指定方式,所有仲裁员均须遵守同一行为准则"。国际仲裁员协会仲裁员准则是一个中立仲裁员的行为准则。

美国仲裁协会和美国律师协会道德规范虽然规定仲裁员可为非中立的,但作为前提条件,却首先要求,应使有关人士从一开始就明白他不是中立的仲裁员。根据该规范,除非双方当事人均告知所有仲裁员或合同、仲裁规则或管辖法律要求所有仲裁员为中立仲裁员,否则,当事人指定的仲裁员为非中立仲裁员。非中立仲裁员在如下几个方面与中立仲裁员遵守不同的规范:(1)在接受指定后或担任仲裁员期间,中立仲裁员不得与当事人建立金钱、商业、职业、家庭或社会联系,或谋求金钱或私利,非中立仲裁员不在此限。(2)非中立仲裁员也应向当事人和其他仲裁员披露有关关系和私利,以便他们了解现存的或显然会发生的倾向,然而只需披露这种关系以及私利的性质和范围,而中立仲裁员的披露却更为详尽。(3)非中立仲裁员在非指定方当事人单独一方要求其回避时,可不回避,而中立仲裁员一般应当回避。(4)非中立仲裁员可与指定方当事人商讨第三名仲裁员人选,而中立仲裁员不能这样做。(5)非中立仲裁员在通知其他当事人和仲裁员后便可就任何问题与指定方当事人接触,且只要通知将就某类事项接触的意图,在此后接触便无须逐次披露。而这对中立仲裁员是严格禁止的。(6)非中立仲裁员在就规范准许事项与指定方当事人书面联络时,无须通告,而对此,中立仲裁员则恰恰相反。(7)非中立仲裁员可与当事人商定报酬。非中立仲裁员可倾向于作出有利于指定方当事人的裁决,而中立仲裁员一概不得如此行事。

虽然非中立仲裁员可在上述方面不受规范的约束,但除此之外,在其他各方面均须遵守规范的要求。特别是,非中立仲裁员不得卷入任一方当事人或证人的拖延策略和干扰仲裁的行为,也不应向其他仲裁员作不真实的或使人误入歧途的报告,这是规范明文禁止的。

二、我国有关仲裁员行为规范的内容——以《北京市仲裁委员会仲裁员守则》为蓝本

2006 年 9 月 1 日实施的《北京市仲裁委员会仲裁员守则》(以下简称北京《仲裁员守则》)为仲裁员提供了道德规范的指引。

(一)诚实信用

仲裁员作为纠纷的裁决者,判定当事人之间的权利与义务关系,应当秉承善意、恪守诚信。如果仲裁员缺乏诚信,那么快捷、公正、保密的仲裁程序根本就无从谈起。北京《仲裁员守则》第 3 条规定了"诚实信用"的道德义务,让仲裁员从诚信的高度来约束自己的行为,即仲裁员一旦接受选定或指定,就应付出相应的时间、精力,尽职尽责、毫不迟延地审结案件。鉴于实践中存在着少数仲裁员不论是否有相应时间、精力与能力，随意接受案件、隐瞒应披露的事项以及不遵守保密规定的现象，北京《仲裁员守则》第 3 条规定，仲裁员只有确信自己具备下列条件，方可接受当事人的选定或北京市仲裁委员会主任的指定：

第一，能够毫不偏袒地履行职责。只有不偏袒地处理案件，案件才能得到公正的审理。仲裁员无论是由哪一方的当事人选任的，他都不代表任何一方当事人的利益，而要在双方当事人之间保持中立，平等地对待双方当事人。

第二，具有解决案件所需的知识、经验和能力。仲裁是专业性、实践性很强的工作，仲裁员需要具备解决争议所需的知识、经验和能力。如果被选定的仲裁员不具备某方面的学识与经验，不要勉强，不能为了面子而办理自己不能胜任的案件。仲裁员必须确实相信自己具有丰富知识和经验以解决该案，才能接受选定或指定，否则就不能在仲裁中正常发挥作用，影响仲裁的质量。拒绝接受自己不熟悉专业领域的案件，也是对当事人、对仲裁委员会负责的表现。

第三，能够付出相应的时间、精力，并按照《仲裁员守则》与《北京市仲裁委员会关于提高仲裁效率的若干规定》（以下简称《若干规定》）要求的期限审理案件。仲裁员在接受指定或选定时应首先考虑自己是否有足够的时间和精力办理案件。仲裁员都是兼职，工作忙或个人事务多，可以不接受选定或指定，一旦接受选定或指定，"受人之托，忠人之事"，就不能再以工作忙为由耽误案件审理。否则，不仅拖延了审理，也使自己和仲裁庭的信誉受损。

第四，参与审理且尚未审结的案件不满 10 件。人的精力有限，手中案件太多难免顾此失彼，影响办案质量。而且，仲裁员办案不仅涉及自己的时间，也牵扯其他仲裁员的时间，手中的案件多了，会与其他仲裁员在时间安排上发生冲突。因此，仲裁员正在审理的案件太多，就应拒绝选任或指定。

（二）公正

公正是指仲裁员审理案件时要公平合理，不徇私偏袒。公正是仲裁的灵魂和生命。为了保证公正地审理案件，仲裁员要做到以下

几点:

1. 廉洁

廉洁是公正的保证。北京《仲裁员守则》规定,仲裁员不得以任何直接或间接方式接受当事人或其代理人的请客、馈赠或提供的其他利益,亦不得代人向仲裁员实施请客送礼或提供其他好处和利益。对仲裁员提出这样的要求,也是国际商事仲裁的通例。如英国皇家御准仲裁员学会的《仲裁员道德行为规范》第2条第4款规定,非有另一方仲裁当事人在场或经双方同意,仲裁员不得以直接或间接方式接受任一方礼物或实质性款待。美国仲裁协会与美国律师协会的《商事争议中仲裁员的行为道德规范》之1(D)款规定,在接受指定后或担任仲裁员期间,人们应当避免建立金钱、商业、职业、家庭或社交联系,或谋求金钱或私利……在案件裁决后的相当一段时间,担任仲裁员的人们应当避免建立上述关系。作为仲裁员要有良好的道德修养,不得利用仲裁权谋取个人私利,贪取钱财。目前,有的当事人受不正之风的影响,只要能赢得仲裁,愿意花钱。在这种情况下,仲裁员更应保持清醒头脑,自觉抵制金钱、物质的诱惑,不吃请,不收礼。

2. 独立

独立与廉洁一样都是公正的保障。北京《仲裁员守则》第11条规定,仲裁员应当独立地审理案件,不因任何私利、外界压力而影响裁决的公正性。没有独立的仲裁,就不是真正的仲裁。仲裁员在法律和仲裁规则的范围内,依其特有的专业知识、经验依法独立地审理案件。仲裁员应做到以下两点:一是不受仲裁委员会的干预。仲裁委员会依照法律规定的条件并结合实际情况聘任仲裁员,依法对违法的仲裁员予以除名;依法决定是否受理案件,根据当事人的委托或者依法指定仲裁员;以及从事其他有关仲裁的管理和事务性工作。但是,一旦仲裁庭组成,仲裁委员会即不再介入仲裁审理和裁决的实质性工作,案件的审理与裁决完全由仲裁庭独立进行。二是不受行政机关、社会团体和个人的干涉,尤其行政机关不得对案件的审理与裁决施加消极的影响。此外,仲裁庭还要独立于法院,虽然法律授予法院对裁决有必要的监督权,但是这并不等于仲裁附属于审判。只有这样,才能为仲裁的公正性、权威性创造良好的外部环境与条件。

3. 披露的义务

仲裁员披露是一项被普遍接受的保证仲裁权主体公正性的原则,它是指仲裁员主动披露其与当事人或代理人之间的某种关系,以便当事人和仲裁机构考虑此种关系是否影响该仲裁员的独立性和公正性。仲裁员披露不仅被规定在仲裁员行为规范中,在仲裁法及仲裁规则中也有明确规定。《北京市仲裁委员会仲裁规则》(2019版)采用了国际通行的仲裁员信息披露制度,明确信息披露是仲裁员的重要义务,要求"仲裁员知悉与案件当事人或者代理人存在可能导致当事人对其独立性、公正性产生合理怀疑的情形的,应当书面披露",并且这种披露义务持续于整个仲裁过程中;仲裁员的披露将由仲裁机构转交双方当事人并允许当事人提出书面意见。这样规定既增强了对仲裁员的约束力,也为当事人申请回避提供了必要的信息,保障了当事人的知情权。仲裁员与当事人应当保持足够远的距离。仲裁员与当事人应当没有利害关系,仲裁员应当绝对居间中立,不存在任何倾向性。仲裁员在履行职责期间应当避免与当事人产生金钱的、商业的、职业的、家庭的、社会的、个人的关系,因为这些关系可能会导致仲裁员的不公正或偏见。由于仲裁员一般不是专职人员,其来源也呈现多元性,所以通常仲裁员与当事人的关系远比法官同当事人的关系来得复杂,有的仲裁员是桃李满天下的教授,有的是专家型行政干部,有的是律师,有的是商界人士,因此有时会有仲裁员与其学生、仲裁员与其下级、仲裁员与其同业竞争者出现在同一案件中的情况。即使仲裁员具备极为高尚的品德,不会为这些关系所影响,也难免招致社会的不信任和议论。

北京《仲裁员守则》第5条第1款规定,仲裁员接受选定或指定时,有义务书面披露可能引起当事人对其公正性或独立性产生合理怀疑的任何事由,包括但不限于:(1)是本案的当事人、代理人或当事人、代理人的近亲属的;(2)与本案结果有利害关系的;(3)对于本案事先提供过咨询的;(4)私自与当事人、代理人讨论案件情况,或者接受当事人、代理人请客、馈赠或提供的其他利益的;(5)在本案为当事人推荐、介绍代理人的;(6)担任过本案或与本案有关联的案件的证人、鉴定人、勘验人、辩护人、代理人的;(7)与当事人或代理人有同事、代理、雇佣、顾问关系的;(8)与当事人或代理人为共同权利人、共同义务人或有其他共同利益的;(9)与当事人或代理人在同时期审理的其他仲裁案件中同为仲裁庭的组成人员,或者,首席仲裁员两年内曾在其他仲裁案件中被一方当事人指定为仲裁员的;(10)与当事人或代理人有较为密切的交谊或嫌怨关系的;(11)其他可能影响公正仲裁的情形。

北京《仲裁员守则》第 5 条第 2 款对持续披露作了规定,即在仲裁过程中,如果发生可能引起此类怀疑的新情况,仲裁员应继续履行披露义务;未履行披露义务,将视为该仲裁员违反本守则,即使未予披露的事由本身并不构成不宜担任仲裁员的情形。这样规定使仲裁员披露制度与国际商事仲裁的普遍实践比较接近。

4. 不得代理本会的案件

北京《仲裁员守则》第 9 条规定,仲裁员不得在本会的仲裁案件中担任代理人。这主要是考虑到我国实行的是机构仲裁,当事人只能从机构的仲裁员名册中选择仲裁员,而仲裁机构的仲裁员人数有限,范围较窄,加上仲裁员之间合作共事、经验交流日益频繁,因而很可能产生在此案担任代理人,在他案中又与此案仲裁员共为仲裁庭组成人员的情况。仲裁员"既坐台上又坐台下"(即指既担任仲裁员又代理本会案件)的特殊身份难免导致当事人对仲裁公正性的疑虑。虽然多年的工作经验表明,仲裁庭能否公正审理取决于仲裁庭成员的自身素质,而不是代理人是不是仲裁员。而且,随着仲裁员披露制度的实行,这种情况可通过仲裁员回避等措施来避免。但是,因仲裁员担任代理人,造成仲裁庭组成人员的回避,延缓案件审理进程,这对回避的仲裁员以及当事人来说很不公平,在一定程度上降低了当事人对仲裁程序公正与仲裁裁决的认同。因此《仲裁员守则》从维护当事人的合法权益出发,明确禁止仲裁员代理本会的仲裁案件(包括代理执行与撤销本会仲裁裁决的案件)。此外,牺牲自身利益,对容易引发当事人合理怀疑的行为进行规避,对维护仲裁委员会的公信力和仲裁员队伍的整体形象具有重要的意义。

5. 平等、公允地对待双方当事人

仲裁员必须站在客观公正的立场,考虑案件的全部情况,查清事实,分清是非,合法、公正地作出裁决,维护当事人双方的合法权益。超脱各种利益和人情关系,本着自己的良知和对法律精神的理解进行裁决。绝对不能"偏袒任何一方当事人",更"不得作为任何一方代理人行事"。仲裁员如果将自己视作当事人一方的代表,只考虑当事人一方的情况,只维护当事人一方的利益,就难免产生倾向性,出现歧视或偏袒,影响裁决的公正性。如在开庭审理时,注意提问和表达意见的方式,不得出现倾向性;应本着查证事实的目的提问,避免偏向或诱导性的提问;给予双方同等的辩论机会。

6. 与当事人的接触准则

北京《仲裁员守则》第4条规定:"仲裁员为谋求选定而与当事人接触的,属于不符合仲裁员道德规范的行为。"仲裁员为谋求选定而与当事人进行接触的行为,使仲裁员处于"有求于人"之境地,有违仲裁员的独立性和公正性。

北京《仲裁员守则》第8条规定,仲裁员在仲裁期间不得私自会见一方当事人、代理人,接受其提供的证据材料;不得以任何直接或间接方式(包括但不限于谈话、电话、信件、传真、电传、电子邮件等方式)单独同一方当事人、代理人谈论有关仲裁案件的情况。在调解过程中,仲裁庭应慎重决定由一名仲裁员单独会见一方当事人或其代理人;如果仲裁庭决定委派一名仲裁员单独会见一方当事人或其代理人,应当有秘书在场,并告知对方当事人。仲裁员除了在履行职责期间应当避免与当事人产生各种关系之外,有的仲裁机构还进而要求仲裁员在仲裁案件结束后避嫌。如美国仲裁员协会颁布的《仲裁员守则》便规定,仲裁员在仲裁案件完成之后的一段合理时间内,同样应当避免与当事人产生上述关系,否则人们可能会认为在仲裁过程当中仲裁员已经受到这些关系的影响。

(三) 勤勉高效

仲裁员要有高度的责任感,应把当事人的授权,视作病人将治病的权利交给医生,认认真真地对待每一起案件,一丝不苟,认真核实证据,查明事实,正确适用法律,公平、公正地解决争议,才能不辜负当事人的信任与期望。

仲裁员不仅应勤勉,此外还要守时。仲裁的一大优势就是其简便与快捷,当事人对仲裁最大的要求,就是公正、及时地解决争议。如果仲裁员不严格遵守时间,不积极地推进仲裁,尽快结案,就会加重当事人在时间、精力、财力上的负担和损失,甚至会使仲裁失去意义。"迟来的正义非正义"。仲裁员通常都有自己的职业和事务,往往工作繁忙,这是实际情况,但是当事人选择了仲裁,有偿请求仲裁员尽快解决他们之间的纠纷,仲裁员接受指定后若不积极作为,实际上便造成了当事人利益的损害。有些国家的法律对此有严格的规定。例如,当发现仲裁员不适当地拖延履行职责时,当事人可以据此理由提出仲裁员回避请求;仲裁庭超出法律规定或当事人规定的期限作出裁决,如果因此造成裁决书被宣告无效,仲裁庭应负赔偿责任。英美法系国家虽然通常持"仲裁员责任豁免理论",但是美国法院有判例仍然判定仲裁员应对没有及时裁决负民事责任,认为不公正的延迟裁决不是司法行为,应当承担责任,仲裁员如果不能迅速处理纠纷,应该在开始就拒绝接受案件。《若干规定》从提高仲裁效率着眼,作了如下规定:

第一,提前预防仲裁员因无法保证办案时间而导致案件超审限。《若干规定》第3条规定:"仲裁员在组庭后连续满20天不能参加案件审理的,应及时告知本会,并视情况决定是否接受选定或指定,或者退出案件审理;仲裁员在审理期限内连续满60天不能参加案件审理的,应拒绝接受选定或指定,或者退出案件审理。"这样规定可以有效防止某些仲裁员无法保证办案时间而导致的审理超期限。

第二,对开庭审理与裁决书制作时间予以明确规定,要求每一个环节均按时间要求进行,以保证整个程序高效、顺畅地展开。从仲裁程序各阶段入手,对仲裁庭每个仲裁阶段的审理时间包括首次开庭时间、每次开庭之间的时间间隔以及裁决书制作时间等作了详细的规定。同时还规定"仲裁庭未经合议或经合议对裁决未达成基本共识"的情况下,拟定裁决书的方法以及时间要求。其目的是在保证审理质量与裁决质量的前提下,每一步骤连接紧凑避免迟延,从而保证仲裁庭在规定期限内尽快结案,确保仲裁制度优越性的发挥。

第三,仲裁员应在规定期限内提供制作裁决的书面意见。《若干规定》第9条第2款规定:"……仲裁庭未经合议或经合议对裁决未达成基本共识的,仲裁员应自审理终结之日或合议之日起5日内就案件事实、证据、定性、责任、适用法律、裁决意见和理由等提出制作裁决的书面意见,由首席仲裁员或其指定的仲裁员进行汇总,拟定裁决书草稿。"之所以这样规定是因为:其一,制作裁决是仲裁庭成员的共同责任和义务。在国际上,仲裁裁决都是由仲裁员制作,除了负责起草裁决的仲裁员,其他仲裁员也会将自己对"案件事实、证据、定性、责任、适用法律、裁决意见和理由"的意见,通过书面形式,提供给负责起草裁决的仲裁员。《若干规定》提出这样的要求,是为了增强仲裁员的责任感,制约不阅卷、不提供制作裁决意见的不负责任行为。其二,仲裁员提供裁决制作意见(首席仲裁员指定其他仲裁员起草仲裁裁决时,亦应提供自己的制作裁决的意见),有利于仲裁员研究案情,提高裁决质量。其三,有利于尽快并充分反映不同意见,仲裁庭集思广益,提高仲裁效率。

第四,增加规定仲裁员迟延情况下本会予以更换的权力。根据《若干规定》第12条第4项的规定,仲裁员迟延致使案件超审限,情节严重的,北京仲裁委员会有权在征得当事人同意后予以更换。这样规定一方面可以保证当事人能够获得及时的救济,另一方面也增加了仲裁员的危机意识,毕竟更换的规定是直接针对其正在办理的案件,因而有利于督促仲裁员按照规定的时间要求推进仲裁程序。

(四)保密

仲裁员要忠实地履行保密义务。保密义务包括两个方面:一是仲裁员不得向当事人或外界透露本人的看法和仲裁庭仲裁的情况,对涉及仲裁程序、仲裁裁决的事项应保守秘密。二是仲裁员还要为当事人保密,尤其是要保护当事人的商业秘密不被泄露。这是由仲裁程序的不公开审理原则决定的,因此,仲裁员应有保密意识。仲裁员如果泄露仲裁秘密,不论是有意还是无意,都是违反仲裁员职业道德的行为,不仅不利于裁决的作出,而且会给当事人造成重大损失,影响其商业前景。

(五)相互尊重

相互尊重主要指仲裁员之间的相互配合与支持。仲裁员应该尊重其他仲裁员对案件发表意见的权利,以宽容的态度理解和接受分歧,在互敬的基础上,自由地探讨,真诚地交流。但这不是说违背公正原则的妥协与迁就,而是指仲裁庭成员在时间安排上的体谅与配合。在审理和制作裁决过程中仲裁庭成员应共同努力、共尽义务,不仅要提出问题,更要提出解决问题的方案和办法。

第三节 我国仲裁员职业行为规范的完善

一、我国仲裁员职业行为概况

通常情况下,仲裁员都是从专家中产生,具有较高的素质。无论国内还是国外,仲裁员违反道德准则的情况比较少见。在仲裁实践中,较常见的不符合仲裁员道德准则的情形主要有:缺乏责任心,办案效率低;主动谋求委任;不管有无能力处理纠纷,盲目接受委任;除了商讨是否接受委任之外,一些仲裁员和当事人单方接触太多;明知太忙,接受委任后又不能付出当事人所期望的合理的时间和精力处理纠纷,开庭、合议的时间不能保证,有的甚至帮助当事人拖延程序;有个别仲裁员表现出偏袒倾向;不阅读案卷甚至开庭带错案卷,从不或几乎不起草裁决书,不提供裁决意见,对其他仲裁员或多数情况下秘书撰写的裁决书稿不提修改意见,这样的仲裁员不在少数。在这种情况下尤其应该加强自律,完善仲裁员的职业行为规范。

二、对北京《仲裁员守则》的评介

北京《仲裁员守则》制定于 1995 年,至今共进行了五次修改,2004 年 3 月 1 日实施的《仲裁员守则》是第四次修改的成果,2006 年进行的第五次修改仅对个别词语的表述进行了微调,与 2004 年以前的版本相比,形式更为简练,层次更为清楚,内容也更为充实。

北京《仲裁员守则》既是对国际公认的仲裁员行为规范的借鉴,

又是实践经验积累的成果,主要表现在以下几个方面:

第一,结构紧凑,层次清晰。该守则虽然仅有14条,但语句凝练,结构紧凑,条文疏密有致。并且,与2004年修改前文本相比,层次感非常突出,将仲裁员在整个仲裁过程中应具备的职业操守分为三个阶段表述:一是接受选任时应披露可能引起当事人合理怀疑的情形,以及保证付出当事人期望的时间与精力完成案件的审理(第3条、第5条);二是审理案件过程中,应平等对待双方当事人,独立、公正、不迟延地推进仲裁程序(第7条至第11条);三是公正、独立地制作裁决书,并对整个案件审理情况承担保密义务(第12条、第13条)。

第二,对予以披露的情形规定得很详细,具有可操作性。北京《仲裁员守则》在第5条中列举了10项可能使当事人产生合理怀疑的事由作为仲裁员应予披露的具体内容。这是针对我国具体情况在条文细化方面的最突出表现。英国皇家御准仲裁员协会制定的《仲裁员道德行为规范》全文只有6条,不足千字,可谓意义明确且字句精练。但是,对于缺乏现代商事仲裁理念与实践传统的中国而言,这种过于概括性的规范恐怕效果难如人意。北京《仲裁员守则》对披露事项的具体规定即反映出充分考虑仲裁实践需要的特点。这种细化规定既能够为仲裁员衡量自身行为以及具体情况提供有效指引,也能够为当事人评价仲裁员行为以及仲裁机构管理仲裁员提供有益参考,最大限度地增强了北京《仲裁员守则》的可操作性与现实作用。

第三,借鉴了美国的《商事争议中仲裁员的行为道德规范》、国际律师协会的《国际仲裁员行为准则》及英国的《仲裁员道德行为规范》。北京《仲裁员守则》对上述规范普遍予以认可并且对已在仲裁实践中获得普遍认同的道德行为准则完全予以吸收。例如,披露义务,公平对待当事人义务,避免单方接触义务,公正勤勉推进仲裁程序义务,独立制作裁决义务,保密义务,等等。在现代商事仲裁制度趋同化和国际化倾向日益明显的背景下,这种做法一方面有利于为仲裁员提供与国际通行实践相一致的道德行为指南;另一方面也有利于仲裁机构站在与国际通行实践相一致的高度管理仲裁员的行为,为仲裁事业发展奠定较高的起点。

第四节 阅读与思考

仲裁人之法律地位[①]

一、契约关系说

本说认为仲裁人接受当事人之选定,提供专业知识解决争端,并于作出仲裁判断后接受报酬,系一种劳务契约,如当事人不给付报酬,仲裁人可依法向当事人请求之,若仲裁人怠于执行职务或有侵害当事人之不当行为,则当事人可以契约不履行或侵权行为诉请仲裁人赔偿之。

……

二、准契约关系说

本说认为虽然仲裁人与当事人间因无要约、承诺等成立要件,故无正式契约关系存在,但当事人选任仲裁人时,无论是自己选任之第一仲裁人,或由第一仲裁人推选第三仲裁人,或声请仲裁机构或法院代为选人时,均明示要求仲裁人能够提供仲裁服务,而仲裁人接受仲裁职务时,亦预期该服务将受有报酬,构成准契约之成立要件"偿还请求权",故以准契约关系规范仲裁人与当事人间之权利义务。

三、基于特定身份所生之关系

英国学者主张,仲裁人一旦接受选任,即立于"准司法官"之地位施行职权,影响当事人甚巨,非经依法撤换、回避,其仲裁人身份将持续至程序终结,且因当事人系基于对特定仲裁人事业能力、人格操守之信任而加以选任,故该职权除被选任仲裁人本人外,不得由他人代为行使,此与委任契约中得为复委任之规定亦有不同。故学者主张,仲裁人与当事人间之法律关系,乃基于一种特殊"既定身份"(permanent status)而定,易言之,是一种特定身份之法律关系,当事人在选定仲裁人后即负有依仲裁人指示进行仲裁程序与遵守仲裁人仲裁判断之义务,且不得以当事人身份指挥、影响仲裁人执行职务,仲

[①] 节录自陈焕文:《仲裁人手册——仲裁人伦理规范》,台湾岗华传播事业有限公司2002年版,见第二章"仲裁人之法律地位"。

裁人接受委任后,即享有此特定身份,有权独立(independently)进行仲裁程序,作成判断不受当事人指挥、影响,不需像委任契约中受任人有遵循委任人指示之义务。此特定身份说弥补了契约关系说理论上不周延之缺点。

[提示与问题]

仲裁人与申请仲裁的当事人之间的法律关系,是确定仲裁人在仲裁活动中权利和义务关系的基本根据,也是仲裁伦理的依据。随着社会的进步,仲裁活动空间的扩展,仲裁人与当事人之间的法律关系、传统的仲裁人法律地位的理论已经不能满足时代的需要。阅读上面的材料,结合我国的劳动仲裁、商事仲裁、海事仲裁制度等,就仲裁人的法律地位问题,谈谈你的看法。

第八章 司法职业责任

第一节 建立司法责任制度的意义

党的十八届三中全会审议通过《中共中央关于全面深化改革若干重大问题的决定》，对深化司法体制改革作出全面部署。我国司法机关代表国家行使司法权，体现国家的意志。因此，革除司法制度中的弊端，树立国家司法公信力成为党的工作重心之一。党的十八届四中全会提出，全面推进依法治国。在着力建设中国特色社会主义法治体系的目标下，对司法责任制度的完善势在必行。

司法责任制度在规范司法官的司法行为方面发挥着重要作用，对于规范司法官行为，促进公平、正义，维护司法工作的纯洁，防止司法腐败，都有着不可替代的现实意义。司法责任制度是对法官独立进行裁判和检察官独立办案、履行法律监督职责的必要保障和规制，对于加强司法官的自律、防止司法腐败，都具有十分重要的理论意义和现实意义。在目前建设社会主义法治国家的进程中，在人们对司法公正空前需要的背景下，其更具有十分重要的理论意义和现实意义。理论上，既要保证司法官判断和处理案件的独立性，又要对其进行必要的约束，从而维护司法制度的良性运转，实现司法的功能和对于社会的规制作用。现实中，我国目前的司法制度中有一些关于司法责任的规定，但显得凌乱、繁杂、不统一，缺乏科学性且操作性较弱，为推进我国法治国家的建设，有必要建立司法责任制。

一、我国历史上司法责任制度的借鉴意义

中国是一个有着五千年文明历史的国家，在五千年的发展过程当中，形成了独具特色的中华法系。中华法系以其"伦理法"特点而闻名于世，其中通过以法治官实现王朝的稳定和社会的发展，是中国古代政治法律文化发展的一个突出特点。如何实现君主专制统治的

稳定和王朝的长治久安,是中国的君主们需要考虑的问题。最终君主们选择了通过其重要的权力媒介——官吏来解决这一问题,并通过建立一整套有关官员的选任、考课、监察等制度来加强对官吏的管理。在我国古代,司法审判及其相关活动是各级官吏执政驭民的主要工作之一,因而司法状况的好坏,不仅关系到社会的稳定,更关乎王朝的长治久安。由此,中国古代的统治者们非常重视对司法官吏的管理。为了保证司法官吏依法审判,防止司法官吏枉法行私,历代都通过立法明确规定司法责任。司法责任制度的建立和不断完善,是中国古代治官之法的核心内容,标志着中国古代官员管理制度的加强。司法责任制度以中国古代特有的文化制度为根基,其本身也是中华法文化发展的一部分,蕴含着中华法文化的精神。

总体而言,我国古代司法责任制度是在中国古代神权法思想走向衰落、法律世俗化的过程中产生的,是将儒家的道德观念、官箴文化以及宗教文化有机结合,并与司法责任制度的制定与运行相融合,形成了中华法系的特有内容。今天,在建设社会主义法治国家的过程中,在吸收法治先进国家的经验的基础上,应本着"取其精华,去其糟粕"的精神,从中吸取有用的东西,使其不失借鉴意义。

二、西方法治国家司法责任制度的借鉴意义

西方法治国家的司法责任制度在维护司法官公正裁断案件、实现法治的民主等方面都发挥了不可替代的作用。在司法官处理案件过程中,既保障其独立,又在司法官头顶时刻悬起一把达摩克利斯之剑,时刻警告司法官严格按照法律的要求行使职权,保持洁身自好。西方法治国家司法责任制度对我国的借鉴意义主要有:

第一,司法责任制度在保障司法公正制度上发挥着至关重要的功能。西方国家一般都在宪法中明确规定司法官独立行使职权,只对法律负责。这有利于司法官在行使职权时排除政党等的干扰和阻碍,从而在制度上形成一道保护司法官独立行使职权的屏障。

第二,司法责任制度对于促使司法官廉洁自律起到了重要作用。司法责任制度对于司法官来讲,就像孙悟空头上的紧箍儿一样,时刻警告司法官在处理案件时,要通过自己对案件事实和法律的理解,依

法作出公正的裁判,促使社会公平正义的实现。司法活动是一项相对封闭性的活动,在这样的活动中,司法官又拥有一定的权力,如果司法官不按照自己职业的特性活动,往往会出现以权谋私的情况。因而,在赋予司法官相对较大权力的同时,有必要对这种权力进行适度干预,保证其在合法有效的范围内运行,促使司法官廉洁自律。

第三,对司法官行为的监督必须从外部实施。从西方国家经验看,对司法官的依法履行职务行为的监督不能局限于内部监督,而应从外部通过一系列的制度构建,形成一种强有力的制约机制。

第四,司法责任制度与司法惩戒制度相互配合,共同构成司法官认真履行职务行为的防线。司法活动有其自身的一系列职业特点,司法官在履行职务的过程当中,由于各种因素的作用,可能会出现违法事由,要根据不同情形作出不同的惩罚。司法责任制度是从法律层面对违法司法官的处理,司法惩戒制度是从纪律层面对违纪司法官的惩戒,二者相互配合,共同编织起预防司法官违法违纪的大网。

三、在我国建立司法责任制度的意义

在我国,部分具体案件的审判、检察工作尚存在外部干预,没有实行司法责任制度;在司法机关内部,由于种种原因,长期存在着职责不清、权力不明的状况,也无法实行司法责任制度。长此以往,司法官的责任观念淡薄,司法活动中的违法乱纪、玩忽职守的现象突出,形成恶性循环,致使法律得不到正确的实施,办案质量不高。这不仅有悖于执法的严肃性,窒息着广大司法官的积极主动精神,而且是滋生官僚主义和严重不负责任作风的温床。因此,有必要建立责权相称、利害相关的司法责任制度。只有这样,才能在司法工作中坚持"科学立法、严格执法、公正司法、全民守法"的法治方针,逐步形成富有效率、充满活力的司法工作新局面。

司法官在司法活动中的任何违法乱纪、玩忽职守等行为,都会直接损害司法权的神圣权威和法律的尊严,破坏法治建设,情节严重的可能触犯法律,构成犯罪。为了严肃法纪,树立司法工作的权威性,对违法乱纪、玩忽职守的司法官必须追究法律责任。建立司法责任制度,具有重要的意义:

第一,有利于增强司法官依法办案的责任感和使命感。建立司法责任制度的目的就是要让独立的司法权力真正掌握在司法官自己手中,真正形成一种司法机关内部激励机制和自治机制。建立司法责任制度,对司法官在司法工作中的过失,予以追究,这对增强司法官办案的工作责任感、排除干扰、秉公执法具有重要意义。历史不断证明:司法最黑暗最腐败的时期正是司法官随意裁判而不受监督的时期。司法责任制度对于规范司法官的行为,加强对司法行为的监督,防止司法官的任意性,都有不可替代的作用。

第二,有利于制约和规范司法官独立办案。司法官独立办案根植于司法责任,其目的在于实现司法公正并维护社会正义。在法治国家,司法权的任意性需要得到有效的制约和监督。对于司法官的不规范行为,应该从不同的侧面进行有针对性的预防和惩治。我们不能以影响司法官独立为借口而取消应有的必要监督,任何权力的独立都是相对的,没有完全意义上的独立。

第三,能保护广大人民的合法权益。在司法过程中,人民合法权益的享受和保护很大程度上取决于司法机关能否依法司法。司法责任制从法制上督促司法机关依法司法,人民的合法权益不因违法司法行为受到侵害,从而直接保护了人民的合法权益。司法责任制为人民保护自己的合法权益提供了一条法律救济途径,一旦权益受到违法司法行为的侵害,就能通过司法责任制得到有效的法律救济,而不是问法无门。

第四,有助于建立一支高素质的司法官队伍。司法公正是司法存在的基础,而司法公正的实现,最终要依靠人即司法官来实施,司法官素质的高低左右着法律实施的效果。所以,建立一支高素质的司法官队伍,是司法公正的需要。建立司法责任制度是打造一支具有高度的敬业精神、高超的专业技巧、清廉的操作品格和超凡的人格魅力的高素质的司法官队伍的保证。

第五,对树立司法权威有极大的作用。法治思想不断深入人心,一些法律的弊端也渐渐被人们所了解,司法责任制作为一种法律制度,约束司法官的行为,使人民的利益最大化,使国家司法具有公信力及权威性。

第二节 我国司法责任制度的现状和问题

我国历史上有着悠久的规范司法官的司法责任制度,这些制度对于规范司法官的行为、防止发生司法不公、维护封建社会的稳定和王朝的长治久安等,都起到了应有的作用。中华人民共和国成立后,废除了民国时期的"六法全书",接受了苏联的社会主义法律制度,以革命根据地的法律为基础,建立了崭新的社会主义法律制度。社会主义法律制度的建立,是中国法治史上具有里程碑意义的事情。这标志着在我国开始实行崭新的法治理念,人民真正成为自己的主人。

改革开放以后,特别是随着建设社会主义法治国家治国方略的实施,我国加强了对司法官行使职权的要求。近些年,从最高立法机关——全国人民代表大会及其常务委员会到最高司法机关——最高人民法院、最高人民检察院再到地方各级人民法院、人民检察院都制定了很多关于司法官廉洁自律、加强司法权有效运作、保证司法为民的措施。

从法律的制定来看,在《法官法》《检察官法》《中华人民共和国国家赔偿法》(以下简称《国家赔偿法》)、《人民法院工作人员处分条例》《检察人员纪律处分条例(试行)》等法律法规中都有关于司法官责任方面的规定。应当说,这些规定在保证司法官依法独立行使职权、促进司法活动的公平公正、形成司法官职业共同体方面都起到了非常重要的作用。但从这些规定来看,对司法责任的规定过于实体化,缺乏详细的程序性规则,缺乏操作性;而且,在责任的承担上,没有按照司法程序上司法官的职责进行区分,难以适应建设社会主义法治国家对司法官的要求。

总体上,在现行的司法责任体制下,不仅司法公正受到质疑,司法公信力也不高。以下是几个突出的问题:

第一,注重外部监督而忽略司法自身建设,在加强权力监督制约时对司法运行与司法建设的规律尊重与遵循不够,使改革措施产生了某些负面的效应,主要表现如下:在加强监督的同时,外部干预司法的情况较严重,强调外部监督,而加强司法自身建设不足,导致司法机关一线办案人员积极性不高、责任感不强、司法基础较弱的问题比较突出,司法机关依法独立行使职权得不到保障;同时司法机关内部司法行政化趋势重,有悖于司法规律。法官进行案件审判时应当遵循审判独立原则,独立公正地进行司法审判活动。但在审判实践中,司法趋向行政化,审判员与法院领导的纵向行政关系使其独立审判难以实现。再有,诉讼机制不平衡的加剧,对检察机关而言,主要是诉讼职权与监督职权未能适当分离,导致诉讼机制紊乱,诉讼构造失衡,法院的中立性、权威性也受到了影响。

第二,立法存在不足。我国关于司法官的责任尚未健全完善的法律规定,主要体现在《国家赔偿法》第17、18条,《法官法》第46条和最高人民法院以及各级人民法院的规定中,如最高人民法院近年来颁布的《人民法院工作人员处分条例》《人民法院审判人员违法审判责任追究办法(试行)》等文件,但这些文件略显空洞,缺乏系统性,操作性较低,并不利于法治建设的顺利进行,容易造成公民对司法的不信任。

第三,现行制度下,一些法官的专业知识和职业素养不完备,没有意识到自己的职业素质将会影响到公民的权益,运用自己浅薄的法律知识来对案件进行审理、判决,增加了错误判决的发生,从而导致了司法责任的问题日益加剧。

第四,司法责任制下的错案追究制,作为司法机关解决司法腐败问题的一种自我监督、自我约束的内部监督机制,最终形成一项旨在加强对司法官的监督、确保办案质量的重要制度。但该制度从其诞生之日起,因为其本身带来的诸多问题,一直饱受各方质疑,成为一把"双刃剑"。由于其自身的缺陷以及操作上存在着随意化和简单化的倾向,该制度没有发挥出增强司法官严肃执法意识、提高司法官业务素质和保障司法公正的应有作用,却带来了一定的消极影响,缺乏公正性,因而废止的呼声不断。

第三节 司法责任制度的改革路径和措施

我国为维护司法公正,让人民群众在每一个案件中感受到公平正义,作出了许多努力:错案追究制、法官员额制、检察官员额制等,这些制度形成合力互相作用,使得构建司法责任制度成为21世纪司法领域的一项重要目标。完善司法责任制度坚持的路径主要有:

一、完善维护司法公正的相关配套制度

司法机关依法行使审判权、检察权等是建立司法责任制度的基础。我国《宪法》规定:"人民法院依照法律规定独立行使审判权,不受行政机关、社会团体和个人的干涉。""人民检察院依照法律规定独立行使检察权,不受行政机关、社会团体和个人的干涉。"任何机关和个人都必须尊重法院的审判权和检察院的检察权,不得干涉和影响司法活动。司法机关依法行使司法权是司法工作的基本原则,是建立司法责任制度的基础。要做到司法公正,具体措施如下:

(一)完善司法经费保障制度,免除司法官后顾之忧

长期以来,我国的司法经费来源主要是各级财政部门核拨的经费。这种体制对于保证司法机关依法公正地处理案件确实起到了积极的意义。然而在这种体制下,司法机关经费所需来源于同级财政,要想摆脱地方的束缚,摆脱行政机关对司法机关的控制力和影响力,在现实生活中也确实比较难。在我国司法实践中在各个地方程度不同地存在"司法地方化"的问题,这也是导致司法机关有时难以做到公正司法的现实原因。

在司法改革的过程中,有必要进一步完善司法经费保障制度,建立新型的适应现代法治要求的能够进一步保证实现司法公正的经费保障制度,亦从根本上免除司法官的后顾之忧。司法机关的经费来源依赖于地方政府,看地方政府的脸色行事,就成为不可避免的。司法官行使的权力直接涉及方方面面的利益,卷入官司的当事人影响检察官和法官,本来是可以避免的事情。关键的问题是,假如检察官和法官不能不顾忌这些影响和干预,或者说假如他们不顺从外来的干预,自己的利益就会受到损失,那么,坚守正义和维护司法公正恐怕只能是一句空话了。

西方法治国家一般通过将司法经费独立出来,单独列入国家预算的方式,使司法经费与地方政府分离,从而排除地方行政机关对司

法工作的干扰,杜绝地方主义的产生。由此,我国可以借鉴其他国家的有效做法,采取措施保障司法经费的稳定充裕,从而有效地维护司法公正。

(二) 实施司法官地区回避制度,阻断司法官违法办案的可能性

司法官地区回避制度,也就是籍贯回避制度,是指国家制定的不允许司法官在原籍或与原籍接壤的地区任职,从而避免在履行职务的过程中出现徇私枉法等情况的制度。本质上讲,地区回避制度属于回避制度的一种,和任职回避、公务回避一起构成回避制度的主要内容。但从我国目前的法律规定的内容来看,适用于司法官的回避制度有两种,分别是任职回避和公务回避。对于司法官的地区回避制度基本没有涉及。虽然任职回避和公务回避在实践中发挥了重要的作用,但从保证司法公正、减少司法不公以及减少司法官违法办案的可能性的角度看,应建立完善的司法官回避制度,在继续完善现有两大制度的同时,抓紧建立司法官地区回避制度,从而保证司法官处于超脱的地位,减少司法不公的可能性。

中华人民共和国成立后至今,由于现行干部人事制度不完善,国家机关中出现了亲缘化现象。而这种状况在全国具有普遍性,甚至有些地方还很严重。在这样的大背景之下,司法机关也不可避免地出现了亲缘化现象。

司法官特别是基层的司法官,多数都是在他们的出生地供职,并且本地法官的数量与法院的审级呈现反比例关系,也就是法院层级越低,法官中本地人的比例越高,甚至于有些基层法院几乎都是本地人。检察院的情况和法院的情况也相类似。司法官不可避免地与本地的亲族朋友有着千丝万缕的联系。虽然,在原籍长期任职的司法官,具有熟悉本地风土人情、适应周围环境的条件,有利于开展工作,但不可否认,司法官在原籍有着广泛的社会关系网络,对其履行职权、开展司法活动都可能带来很大的负面影响。因为从一定意义上讲,司法官在原籍的社会关系越是复杂广泛,他所从事的司法活动中涉及本人或本人亲属关系的概率也就越大,对于司法活动的干扰程度自然增大。这样,司法官利用职权徇情枉法谋私的可能性也就愈

加难以排除了。在我国的广大农村,仍然存在着与地域密切联系的带有浓厚封建色彩的家族观念、宗族观念和本土观念,这些观念的存在,对于在原籍任职的司法官会产生不小的影响。即使在处理案件的过程中,原籍任职的司法官能够在司法活动中保持中立无偏的态度,做到秉公执法,仍然难免会有以权谋私或偏袒一方的嫌疑,让人对由其作出处理的案件的中立性、公正性产生怀疑。

从以上分析可以看出,要建立各种有效制度、采取各种措施,创造公正公平公开的环境,减少以至杜绝司法官处理案件的各种掣肘和干扰,保证严肃执法。我们有必要建立司法官地区回避制度,阻断司法官违法办案的可能性。建立司法官回避制度,是司法活动具备"外观上公正"的基础条件之一,有助于司法官保持与所在社区之间的必要距离;从而杜绝司法官利用手中的职权徇私枉法的可能性,有助于司法官轻装上阵,依法履行职务、秉公办案、清正廉洁、公正处理案件;同时也加强了对司法官自身的监督和控制。

(三)司法去除行政化

司法官实行责任终身制,不仅仅针对审判法官,还包括对案件提出指导意见的审判委员会的委员,从而使其审慎地行使自己的领导权力。倡导各法院领导将权力下放,在非必要的情况下不参与审判法官的审判活动。若遇特殊情况,需要审判法官与审判委员会委员负连带责任。大力加强司法责任制度的宣传教育工作,使司法责任的观念深入法官心中。杜绝"主审法官审,助理法官判"的情况,贯彻审判独立原则,使审判法官依据对案件的审理和本身对法律的理解适用来审判案件,从而做到"审者判,判者审"。

(四)完善司法官任职保障制度,实现司法官依法公正办案

司法官任职保障制度是指司法官按照有关规定,一经任职,非因法定事由、非经法定程序,不得随意更换,不受免职、撤职、调任、停职或者降职、降薪等处分,只有依据法定条件,才能予以弹劾、撤职、调离或令其提前退休等处分所形成的一套制度体系。司法官的身份保障制度最早在英国创立,后来大部分国家都确立了这一制度并加以扩充,成为一项确保司法官依法独立、公正办案的基本制度。

从世界各国的经验来看,凡是建立了完善的司法官任职保障制度的国家,由于国家强有力的人事权力支持和良好的物质待遇,为司法官免除了后顾之忧,在维护国家法制的统一、司法的公正以及司法官依法办案等方面都执行得比较好。从我国目前的实际情况出发,结合其他国家的有益经验,我们认为应当建立完善的司法官保障制度,免除司法官办案的后顾之忧,实现司法官依法公正办案。具体做法主要有以下几点:

第一,司法官的任期较长或者实行终身制。凡是经正式任命的合格司法官,无法定事由、非经法定程序不得被更换。这样做的目的是保证司法官能够不受任何干预,依据法律和自己的良知对案件依法作出公正的处理。没有司法官的任职保障很难实现法律规定意义上的司法公正。

第二,建立合理的司法官豁免权制度。要保证司法官独立、公正地处理案件,就必须赋予司法官特殊的权力。这种特权应是相对的权力,也应是在一个合理限度内拥有的内在的和外在的自由。这种豁免权称为"司法豁免权"。除了司法官在工作中有不检行为或者其他触犯法律的行为,承担相应的行政责任、民事责任或者刑事责任外,应给其相对宽松的环境,保证司法官能够很好地履行其职责。

第三,建立完善司法官弹劾制度。在建立健全司法官任职保障制度的同时,对行为不检或者有其他触犯法律之情形者,通过弹劾制度来实现罢免其职务的要求。在建立弹劾制度时,其一,应明确弹劾理由,即具备什么样的理由才能弹劾司法官,而且理由应是明确的、具体的,不能出现随意解释的情况。没有出现法定理由,任何单位和个人都无权弹劾司法官。其二,应明确弹劾罢免程序。对司法官的处理应有合法公平的程序,有专门的规则,以避免处理过度,侵害被弹劾人的合法权益。

二、完善立法,制定相关法律法规

司法责任制是司法改革的重点,国家应该制定一套系统的、易于操作的法律法规来规范司法官的行为,一套完整的司法责任法律体系也是公民争取自己合法权利的依据。

在我国,由于多方面的因素,还不同程度地存在着违法办案、枉法裁判等司法问题。中华人民共和国成立以来,我们一直没有把司法责任制度化、法律化,是其中的原因之一。而且我国现行立法将有关司法责任分散规定于《宪法》《刑法》《民法典》《刑事诉讼法》《民事诉讼法》《国家赔偿法》《法官法》《检察官法》等法律中以及最高人民法院、最高人民检察院制定发布的若干司法解释中。因此,有必要加快实现司法责任制度的法律化,尽快由最高立法机关出台一部统一的"司法责任法",对有关司法责任制度的问题作出规定,以克服现行立法和司法实践中较为严重的司法随意化现象。

2015年9月21日,最高人民法院发布《关于完善人民法院司法责任制的若干意见》(以下简称《意见》)。该《意见》规定的审判责任主要是指违法审判责任。法官在审判工作中,故意违反法律法规的,或者因重大过失导致裁判错误并造成严重后果的,依法应当承担违法审判责任。

《意见》明确了必须追究违法审判责任的七种情形:审理案件时有贪污受贿、徇私舞弊、枉法裁判行为的;违反规定私自办案或者制造虚假案件的;涂改、隐匿、伪造、偷换和故意损毁证据材料的,或者因重大过失丢失、损毁证据材料并造成严重后果的;向合议庭、审判委员会汇报案情时隐瞒主要证据、重要情节和故意提供虚假材料的,或者因重大过失遗漏主要证据、重要情节导致裁判错误并造成严重后果的;制作诉讼文书时,故意违背合议庭评议结果、审判委员会决定的,或者因重大过失导致裁判文书主文错误并造成严重后果的;违反法律规定,对不符合减刑、假释条件的罪犯裁定减刑、假释的,或者因重大过失对不符合减刑、假释条件的罪犯裁定减刑、假释并造成严重后果的;其他故意违背法定程序、证据规则和法律明确规定违法审判的,或者因重大过失导致裁判结果错误并造成严重后果的。

《意见》明确了不得作为错案进行责任追究的几种情形,包括:对法律、法规、规章、司法解释具体条文的理解和认识不一致,在专业认知范围内能够予以合理说明的;对案件基本事实的判断存在争议或者疑问,根据证据规则能够予以合理说明的;等等。同时对独任制、合议制、审判委员会讨论案件时不同主体之间承担的审判责任作出了具体规定。

三、加强司法官的选任与培训

对司法官从专业与道德的方面进行考核,只有达到规定标准的人才能被录用,从源头上减少冤假错案的发生。与一般公务员差别管理,省级政府直接对司法官人、财进行管理,注重司法官日常教育培养,提高司法官的职业待遇,增加其职业荣誉感,减少其贪污腐败的可能。具体措施如下:

(一)完善司法官选任制度,提高司法官的素质

司法选任制度是对于从事司法工作的官的任职资格进行严格限制。司法官肩负着重要的职责,他们被誉为"社会的良心"。只有高素质的司法官,才能适应现代法治建设的需要。也只有高素质的司法官,才能适应构建社会主义和谐社会的需要。法官肩负着护法的光荣使命,检察官肩负着维护国家法制的统一的光荣使命。鉴于此,司法官职业作为一个整体,它的生命力与法律存在密切关联:法律荣,司法官耀;法律损,司法官毁。从这个意义上,司法官最基本的职业道德就应该是维护法律的尊严;司法官最重要的职业技能就应该是准确地运用法律解决纠纷。由此国家在赋予他们权力的同时,无一例外地对他们提出了严格的要求,以此来保证司法官的高素质。

(二)完善司法官培训制度,保证司法官业务水平不断提高

完善司法官的培训制度的目的主要是通过培训使初任司法官和现职司法官更新知识,提高工作效能,适应任职要求和实际工作发展需要。

在我国,由于历史的原因,过去对司法官所进行的培训,在很大程度上只是一种"补课",主要是给那些没有接受过系统法律专业训练,或没有接受过正规高等法律专业教育的司法官提供一个学习机会。这种培训与我国培养高层次、高素质司法官队伍的目标还相距甚远。对比世界其他国家在司法官培训方面的经验,我国的司法官培训尚存在很大的不足。

针对目前司法官培训中出现的问题和不足,应采取措施,加强和

完善司法官培训制度。其一,对于培训目标的定位应是提高办案能力。主要应从培养司法官的法律应用能力和专业技能、提高职业素养入手,把培育人格健全、品德高尚、专业知识丰富的优秀司法官作为司法官培训的主要目标。其二,在培训内容方面,应注重对法律实际运用技能的培训。着力培训受训者的法律思维能力、分析能力和推理能力,以及为司法官设置一些涉及现代经济知识、科技知识和其他方面知识的内容,使司法官能够不断更新知识结构。其三,建立全国统一的司法官培训制度。统一的司法官培训有助于保证培训的质量,达到预期的目标。这也是很多国家在司法官培训方面的成功经验。其四,建立完善初任司法官培训制度。司法官任职培训的主要目的是打好司法理论基础,增加司法经验,培养法律专业人才。

四、建立司法官责任认定机制

司法官只有实施了违反法律、职业道德和职业纪律的行为,才应当受到追究,他们对案件的判断和认识不应当成为其受追究的理由。这种责任追究必须建立在科学的基础上,对过错的认定应当从严掌握。如果是司法官办案能力所限或认识错误导致裁判不当,则属工作失误而不需承担法律责任。只有当司法官是出于故意或重大过失而造成严重错误时才属于应受追究的范围。司法官故意造成案件的错误处理,无论何种动机,都应追究责任;对于构成犯罪的,还应追究其刑事责任。我们可通过以下措施具体化:设立法官、检察官惩戒委员会,把对法官、检察官的惩戒权交给法官、检察官惩戒委员会,由法官、检察官惩戒委员会行使对违法违纪或者腐败的法官、检察官的惩戒权。惩戒委员会应设置在地市级层面以上,保证惩戒权实施的公正性。借鉴我国古代关于司法官责任连带制的成功经验,结合现代法治社会司法的特点,创新责任追究机制。坚持"高一级"负责原则,保证责任追究落到实处。

第四节 阅读与思考

一、法官职业责任

女法官的职业责任①

2001年,河南省汝阳县种子公司委托伊川县种子公司代为繁育杂交玉米种子20万斤,约定收购价以当地玉米市场价的2.2倍至2.5倍计算,但后者未能如期交种子。2003年初,汝阳县种子公司诉至洛阳市中级人民法院,要求赔偿。

庭审中,原告主张适用《种子法》,以"市场价"计算,要求被告赔偿其损失70万余元;被告主张适用《河南省农作物种子管理条例》,以"政府指导价"计算,只肯赔2万余元。

在有关种子定价的问题上,国家的法律和河南省的地方性法规发生了严重的冲突。由李慧娟担任审判长的合议庭支持了原告依据《种子法》提出的诉讼请求,并将法律适用问题提交审判委员会讨论。

2003年5月27日,洛阳市中级人民法院判决被告赔偿原告经济损失597001元。这份审判委员会讨论通过的判决书写道:"《种子法》实施后,玉米种子的价格已由市场调节,《条例》作为法律位阶较低的地方性法规,其与《种子法》相冲突的条款自然无效……"这个"相冲突的条款",指的是《河南省农作物种子管理条例》第36条,它规定农作物种子必须由政府定价。正是这句"自然无效"的表述,被河南省人大常委会定性为"法官违法审查地方性法规"。

10月13日,河南省人大常委会第二十四次主任会议认为,洛阳市中级人民法院的行为,"其实质是对省人大常委会通过的地方性法规的违法审查,违背了我国人民代表大会制度,侵犯了权力机关的职权……是严重违法行为"。

河南省人大常委会分别向河南省高级人民法院和洛阳市人大常委会发出上述"通报",要求河南省高级人民法院对洛阳市中级人民

---

① 载《南方周末》2003年11月20日。

法院的"严重违法行为作出认真、严肃的处理",请洛阳市人大常委会"纠正洛阳市中级人民法院的违法行为,对直接责任人员和主管领导依法作出处理,通报洛阳市有关单位"。

据此,洛阳市中级人民法院于 11 月 7 日作出书面决定,分别撤销赵广云的副庭长职务和李慧娟的审判长职务,并免去李慧娟的助理审判员之职。

[提示与问题]

1. 上述材料中涉及我国法官在裁判案件中如何适用法律以及审判委员会和法官的关系等重大问题,结合本案,谈谈你的看法。

2. 结合我国法官职业责任的有关规定,谈谈你对我国现行的法官错案责任追究制度的看法。

3. 结合本案,就我国人大监督与人民法院依法独立行使审判权的关系,谈谈你的观点。

二、律师责任

案例:透视中国最高额律师责任赔偿案[①]

1994 年开中国律师责任险之先河的上海建纬律师事务所,2001 年被索赔两千多万元。巨额标的使得这起案件成为当时全国索赔数额最高的律师法律服务纠纷案件。这是一起因房地产开发项目的法律服务引发的纠纷。其中矛盾重重,涉及案外人二百余名。该案被中华全国律师协会列为维权第一案,其终审判决,不仅将在司法界产生重大影响,也引发了如何规范房地产开发行为及引导投资者风险意识和投资理念等一系列思考。

2001 年 8 月 31 日,该案由上海市高级人民法院作出终审判决:上诉人上海建纬律师事务所(以下简称"建纬所")于判决生效后 1 个月内返还上海恒积大厦有限公司(以下简称"恒积大厦")人民币 240 万元。

上海市高级人民法院判决的理由是:本案所涉预租、包租合同已被另案判定为无效合同,其无效的原因是以预租、包租为名行非法融

---

① 载《中国经济时报》2001 年 9 月 8 日。

资之实。建纬所在其提供的法律服务中,非但未给当事人提供正确的法律意见,还参与制订以预租、包租为名行非法融资之实的合同文本,其所提供的法律服务存在明显的瑕疵,已违反了双方在服务合同中关于确保所有合同和文件的合法性、有效性的约定。建纬所收取法律服务费应以提供合格的法律服务为对价,建纬所的服务瑕疵虽然只是整个服务合同范围的一部分,但从本案的整个过程考虑,该瑕疵造成的后果是重大的,故建纬所应当返还已收取的奖励费和服务费。同时宣布恒积大厦诉建纬所法律服务有瑕疵索赔案终审判决。

上诉人、一审被告建纬所的代理律师朱元涛在接受记者采访时表示,这个结果非常令人失望,判决理由也无法令人信服。他认为,本案一审扩大律师义务和责任的范围的先例竟然得到上海市高级人民法院的确认,令人难以理解和接受。

此案被中华全国律师协会列为维权第一案,刚刚进入诉讼阶段便广受关注。

昔日先进典型官司缠身

这是一起因房地产开发项目的法律服务引发的纠纷。1994年,该开发项目——上海恒积大厦在当年曾是全国依法进行房地产开发建设的典型。更为轰动的是,为工程提供全程法律服务的建纬所开中国律师责任险之先河,承诺如果因法律服务过错造成原告恒积大厦经济损失的,将以法律服务费10倍的数额进行赔偿。鉴于当时中国的保险公司尚无这一险种,美国友邦保险公司在经过严格的考评之后,接受了建纬所的投保。

1994年5月,恒积大厦和建纬所签订《上海恒积大厦项目开发全过程专项法律服务合同》,确定了法律服务的内容。3年中,建纬所派出7位律师组成的律师团,为该项目提供法律服务。同时,根据工程进度,恒积大厦向建纬所分期付清了全部律师费,并基于对律师工作的十分满意,主动提前支付合同约定的40万元奖励费。

然而,随着时间的推移和项目的进展,这个当年依法开发的典型却产生了一连串的法律问题:恒积大厦的两位高管因在该项目建设过程中涉嫌犯罪而被刑事羁押;两百多个小业主因投资无法收回而状告恒积大厦要求返还预租、包租租金;代理商新联康公司起诉恒积大厦拖欠佣金、策划费；而建纬所也因此被推上被告席。1999年8月，恒积大厦以建纬所违反法律服务合同中约定的"确保恒积大厦在整个建设过程中所有行为的合法性及合法权益"为由，向上海市第一中级人民法院起诉，要求判令建纬所返还服务费人民币240万元，赔偿经济损失2000万元。

"律师责任赔偿"引火烧身

1995年8月，恒积大厦委托上海新联康投资顾问有限公司（以下简称"新联康"）为恒积大厦预售、预租的总代理，双方为此签订了《恒积大厦广告制作及物业预售租行销委托书》。在这份行销委托书中，约定了当时国内房地产法律法规未作明确规定的预租、包租经营业务，并且约定资金的收付由建纬所以代收代付的方式进行监管。

建纬所在审查合同时认为：预租、包租经营行为的律师服务虽不在法律服务合同约定的12项内容之列，但鉴于恒积大厦已和新联康约定让建纬所以代收代付的方式监管资金，因此这种新型的房地产开发业务应该有一定的可行性。在请示了政府权威部门并得到"预租、包租可以尝试和探索"的答复后，建纬所在该行销委托书的审查意见单上出具了法律意见："该合同确定的双方权义关系依据不够充分，但无明显抵触，且从总体上考虑有利于项目加快建设和房地产市场的发展。故同意签约，但日后法律法规有明确规定时，须作出相应的调整。"

为尽快让预租、包租这种新型的房地产开发业务占领市场，恒积大厦打出一个"新赚钱时代"的广告：给4毛（角）钱找回1块（元），两年回本，净赚三年。投资者只需与恒积大厦签订《上海恒积大厦赚钱时代商场租赁预订合同》（以下简称预租合同）和《上海恒积大厦赚钱时代商场约定包租合同》（以下简称包租合同），即将待建的恒积大厦按约定面积及期限预先租赁给投资者，同时投资者再将预租房屋面积转给恒积大厦包租。恒积大厦承诺，在包租期间保证给予投资者250%的高额回报。

1995年10月，第一个预租、包租客户江某以该行销委托书约定的方式，向建纬所交付了37.79万元的预租、包租金及566元的律师见证费。由于恒积大厦的负责人当天反悔，不愿将租金交由律师监管,建纬所即将上述款项退还给恒积大厦,拒绝再对预租、包租业务提供法律服务。随后,恒积大厦委托上海市某公证处拟订了预租、包租合同,并由该公证处对213个客户与恒积大厦之间签订的预租、包租合同进行了公证。

然而仅仅两年,"高额回报"成了肥皂泡。因为,恒积大厦违反资金专款专用和以物业抵押方式购买还款保证保险的承诺,将所收的租金擅自挪到其在外地的一个建设项目中去,并全线套牢无法收回,致使恒积大厦无法如期交付使用,小业主的租金回报无法支付,引发众多小业主和恒积大厦之间的预租、包租合同纠纷案。

1999年6月14日,上海市第一中级人民法院经审理认为,恒积大厦以预租、包租为名,行非法融资之实。遂对恒积大厦的213件预租、包租合同作出民事判决,确认恒积大厦与213个客户签订的预租、包租合同无效,责令恒积大厦向客户返还预包租金并按存款利息赔偿损失。

官司缠身且无力偿还巨额债务的恒积大厦将建纬所告上法庭。2001年3月9日,上海市第一中级人民法院审理认为:建纬所为恒积大厦提供经营开发全过程专项法律服务的承诺,应当包括预租、包租的经营行为。明知恒积大厦违规操作却没有以任何明示形式予以制止和干预,致使众多签约当事人不明真相而遭受经济损失,并且产生恶劣的社会影响,建纬所应该对此承担过错责任。遂判决被告建纬所返还原告恒积大厦40万元律师服务费,并赔偿原告损失200万元。

法律服务是否误导

对于一审判决,原被告双方都表示不服。原告认为,一审判决虽然认定建纬所的法律服务有瑕疵,但是判令赔偿的金额与其要求赔偿的数额差距太大,不足以弥补被告给原告造成的经济损失,虽然因为经济困难没有交上诉所需费用,他们仍然要上诉。

而被告建纬所则认为:一审判决既无事实依据,且适用法律不当,同时也与法院对同一性质的其他案件作出的民事判决自相矛盾,这显然有失公正。于是,建纬所向上海市高级人民法院提出上诉请求,要求二审法院撤销原审判决,驳回恒积大厦的诉讼请求。

2001年6月19日,上海市高级人民法院对此案进行了二审的公开审理。双方争议的焦点仍然是"预租、包租行为是否合法"这一问题。

被上诉人恒积大厦认为:一审判决已经确认恒积大厦与客户的预租、包租合同无效,这个问题不应再有争议。更何况,恒积大厦原本并不想搞预租、包租业务,可建纬所提出的法律意见是"预租、包租行为可行",从而误导了恒积大厦,所以建纬所应当承担过错责任。

上诉人建纬所反驳道:恒积大厦预租、包租经营业务是恒积大厦委托新联康代理的,不属于律师专项服务约定的内容。而当时出具的法律意见书现在看来都没有错,因为此后一年多,上海市就制定了对预租、包租经营行为的规范性文件,证明了预租、包租本身并不违法。之所以失败,原因在于恒积大厦拒绝律师监管资金并且擅自挪用预租、包租金,而非预租、包租经营行为本身的错误。

为证实建纬所有过错,恒积大厦指出:建纬所代收了客户的预租、包租金,收了律师见证费,这就表明律师参与了预租、包租行为的法律服务。现在预租、包租合同被法院确认无效,建纬所就应当承担过错责任。

建纬所反驳:事实上,第一个客户交款的当天,律师就要求恒积大厦到银行开设一个双方都留有印鉴的共同账户,以便进行资金监管。可恒积大厦当时就反悔,所以资金监管账户没能建立起来。恒积大厦也借此取消了建纬所的资金监管授权。因为无法监管建设资金,律师没有也不可能向客户出具见证书。由此推出,建纬所并未介入恒积大厦的预租、包租行为的法律服务,何谈承担过错责任的问题?

朱元涛律师说,根据判决,上海市高级人民法院认定律师的过错在于不该"参与制订以预租、包租为名行非法融资之实的合同文本",因为"本案所涉预租、包租合同已被另案判定为无效合同",也就是说,由于律师制订的合同被判定为无效,所以律师提供的服务有过错。听起来似乎很有道理,但为何同样的预租、包租合同却曾被认定该合同无效的同一法院(上海市第一中级人民法院)判定为有效合同?不知法官为何对该部分避而不谈?

朱元涛还说,所谓"以预租、包租为名,行非法融资之实",难道是律师参与了"行非法融资之实"的非法活动吗?如果恒积大厦方面没有违反由律师监管资金的合同约定,没有挪用小业主的租金,这一合同是否依然无效?他表示,上海市高级人民法院这种以偏概全、拿结论去推导原因的主观做法令人失望。

律师干预违规操作引起争议

此案在法律界引起了广泛的讨论。许多业内人士认为:本案的焦点在于被告建纬所是否明知原告恒积大厦违规操作,被告是否有义务对原告的违规行为以明示的方式予以制止和干预,由此产生了两种截然不同的意见。

一种意见认为,判决结果是合法的。按照建纬所与恒积大厦签订的法律服务合同的约定,建纬所提供的是全程法律服务,应确保恒积大厦建设工程中所有合同和法律文件的合法性及有效性。预租、包租行为虽然没有被纳入法律服务合同约定的范围,但是建纬所确实参与了预租、包租合同的制订过程,并对恒积大厦与新联康签订的"行销委托书"出具了"认为可行"的法律意见书,因此应该对恒积大厦的预租、包租行为承担责任。由于法院已经判决恒积大厦与客户签订的预租合同和包租合同均为无效合同,作为房地产方面的从业律师,应该预见到这种行为不能排除其有"非法融资"的可能性,所以建纬所应该承担提供错误法律服务的过错责任。又由于建纬所的过错并未给原告恒积大厦造成实际损失,因此,恒积大厦要求建纬所赔偿其损失2000万元的请求,没有事实根据和法律依据。

对此持相反观点的法律界人士认为:本案"行销委托书"中明确规定实施预租、包租的前提条件是资金交由律师监管。是原告自己先行违约,不愿将资金交由律师监管,律师才拒绝为原告和小业主的预租、包租合同进行见证。且就目前的有关法律、法规、条例及其他规范性法律文件来看,即使在明知委托人委托的事项违法的前提下,赋予律师的权利仅止于拒绝代理,律师并无法定的权利和义务去采取任何进一步的措施予以制止和干预。何况恒积大厦拒绝律师监管资金时的行为仅是违约而非违法行为,律师有何权利制止?在资金不由律师监管的情况下,律师如何知晓原告擅自挪用资金,又何谈干预和制止?

专家意见指向违规企业

2001年6月18日,中华全国律师协会特邀中国政法大学教授江平等知名法律专家及律师,专门就此案召开论证会。经过分析及探讨,形成以下几点意见:

首先,恒积大厦与213户客户签订的预租、包租合同本身并无违法之处。因为在建纬所向恒积大厦预租、包租出具法律意见之前,国家法律、法规以及上海市的地方性法规对预租、包租行为没有任何禁止性规定。后来上海市也相继出台有关法规,肯定房地产业中预租、包租经营行为的可行性及合法性。此外,上海市第一中级人民法院对于新联康与恒积大厦房屋中介纠纷一案的终审判决明确认定包含预租、包租内容的委托合同有效。由于恒积大厦违背诚实信用原则,擅自将建设资金挪作他用,使预租合同和包租合同失去了履行的可能,才被法院确认无效。

其次,建纬所在本案中不存在违约过错。恒积大厦违背由建纬所进行资金监管的承诺,从收取的第一笔预租、包租金开始就取消了建纬所对预租、包租合同进行见证和资金监管的权利,改为委托公证处进行合同公证,由银行进行资金监管。因此,对于恒积大厦此后一系列关于预租、包租的行为,建纬所都是无权干涉的。

最后,本案中恒积大厦在一审中提出的所谓"损失"与建纬所的法律服务行为无任何因果关系。

涉嫌犯罪背后存在制度疏漏

纵观本案,恒积大厦两位高管的涉嫌犯罪及这一连串的纠纷很大程度上与我国建筑制度和银行监管制度的缺陷不无关系。建筑房地产专项资金设立专门账户由律师监管,是许多国家和地区的通行做法。而我国建筑法及相关法规却没有这一法定规定,银行系统也没有硬性要求专项资金必须设立独立账户。

由于没有明确的法律依据,在实际操作中只能由律师和当事人具体协商确定。而当事人为自己方便,往往不愿将资金置于律师的监管之下。正如本案,律师虽已想到当事人挪用资金的可能性,但由于缺乏明确的法律规定,在当事人不同意由律师监管的情况下,所能做的也只有拒绝代理。这一疏漏正是诸多建筑项目屡屡发生行贿受贿、挪用资金等违法犯罪的制度根源。如果有关法律、法规能对建筑房地产专项资金必须设立独立账户并由律师监管予以明确规定,则完全可能避免恒积大厦的资金挪用。

记者在采访中了解到,本案所暴露出来的问题已引起上海市有关部门的重视,上海市关于建筑房地产专项资金由中介机构进行监管的地方性法规的起草工作正在进行中,而建纬所主任朱树英律师正是起草该法规的执笔人之一。如果这一问题能引起有关立法机关和主管部门的重视,将上海市这一地方性法规上升到国家法律或法规的层次,那么,就能够避免违规操作的发生,促进我国建筑房地产业更快地和国际惯例接轨,符合世界贸易组织的有关原则要求。

如何引导民众投资理念

恒积大厦非法融资案被上海市委列为"(存在)第一不稳定因素的案件"。

就在上海市委政法委、上海市两级人民法院为社会稳定而绞尽脑汁千方百计找回小业主的投资款时,人们似乎都把这两百多名小业主看成了无辜的受害者。

但是,细究事情经过,小业主也许应当了解自己的责任:尽管恒积大厦方面打着律师或公证法律服务的牌子做广告,但哪一个小业主认真对待了自己和恒积大厦的预租合同?事实上,恒积大厦和小业主的预租合同都约定了明确的合同由律师见证的条款,但在恒积大厦和小业主之间的213份合同中,没有一份合同有律师出具的法律意见,也没有人对此产生疑问。

"股市有风险,投资需慎重"的理念经过几年的宣传已深入人心。面对社会上出现的越来越多的投资渠道,应如何正确引导小业主的风险意识、投资理念?在此案中担任建纬所全权代理人的中华全国律师协会前任会长、贝朗律师事务所律师任继圣说,如果给小业主们一个错觉:只管去投资吧,只要有了亏空,什么时候都有政府来兜底。这样一来,不仅加重了政府的负担,更助长了民众投资的盲目性。孩子一哭就给奶吃,只会助长民众的依赖思想,徒增政府负担。只有让民众充分认识到"只要有投资,就会有风险",才能引导普通民众的投资理念趋于成熟,这才是保证社会安定的根本办法。

"依法治国"已载入了宪法,但要让这一理念深入我们的百姓、我们的法官,让千千万万的外商投资者信服,尚待点滴积累。而法治的一个根本精神就在于,让有过错的人承担相应的法律责任,保护无过错人的合法权益不受侵犯。中国已经是世界贸易组织的成员,各方面的进一步开放,也必将意味着律师的法律服务向更深、更广的非诉讼法律服务领域推进。律师的合法权益如何得到保护是亟待解决的新课题。针对此案判决,有专家认为:本案扩大律师义务和责任范围的先例,将对中国律师业的发展造成不可估量的危害。

中华全国律师协会有关人士指出:恒积大厦诉建纬所服务合同纠纷一案,"不仅关系到一个律师事务所的利益,更关系到13万律师在执业过程中对律师责任'度'的把握"。如果不充分重视一审判决对中国律师非诉讼法律义务所带来的负面影响,被视为"对我国律师诉讼业务有巨大推动作用"的律师过错责任赔偿制度的实行将会夭折。

无论如何,该案给律师界敲响了警钟。由于建筑房地产项目往往涉及巨额标的,律师责任十分重大。一个失误,即可能给当事人造数千万甚至上亿元的损失,而一旦赔偿,该律师事务所就面临破产的境地。这一方面要求律师在非诉讼法律服务中具备高度的责任心和敬业精神,做到防患于未然;另一方面要求律师有风险意识,及时投保律师执业责任险,这样既可化解律师所面临的风险,也使当事人的利益有了保障,从而对律师的专业服务更加信任。

[提示与问题]

近年来,律师因执业过错而受到当事人投诉的案件呈增加的趋势,但是发生在非诉讼业务中的案件比较少,绝大多数是发生在诉讼代理案件中。本案件是律师在非诉讼业务领域因执业不当而受到当事人起诉的典型案例。其中涉及的问题非常复杂,比如律师是否能够保证合同的合法有效性,律师法律服务责任的范围,律师作为合同中的第三人的责任问题,律师赔偿额的计算以及与法律服务费用的关系问题,律师如何在非诉讼业务中避免执业风险问题,本案中律师的法律意见书是否存在漏洞,上海市高级人民法院的判决结果和判决理由之间的逻辑关系是否存在问题,判决理由是否充分,等等。因此值得认真研读。

阅读上述材料,结合《律师法》等法律规定,就建纬律师事务所是否存在过错及其与损害后果的关系问题,谈谈你的看法。

第九章　法律职业伦理的养成

法律职业伦理在司法实践中具有十分重要的价值,但是这种价值只有通过将法律职业伦理要求内化成法律职业者的品格,使法律职业的大多数成员能够自觉遵守法律职业的道德规范,才能体现出来。这就需要认真研究法律职业伦理的内化,也即法律职业伦理的养成问题,探索法律职业伦理内化的规律,发现并利用内化法律职业伦理的因素,寻找法律职业伦理内化的途径,使每一个法律职业者都能够清醒地、自觉地进行法律职业伦理内化。

第一节　法律职业伦理内化概述

法律职业是一个需要高度自治的职业,而这种自治主要是一种道德意义上的自治。只有法律职业伦理内化为法律职业者的品德,内化为法律职业者的自觉意识,才会有稳定的道德行为,即只有将法律职业伦理内化,才可以做到道德观念与道德行为的有机统一。

一、法律职业伦理内化的概念

(一) 内化的含义

"内化",是一个目前心理学界广泛应用的概念。它最初是由法国社会学派涂尔干等人提出的,指社会意识向个体意识转化,亦即意识形态的诸要素移植于个体意识之内。这一思想后来为许多心理学家所采用并拓宽。美国心理学家英格利希(English)将内化理解为把某些东西结合进心理或身体中,采纳别人或社会的观念、实际做法、标准或价值观作为自己的东西。他们指出,社会规范的内化,即从社会或一个参照组接受行为的标准或准则。美国心理学家凯尔曼(Kelman)认为,内化是指个体的行为受与价值观体系相一致的诱因所驱使的状态。美国社会心理学家阿伦森(Aroson)将内化看成将准则和信念纳入自己体系。①

简言之,内化就是一个过程,一个将某种社会准则逐渐变成个体价值一部分的过程,表现为主体与主体外在的规范或准则的要求相互作用的过程,通过主体的能动反映——认知、体验与认同,以及主体内在的心理变化实现。这个过程也可以叫作构建品德心理结构。

(二) 法律职业伦理内化的含义

法律职业伦理内化,就是指法律职业伦理对法律职业者的道德约束由他律向自律转化,使法律职业伦理成为法律职业者道德意识组成部分的过程。这一过程受法律职业者自身内外各种因素的影响。正因为此,不同法律职业者因其自身内外因素的不同,在法律职业伦理内化过程中常常表现出不同的状态,这也使得法律职业伦理内化问题成为一个看似简单,而一旦追问起来却难以回答的极为复杂的问题。

法律职业伦理内化的过程表现为,法律职业者对于法律职业伦理的认识,逐渐由表层认知达到深层价值观念的转化,由强迫性遵守的消极情感到自觉遵守的积极情感,由被动的他律到主动的自律。而一旦内化,法律职业者对于法律职业伦理的遵守,就达到思想和行为完全一致的状态。

二、法律职业伦理内化要素

既然法律职业伦理内化受法律职业者自身内外多种因素的影响,就需要对这些影响因素进行理性的总结,以便法律职业者有效地进行法律职业伦理内化。因此,我们提出法律职业伦理内化要素这一理论。

(一) 法律职业伦理内化要素的概念和特征

法律职业伦理内化要素是指内化法律职业伦理过程中必不可少的因素。它是一个与法律职业伦理内化概念密切联系又有区别的概念。其联系就在于,法律职业伦理内化概念是界定法律职业伦理内

---

① 参见王健敏:《道德学习论》,浙江教育出版社2002年版,第32页。

化要素的基础,法律职业伦理内化要素是法律职业伦理内化概念的具体化。它们的区别则在于,法律职业伦理内化概念是从内化过程的性质来描述这一过程,而法律职业伦理内化要素是从与内化有关的因素出发来看待内化的过程,它进一步回答:内化的过程是怎样的?内化过程受哪些因素的影响?科学的、有效的内化途径是怎样的?

法律职业伦理内化要素有以下特征:

第一,法律职业伦理内化要素是一个包括主观和客观方面各因素的总和。法律职业伦理内化,就是研究如何将法律职业的伦理要求变成法律职业者的个人品格,因此,它必然涉及法律职业者自身以及法律职业者群体内部和外部环境等各方面的因素。

第二,法律职业伦理内化要素只是从宏观方面对影响法律职业者内化法律职业伦理的因素进行了归纳。社会生活中的任何一个人、任何一件事都可能会对某个具体的法律职业者的职业伦理内化产生影响,但是,法律职业伦理内化要素只是对影响法律职业者伦理内化的共同因素进行了总结。

第三,要素中影响法律职业伦理内化的各个因素对于不同的人的影响是不同的。法律职业者在内化法律职业伦理的过程中,都会自觉或不自觉地受到各种因素的影响。但是,不同的人和事对同样的人产生的影响是不同的;反之,同样的人和事对不同的人的影响也是不同的。

(二)法律职业伦理内化要素的构成

任何一个法律职业者内化法律职业伦理的过程,都不能缺少的因素,就是法律职业伦理内化要素的构成。它包括四个方面,即法律职业伦理内化主体、法律职业伦理内化内容、影响法律职业伦理内化的因素、法律职业伦理内化的途径。

第一,法律职业者是法律职业伦理内化的主体。法律职业者作为法律职业伦理内化的主体,在法律职业伦理内化过程中起着十分重要的作用。所有影响法律职业伦理内化的外部因素都要通过法律职业者这一主体起作用,或者是积极的作用,或者是消极的作用;起什么样的作用和起多大作用,法律职业者自身的因素起着关键性的,有时甚至是决定性的作用。

第二,法律职业伦理内化的内容,就是指内化哪些知识和意识,能够有助于法律职业者把法律职业的伦理要求变成自身品格的一部分。法律职业伦理内化的内容,应该从两个层面来看待:一个层面是从社会需要来考虑法律职业伦理内化的内容,另一个层面是从法律职业自身的需要来考虑法律职业伦理内化的内容。显然,仅仅将法律职业伦理的具体要求灌输给法律职业者,是不能解决法律职业伦理内化问题的。也就是说,进行法律职业伦理内化的过程中,仅仅内化法律职业伦理规范的内容是很不够的。法律职业者必须认识到法律职业存在的社会价值,熟练掌握法律知识和技能,深刻理解法律职业的特殊要求和所具有的特殊地位。同时,在法律和社会赋予法律职业特殊保障的环境下,在法律职业荣誉的引导下,在法律职业惩戒措施的约束下,即在上述诸多因素以及这些诸多因素氛围的共同作用下,法律职业伦理要求与法律职业相关的这一切内容融合在一起,共同融进法律职业者的意识中,才能够产生法律职业伦理内化的效果。

第三,影响法律职业伦理内化的因素,是指法律职业伦理内化过程中的各种环境因素、制度因素以及各种环境和制度运行的综合情况,还包括法律职业者自身的价值观、性格、认知等因素。

第四,法律职业伦理内化的途径,是指通过什么样的手段和方式,才能够把法律职业的伦理要求变成法律职业者的自觉意识。这一点是很重要的。如果没有科学的、有效的途径进行法律职业伦理内化,那么,法律职业伦理就只能停留在口头上,而不能融入内心,也难以化成自觉的行动。

三、法律职业伦理内化阶段

法律职业伦理内化的过程是十分复杂的,要经过了解和认知法律职业——感受法律职业的地位和价值——反复体验和感悟法律职业伦理对于法律职业的意义等一系列过程,才能够把法律职业的伦理要求融化为法律职业者个人意识和品格的一部分。而这种内化过程是发生在法律职业者这一内化主体的头脑里的,不能从外部直接观察到,是否内化以及内化的程度如何,只能从主体的行为进行推断。一般来说,行为的稳定性与内化的程度是一致的,内化程度越深,接受越好,行为越稳定。尽管不能够直接观察到个体内化的程度,但是我们仍然可以从个体的行为反映,把内化过程划分为若干阶段。

(一) 四阶段论——认知,体验和冲突,认同,自觉遵守

为了对法律职业伦理的内化过程有一个客观的认识,也为了能够更有效地选择法律职业伦理内化的途径,我们依据内化程度的不同,把内化过程划分为四个阶段:

法律职业伦理内化的第一个阶段,是对法律职业的认知阶段。

这个阶段,是法律职业者或者准法律职业者对法律职业由不了解到了解的过程,或者是由普通人的神秘感知过程到理性认知的过程。普通人能够直接接触法律职业的机会并不多,他们往往是通过日常生活中的电影、电视或者小说等文艺形式来感知法律职业。这样形成的认识是零碎的、模糊的,有时甚至是不确切或是不正确的。普通人一提到法律职业,会有很多丰富的联想,诸如威严、公正、敏锐甚至傲慢、武断等,在经过理性认知以后,知道了法律职业者的权力仅仅是社会秩序良性运转的组成部分,而不仅仅是个人生存或谋求巨额财富的工具;知道了社会对于法律职业的尊重缘于对法律的尊崇,只有维护法律的尊严,才有法律职业者的尊严;知道了法律职业者是依赖智慧和人格生存,而不仅仅是依赖权力生存,他们是非常理性的,是靠正义使人们信服,而不是靠权力的威力使人们服从。因此,他们的外在形象甚至也可以是非常谦和的。这个认识过程一般是在学校通过对法律知识和技能以及法律职业伦理的初步学习完成的。

法律职业伦理内化的第二个阶段,是对法律职业的体验过程。

在这个过程中,法律职业者或者准法律职业者对法律职业有了初步的接触,如法律院系学生的假期实习或者初步加入法律职业的法律职业者仅有少量的执业体会。在这个阶段,他们对法律职业往往有一种热情的向往,以为法律职业是一个崇高的、神圣的、万人仰慕的职业。但是,这种热情往往会遇到现实的冷酷冲击,而他们这时

还没有形成法律职业应有的全面、客观看待问题的思维,往往容易凭借个别人或者个别事来评判法律职业。比如,他可能根据其实习时跟随的指导老师品行的好坏来判断整个法律职业的状况。这样往往会产生内心冲突。

这个阶段是法律职业伦理内化过程中一个比较重要的阶段,对于能否继续完成内化过程有很重要的作用。曾经有一些法律院系的学生在实习时遇到了道德水平比较低的法官就作出否定整个法律职业的判断、选择放弃从事法律职业愿望的例子。当然,更多的人是通过这个过程,进一步体验到法律职业对于社会不可或缺的价值,体验到法律职业在维护社会正义、维护社会秩序方面无可替代的作用,更加坚定了从事法律职业的信心,更加自觉地进行法律职业伦理内化。

法律职业伦理内化的第三个阶段,是对法律职业的逐步认同过程。

在这个过程中,通过长期从事法律职业对法律职业形成感性和理性认识,如通过对法律职业伦理规范的遵守或者违反,体验获得法律职业共同体内部和外部尊重的快感或者被法律职业惩戒机构惩戒的痛苦,或者对法律职业作出否定性评价,或者作出肯定性评价,或者先肯定后又否定,或者先否定后又肯定。这是一个反反复复的过程,而在经历了这样一个过程之后,一旦作出肯定性评价,就是对法律职业由认知达到了认同,这是一个阶段性的跳跃。达到认同以后,遵守法律职业伦理的要求,会有一种满足感,感到遵守法律职业伦理要求是一件快乐的事情。

法律职业伦理内化的第四个阶段,就是法律职业的伦理要求已经变成法律职业人的内在品格,即稳定的品行和性格的组成部分。

这是法律职业伦理内化的最高阶段。一旦达到这个阶段,法律职业伦理的规范要求,对于法律职业者来讲,已经不再是一种约束,法律职业者已经不需要依赖职业惩戒的威力来约束自己的行为,遵守职业规范或者准则已经成为个人的习惯,是一种自觉行为。这个阶段,也可以说是法律职业伦理内化的目标,尽管很少有人能够达到这个目标,但是我们所做的一切努力,都是向这个目标迈进。也就是在这样的意义上,我们才将内化界定为一个过程而非一个行为。这个过程,对于法律职业者来讲,也许是一个终身的过程。

(二)内化阶段的特点

第一,在法律职业伦理内化的不同阶段,法律职业内化主体会有不同的表现,但是,不论在什么阶段,个体之间永远存在着内化速度和内化程度的差别。而且,即使不同的法律职业者处于相同的环境,其法律职业内化的速度和程度也会有差别,这是由法律职业者不同的价值观、不同的认知能力和不同的心理感受决定的。

第二,法律职业伦理内化的阶段有先后的顺序,但是,每个阶段并不是截然分开的,也不是一次完成的。在每个阶段进行的过程中,常常会有反复。即在内化的过程中,会不断感受到各种道德情感冲突,最普遍和最典型的冲突是两种:一是作为普通人和作为职业人的道德情感冲突,二是个人情感中的善恶冲突以及个人利益和职业利益的冲突。面对每一次冲突,法律职业者都要经历一次内心折磨,但是,每一次以职业人的情感战胜普通人的情感,以舍弃个人利益的善战胜背弃职业利益的恶的举动,都是在法律职业伦理内化的进程中向前迈进了一步,更加接近更高的阶段。

第三,法律职业伦理内化达到最高阶段之后,法律职业伦理规范或准则的要求,就不再是主体之外的行为要求了,而成为主体自身的行为选择标准。

第二节 法律职业伦理内化的内容

一、法律职业的地位

法律职业的地位,是指法律职业在社会中存在的价值和作用。这是给法律职业这一社会角色定位的基本因素,也是构建法律职业伦理准则或规范内容的出发点。法律职业者对自己所从事的法律职业的价值,即社会意义的深刻和准确的理解,是其职业意识的基础和灵魂。

法律职业在社会生活中的地位和作用,与法律文化有着密切的关系,不同的法律文化之下,法律职业的地位和作用也不同。但是,无论什么样的文化环境,法律职业在实现正义、维护社会秩序、服务公众等方面必须发挥重要作用这一点是一致的。因为法律职业的价值来源于法的价值。法具有正义、平等、自由、秩序、安全等诸多价值。① 基于此,法律职业者不仅对自己的良心承担着义务,而且对社会公众、对国家秩序也承担着义务,正是因为法律职业如此重要,社会才会对法律职业提出特别严格的远远高于其他职业的伦理要求。

二、法律职业的特性

众所周知,道德是一种关于是非、善恶的判断,是一种诉诸人的良知和内心确信才能真正发挥作用的东西;道德实践是一种通过教育和学习,使道德主体对道德规范取得内心认同后才能表现于外在行为的活动。法律职业伦理的实践活动也是同样道理,所以,必须使法律职业者认识到法律职业特性与法律职业伦理之间的内在关系,使从业者发自内心地感受到职业道德对于其职业的重要性。这样才有助于形成内在的道德确信,才能够基于对职业的认同,在道德实践中表现出对道德规范的自觉遵守。

与其他同样需要专业知识和技能的职业相比,法律职业是一个在规则中生存的职业。法律职业本身的特性,使得从事法律职业的人经常处于纷争当中,会经常面对复杂甚至艰险的局面,经常会遇到不易判断、不好处理的道德问题,稍有不慎,就可能损害职业形象,甚至葬送自己的职业前途。而严格遵守法律职业伦理是最好的避免职业风险、进行自我保护的手段。

法律职业伦理是法律职业的一个基本构成因素。法律职业伦理反映着法律职业的本质特征和特有的客观规律以及社会对法律职业的最基本要求。

三、法律职业知识和技能

法律职业知识和技能与法律职业伦理的关系,表现在三方面。

---

① 尽管对于法的价值,学术界有许多不太一致的观点,但是我们在此只是从法的最普通、最一般的意义上讲法的价值。

其一,两者密切关联,没有脱离执业活动而单独存在的职业道德,也没有完全脱离道德的法律知识和技能,或者说,法律的知识和技能之所以能够发挥服务于社会的功能,还在于法律知识和技能中蕴含着职业道德的成分。因此,可以说,法律职业伦理是法律知识和技能的重要组成部分。其二,法律知识和技能,如果没有法律职业伦理的约束,也会成为损害社会的工具。在这方面,我国台湾地区著名法学家史尚宽有一段非常深刻的论述,他说:"虽有完美的保障审判独立之制度,有彻底的法学之研究,然若受外界之引诱,物欲之蒙蔽,舞文弄墨,徇私枉法,则反而以其法学知识为作奸犯科之工具,有如为虎附翼,助纣为虐,是以法学修养虽为要,而品格修养尤其为重要。"[①]其三,知识和技能与思维水平成正比,道德认识水平与思维水平成正比,思维水平越高,道德判断力也越高,道德判断水平的高低对道德行为的选择有重要制约作用。因此,必须注意到,遵守法律职业的专业行为准则是建立自己法律专业判断力的必备条件。我们常说的专业态度和敬业精神,有很大的成分就是指职业道德。

因此,法律职业知识和技能,是法律职业者生存的基础和力量源泉。但是,这种生存的能量要想转化为现实的收入来源,就必须取得社会的认可和信任。只有谨守职业道德的职业人才能够在职业中生存和发展,法律职业更是如此。

四、法律职业保障

法律职业伦理是法律职业享有较高社会地位的有效保证。法律职业者的自我约束以及绝大多数的法律职业者遵守法律职业的专业行为准则,也是法律职业享有某些职业特权的先决条件。

对法律职业的保障,包括经济保障、人身保障、职权保障,还包括赋予法律职业者一些职业特权等。任何一个职业存在的意义,对于职业人来讲,首先是而且必须是生存,即为职业人提供一种生存方式。其次,才是它对于职业以外的人,即对于社会的价值和作用。基于这一点,必须把解决职业保障问题作为职业存在和发展的基础。

---

① 史尚宽:《宪政论丛》,荣泰印书馆1973年版,第336页。

当然,对于法律职业,社会对它有更高的期待,制度给它设定了更高的进入门槛,与此相适应,就应该赋予其更高的保障,这种保障包括精神和物质两个方面。建立和完善法律职业的保障机制,有利于形成法律职业人的独立品格,对于其忠实地履行职责具有重要意义,如保证公正履行职责,树立司法权威,以及增强法律职业者的职业荣誉感,培养敬业精神,珍惜自己的执业机会等。

对于法律职业的经济保障,世界各国都非常重视,认为它是法律职业者认真履行职责的基础。许多国家都为法律职业从多方面提供了丰厚的经济保障,一般包括高薪制度,工资收入不减少制度,假期、住房和医疗以及家属照顾等优厚待遇,优厚的退休金制度等。如在英国,总检察长的收入仅次于首相,比部长的收入高出许多。美国在检察官的工资方面强调,检察官的报酬应与其担负的重大职责相称,在条件相同的情况下,检察官的收入应比得上执业律师。高薪可以使法律职业者免除生活上的后顾之忧,不至于贪图小利而滥用职权,从而有助于减少腐败。

实行经济保障要具备多方面的条件,除了国家财政能力外,还有法律职业的整体素质和道德水平,法律职业者的整体素质和道德水平必须达到能够使社会公众心服口服地接受其获得较高经济保障的程度。我国之所以没有对法律职业实行特殊的经济保障,除国家财力的原因外,在很大程度上是法律职业自身的原因。尤其是近几年,国家财力已经有了很大提高,法律职业内部高薪的呼声也很高,而至今没有对法律职业建立相应的经济保障制度体系,法律职业者应该对自身状况进行深刻反思。我国法律职业大众化的状况和法律职业者并不令人满意的道德状况都是目前法律职业不能获得特殊保障的原因。

关于法律职业的职业特权,根据法律职业的特殊性,世界各国都赋予了法律职业各种非常具体的有利于其发挥职责的特权。对法官、检察官进行拘留、逮捕,搜查法官、检察官的人身或者办公室、住所时,给予特殊的程序保障;对法官、检察官及其家属的财产和安全给予特殊的保护;为了法官、检察官履行职责的需要,赋予其出入一些公共场所、乘坐交通工具等方面的特权。如《俄岁斯检察院法》第

41条规定:"检察机关工作人员凭公务证明,有权在俄罗斯境内免费使用城市、城郊和地方交通的一切工具(出租车除外);在农村则可使用任何顺路的交通工具,在他们因公务出差期间,有权优先预订和获得旅馆的床位及任何交通工具的票证。"《葡萄牙检察署组织法》甚至还赋予检察官"免除地方政府征收的任何所得税"的权利。[①] 联合国《关于检察官作用的准则》对检察官应享有的特殊权利也有规定,如检察官作为司法工作的重要行为者,应在任何时候都保持其职业的荣誉和尊严,各国应确保检察官得以在没有任何恐吓、阻碍、侵扰、不正当干预或不合理地承担民事、刑事或者其他责任的情况下履行其专业职责等。这些规定对于保证检察官忠实地履行职责都具有重要意义。

法律职业保障还有一个重要方面就是职业权利保障,如对法官、检察官的职业独立保障。这方面我国的规定很少,关于法律职业特权几乎没有什么规定。其中一个重要原因,不能不说与法律职业还没有形成自律机制有关。法律职业者的状况制约着这方面立法的进步,但是,反过来,立法的缺失又损害着法律职业者对于职业的信心,这是一种恶性循环。如我国的《法官法》《检察官法》只规定了法官和检察官的一项特殊的权利,即"非因法定事由、非经法定程序,不被调离、免职、降职、辞退或者处分"[②]。我国《律师法》对律师的保护有一定限制,将国外普遍规定的律师刑事辩护豁免权、律师—委托人职业秘密特权以保密义务的形式规定在法条中。这种立法状况极大地降低了法律职业人遵守职业道德规范的自信心。必须认识到这两方面相互间的负面影响,应该同时推动立法保障和职业约束两方面的工作,不能有所偏废。

因为本书论题所限,我们不去研究法律职业保障机制在经济保障、人身保障、执业特权等各方面保障的具体内容,仅举几例以说明法律职业保障在法律职业伦理内化过程中的作用。以法律职业中的法官为例。法官任职保障制度对于其依法独立行使职权有着极其重

---

① 转引自张智辉、[加]杨诚主编:《检察官作用与准则比较研究》,中国检察出版社2002年版,第407—408页。
② 《法官法》第11条第2项、《检察官法》第11条第2项。

要的作用,如一些法官因仗法执言、秉公执法而遭到打击报复,以致被降职甚至免职的现象偶有发生。这种情况对法律职业人的职业伦理内化是有很大影响的。再如,法官享有较高的物质待遇,不仅与法官的职业阶层和其付出的复杂劳动相对应,而且,更为重要的是,可以使法官在面对物质诱惑时,保持超然的态度。

所以,在法律职业伦理内化的过程中,要充分注意到职业保障所起的作用,一方面强化职业保障机制的建设;另一方面,要在法律职业伦理教育中使法律职业者了解法律职业保障的制度内容,并在工作实践中尽力解决法律职业者的后顾之忧,使法律职业者能够理直气壮地执业。

五、法律职业荣誉

职业荣誉是职业内外对于该职业及其职业人的认可,是一种肯定性的、褒奖性的社会评价。它是职业人谨守职业道德规范的动力来源之一,它从积极的方面激励职业者正确履行职责。因此,各国都有关于法律职业奖励措施的规定。如对于法官和检察官的奖励有立功、物质奖励、职务晋升、颁发荣誉勋章或者荣誉证书等。我国对于法官和检察官,在《法官法》和《检察官法》中有关于奖励的专门规定。这对于弘扬正气无疑起到了积极作用。但是,我国关于法官、检察官的奖励规定,也存在一些问题,如没有体现法官、检察官职业的特殊性,缺乏物质奖励措施,一些奖励条件缺乏可操作性等。

遵守职业道德是获得职业荣誉的导轨,职业荣誉是遵守职业道德规范的内驱力。在法律职业共同体内,形成争取和维护职业荣誉、仿效职业典范的氛围有助于法律职业伦理的内化,因此,要强化法律职业者的荣誉感。如在英美法系国家,成为法官是很多律师的终身追求,这样就会引导律师在执业中自觉地遵守律师的职业道德规范。

六、法律职业惩戒

在任何国家,哪怕法治化程度再高,也无法避免法律职业者违反职业道德甚至违法犯罪的情况发生,因此,必须建立法律职业惩戒的相应制度。这是使法律职业者恪守职业道德最后一个层面的内容,但是,又是必不可少的。

由于历史和文化传统等方面的不同,各国关于法律职业惩戒方面的规定也不尽相同。但是,对于法律职业惩戒可以起到约束法律职业者执业活动的作用的认识却是共同的。在进行法律职业伦理教育时,将法律职业惩戒的内容传达给法律职业者或者准法律职业者,使他们在进入法律职业之前,或者在从事法律职业的工作时,脑子里始终有一根弦,知道自己行为的性质和行为的后果,这无疑有助于其职业伦理的内化。

我国《法官法》《检察官法》《律师法》都有关于惩戒的规定。但是,我国关于法律职业的惩戒规定还有很多不完备之处,如关于惩戒的条件和程序,进行惩戒的机构,进行惩戒调查中对于职业者的权利保障等都有待作出详尽的规定。

上述内容的相互关系是,法律职业地位是法律职业意识的基础,法律职业伦理反映着法律职业的特性,法律职业伦理融合着法律职业知识和技能,法律职业保障是法律职业伦理准则得以运行的基础,法律职业荣誉是引导法律职业者遵守法律职业伦理的动力之一,法律职业惩戒是使法律职业伦理得到遵守的重要保证。因此,这些内容都在法律职业伦理内化的过程中发挥着各自的作用,共同构成法律职业伦理内化的内容。

第三节 影响法律职业伦理内化的因素

人的道德观念、道德信念受不同文化背景、不同制度和不同教育的影响,同样,法律职业者也是在一个具体的社会环境中执业的,其道德状况及其内化过程和内化程度必然受社会各种因素的影响,同时,在不同背景和环境影响下成长起来的不同个体自身因素也不同,这些都对法律职业伦理内化的过程和内化结果产生不同的影响。这些影响可能是有益的,也可能是不良的。

应该指出的是,各种因素的影响并不是独立发生的,而是交织在一起,相互影响,共同作用于法律职业伦理的内化过程。我们只是为了论述方便,才把各种影响法律职业伦理内化的因素分别列出。

一、社会环境的影响

任何社会都是由经济环境、政治环境、文化环境构成的整体,三者之间相互独立,又相互渗透、相互依赖。经济环境是全部社会环境的基础,它的性质和发展直接决定着其他社会环境的性质和发展变化,经济环境、政治环境、文化环境的变化最终也会带来人们道德素质的变化。这种影响是长期的,无论正面或者负面的影响,都是个人或者组织甚至某种制度难以改变的。

(一)经济环境的影响

经济环境对人的思想道德素质起着决定作用,具体表现在三方面。一是经济关系、经济制度是人的思想道德素质形成和发展的基础,人的道德素质归根结底是当时的社会经济状况的产物。二是对物质利益的追求是人的思想道德素质发展的内在动力。利益对推动实现社会理想有着巨大的动力作用。对此,列宁说:"……如果你不善于把理想与经济斗争参加者的利益密切结合起来,与该阶级的'公平的劳动报酬'这类'狭隘'琐碎的生活问题……结合起来,那么,最崇高的理想也是一文不值的。"[①]三是物质生产和科技进步是人的思想道德素质形成和发展不可或缺的物质条件。[②] 经济环境对于法律职业伦理的形成和内化的影响,也同样表现在这三个方面。

在现代社会,法治已经成为社会文明的重要标志,同时,法治又是现代社会的"奢侈品"。也就是说,实现依法治国,必须有一定的经济基础;实现司法公正,就必须付出一定的代价。一般来说,"经济投入成本越高,司法的公正效果越好,所获得的经济或非经济效益越高。反之亦然"[③]。

我国的经济发展水平制约着对法官、检察官、警察等法律职业的物质保障,使其还只能维持在比较低的水平。尤其是法官、检察官,就目前的住房制度来讲,必须与普通居民混住在社区中,这就使得对

---

① 《列宁全集》(第1卷),人民出版社2013年版,第353页。
② 参见戴钢书:《德育环境研究》,人民出版社2002年版,第216—222页。
③ 顾培东:《社会冲突与诉讼机制》,四川人民出版社1991年版,第105页。

法官、检察官的业外活动很难约束,他们自身很难做到职业道德的要求,相关组织也很难监管。又如,随着市场机制的作用,律师的使命感被逐步削弱,执业中表现出追求经济成功的倾向,有的律师甚至已经堕落为单纯追求经济利益的商人。再如,目前司法机关的总体经费不足,这就势必影响司法人员的公正。

(二) 政治环境的影响

政治环境是指对人的思想素质产生影响的社会政治活动、政治制度、政治设施等一切外部因素的总和。它是社会环境的重要组成部分,它由经济环境决定,并为经济环境服务;它决定文化环境,文化环境又反作用于它。政治环境直接对人的思想素质产生影响,对人的思想道德素质起着导向作用,具体表现在三方面:一是国家对人的思想道德素质的形成和发展具有支配作用;二是政治环境中的政治活动、政治制度、政治设施等对人的思想道德素质的形成和发展直接产生教育作用;三是政治环境保证着思想道德素质的形成和发展方向。① 法律和政治的关系,从来都是密不可分的,政治环境对于法律职业伦理内化的影响也是非常深刻的。

如我国目前法院体制的行政化问题、没有避籍的干部任用制度,使得法律职业者难以与社会公众,甚至难以与执业对象保持适当的距离。这一切在实际运行中已经影响到法官的公正执法。而政治环境的影响也是与经济文化环境交互发生作用的,任何一种因素都不是孤立地发生作用的。

总之,在法律职业是政治工具的政治环境下,法律职业人就很难保持独立的品格,而我国依法治国、发展民主的政治体制改革趋向必将有助于树立正确的法治观念,有助于法律职业者的职业伦理内化。

(三) 文化环境的影响

文化环境在社会环境中处于从属地位,但是,又具有相对独立性。它由经济环境和政治环境决定,为经济环境服务,并反作用于政治环境。文化环境是社会经济和政治的产物,社会意识形态构成文

---

① 参见戴钢书:《德育环境研究》,人民出版社 2002 年版,第 266—271 页。

化环境的主体内容。文化环境的核心是社会占主体地位的世界观、人生观和价值观。文化环境对人的思想道德素质起着塑造作用。文化环境的根本指向就是为了塑造人的思想道德素质,提高人的科学文化水平,为经济发展和社会进步提供精神动力和智力支持。文化环境的这种塑造作用,表现在三个方面:一是文化环境中处于核心地位的价值观念、思想信仰以及与此相一致的各种行为规范对社会成员思想的教化和规范作用;二是文化环境具有增强社会成员凝聚力、对社会成员的各种观念进行整合和统一的作用;三是文化环境指导着社会成员思想道德素质的发展方向,并通过对人们认知和思维方式的制约,在一定程度上制约着社会的发展特色和方向。[1]

在讨论文化环境对法律职业者伦理内化的影响时,除了上述三个方面的对法律职业者的普遍影响外,更应该重视法律文化与法律职业者伦理内化的密切关系。广义的法律文化,泛指人类在漫长的文明进程中,从事法律活动所创造的智慧结晶和精神财富,既包括法律意识、法律思想,也包括法律规范、法律制度、法律实践和法律设施,是法的制定、法的实施、法学教育和研究等活动所积累起来的经验、智慧和知识,是人们从事各种法律活动的行为模式、传统和习惯;狭义的法律文化,则仅指法律意识,仅限于一个国家或民族的人们受历史条件的制约,所形成的对法的性质、法在社会生活中的地位和作用以及其他法律现象的看法和评价,这种意识是渗透到法律生活当中的思想传统和思维模式。我们在狭义的概念上探讨法律文化与法律职业伦理观念的形成及其内化的关系,试举几例。

如在法律产生之初,刑罚被广泛地认为具有报复的性质,具有惩罚侵害者、安抚受害者,并以此满足受害方和社会公众复仇的正义感的功能。"以眼还眼,以牙还牙","以其人之道,还治其人之身","杀人偿命",几乎成为一种普遍的信仰,在这样的文化背景下,裁判者只有对杀人者作出偿命的裁判才会被认为是公正的。如果居中裁判者对杀人者不判死刑,就会被认为是不公正的。

又如,我国传统的法律文化信奉实事求是而非无罪推定。实事

---

[1] 参见戴钢书:《德育环境研究》,人民出版社2002年版,第298—301页。

求是作为一种理想是追求的境界,从哲学的角度讲也是成立的,但是,不是每个案件都能够做到。如果不彻底确立无罪推定原则,被刑事追究者获得律师帮助的权利就不可能充分实现。而且,尤其重要的是,这也影响人们对法官、检察官、律师等相关法律职业者之行为是否公正的评价。

再如,我们传统的法律伦理观念中一直非常推崇"大义灭亲",所以,数百年来我们一直把包拯杀掉自己的亲侄子作为严格执法的典范来歌颂,而在现代的法律伦理中,遇到此种情况是应该回避的。如果不回避,即使去灭亲,也会被认为是违法的,当然也是违背法律职业伦理要求的。

由此可见,文化环境不仅影响法律职业伦理内化的速度和程度,而且还影响法律职业伦理内化的内容。

(四) 网络环境的影响

网络环境的影响本应该归入文化环境中论述,但是,由于互联网环境下生成的文化环境具有不同于传统文化环境的更强的自主性、开放性和多元性等特点,所以,单独提出来,以引起教育者和受教育者的重视。随着互联网的大规模普及,网络文化已经作为一种新的文化现象被加以研究。

网络文化作为一种人与人之间直接互动的产物,在信息传播上具有不可控性,它改变了过去信息必须通过传媒把关过滤的惯例,在相当程度上突破了任何个人或政府对信息的控制。互联网的这种开放性,使其信息庞杂、良莠兼具,既有大量进步的、健康的、有益的信息,也有不少劣质的、低级的、有害的东西。法律职业者作为一个社会人,也不可避免地要受到网络文化的影响或者影响网络文化的发展。无论是教育者,还是法律职业者或者准法律职业者自身,都应该注意到网络文化的特点,加强自身修养,主动地接受网络文化带给人们的种种便利,自觉抵制网络文化中的不良诱惑。

二、相关法律制度及其运行状况的影响

法律职业者是法律以及法律制度的载体,因此,法律制度本身是否完备、是否优良对于作为其载体的法律职业者的品格形成肯定是

有影响的。我们认为,相关法律制度及其运行情况对法律职业者法律职业伦理内化的速度和程度有着巨大的和直接的影响。

我们常说的法律制度是否完善包含两个层次,首先是完整,其次是正当。而我国的法律制度环境在这两个层面都存在不少问题,各个层面的问题都会对法律职业伦理的内化产生影响。但是,作为法律职业伦理学教材,本书不便具体分析和评价现行法律制度的完整程度和正当状况,仅从其对法律职业伦理内化的影响方面举例说明。这方面可以举很多例子,如制度为法律职业在社会政治结构中提供的地位、诉讼审判方式为法律职业作用发挥提供的空间、法律职业准入制度造就的法律职业队伍状况以及制度为法律职业提供多少保障等,都影响着法律职业者对于法律职业的态度,进而影响着法律职业伦理内化的程度和速度。

法律制度对法律职业伦理内化的影响,以律师制度为例是最能说明问题的了。在所有的法律职业中,律师对司法制度公正与否的依赖程度最深、最强。没有一个好的相关法律制度环境,律师的作用就不可能充分发挥,也就不可能奢谈律师的职业道德。我们知道,律师维护人权、维护正义的使命是通过对裁判施加影响实现的。在一个律师维护当事人合法权益的过程中还不能够很好地维护自身权益的法律制度环境中,在一个律师的意见可以被武断拒绝采纳的法律制度环境中,很多律师在执业中表现出趋利性和趋力性①的确不是或者不全是律师自身道德水平的问题。尽管这可能是中国律师发展过程中出现的短暂的比较令人悲哀的情况,但是,它却很好地说明了法律制度环境对法律职业者职业道德的影响。

又如,我国《法官职业道德基本准则》要求法官"在审判活动中独立思考、自主判断,敢于坚持原则",但是,对于法律关系并不复杂、人际关系复杂的案件,法官为了消除或者减轻个人所遭受的压力,就不愿意独立思考、自主判断,而且因为审判委员会制度的存在和现行运行状况,很多情况下法官就会把矛盾上交,审判委员会的组织负责就可能成为没有具体的人对判决结果负责。可见,现行审判委员会制

---

① 趋力性是指对权力的逢迎甚至苟合,以尊严和金钱换取对自己意见的认可的行为。

度存在的正当性和程序运行的合理性,对法官的职业道德还是有影响的。

再如,判决的结构和风格问题,对法律职业伦理的形成以及内化也有影响。早在1998年,裁判文书千篇一律的情况就在全国法院系统广泛存在。"裁判文书千案一面,缺乏认证推理,看不出判决结果的形成过程,缺乏说服力,严重影响了公正司法的形象。"[①]我国目前的状况是,一方面,因为法官在准确理解法律、解释法律和运用法律方面的整体水平和技术还不能够保证多数法官制作出说理性强的裁判文书;另一方面,缺乏说理的武断的裁判文书又对法律职业者,尤其是对法官的职业道德产生着负面影响。尽管判决的结构和风格受文化、制度和法律职业状况等因素的影响,普通法系国家和大陆法系国家的做法也存在差异[②],但是不同结构和风格的裁判文书,法官在其中所负的道德责任是不同的[③],对接触到判决的其他法律职业者的道德影响也是不同的。这一点是显而易见的。

三、法律职业整体状况的影响

法律职业整体状况如教育背景、人员来源、专业能力、经济状况、职业伦理意识、内部等级情况等各种因素都会对法律职业伦理的形成和内化产生影响。法律职业的整体状况在很大程度上决定着法律职业内部的传统和精神,而这些传统和精神对于塑造法律职业的伦理有着巨大的、强烈的影响。

从宏观上看,一方面,在各个国家,这种精神和传统往往有很大区别,因为这种精神和传统是与这个法律职业群体的形成以及群体

---

① 王启庭等:《论裁判文书论理的重塑》,载曹建明主编:《中国审判方式改革理论问题研究》(下册),中国政法大学出版社2001年版,第907页。

② 中国的很多学者也认为,增强裁判文书的说理性是我国司法改革的一项重要举措,这一举措有着诸如顺应民主社会中对尊重权利的期盼,落实司法裁判公开和公正的要求,彰显现代司法权运作的内在逻辑,提升裁判者素质,回应学理上对法律和事实确定性的反思,提高司法裁判公信度等诸多意义。参见张志铭:《司法裁判的说理性》,载《人民法院报》2001年10月19日。但是,此处仅说明裁判文书的结构和风格对法律职业伦理的影响。

③ 参见张志铭:《司法判决的结构和风格——对域外实践的比较研究》,载《法理思考的印迹》,中国政法大学出版社2003年版,第393页。

的特殊经历有密切关系的。例如同样是在欧洲,北欧、拉丁区欧洲、英语区欧洲和东欧,对于法官的职业要求就不尽相同。另一方面,法律职业的精神和传统也有某些相同之处,即它的反抗行政权威的特点。这在英国和日本的法律职业群体形成过程中可以看得非常清楚。在许多国家,法律职业的精神和传统是团结法律职业人士的纽带,是法律职业内部衡量个人成就的重要标准,是法律职业具有某种对抗外界压力的力量的源泉。①

从微观上看,法律职业的整体状况对法律职业共同体内具体成员的职业伦理内化有着直接的影响。从心理学的角度讲,个体与群体之间是相互依存的,群体对个体的思想和行为可以起到积极或者消极的作用,反过来,个体的特征和状态也会直接影响群体的状况与特点。我们在探讨影响法律职业伦理内化的因素时,主要考察群体对个人的影响。群体会使个体产生从众、模仿、被感染以及群体思维等思想和行为。从众是指人们在群体的影响和压力下,放弃自己的意见而采取与大多数人一致行为的心理状态。从众对于个人适应社会具有积极的意义,但是,从众心理会助长不良传统的巩固和歪风邪气的蔓延。近年来媒体报道的一些集体腐败现象就和这种心理以及群体的道德状况有关。模仿是指个体在没有外界控制的条件下,受到他人行为的刺激影响,而引起一种与他人行为类似的行为。如律师私自接受委托的问题,尽管私自接受委托违反律师职业道德规范,但是,只要委托人没有意见,这种行为又很难被发现,同样数额的一笔委托费用,是交到律师执业机构,还是自己留下来,在个人收入上会有很大差别。如果在律师群体中这样做的人多了,其他的人就会模仿。

四、法律职业伦理规范及其运行机制的影响

法律职业伦理规范是否成为一个完整的体系,其运行机制是否完善,会对法律职业伦理的内化产生不同程度的影响。

在法律职业伦理的建立和维持方面,最困难的问题还不在于制

---

① 参见吴玉章:《法治的层次》,清华大学出版社2002年版,第94页。

定一系列的法律职业伦理规范,而在于如何使这些规范得到切实的遵守。即不能使法律道德规范仅仅停留在观念层面或者沦为空洞的口号,必须使这些规范能够切实地运行。这既涉及法律职业伦理规范本身的科学性问题,也涉及规范运行制度的合理性问题。例如,在制定法律职业伦理规范时,既要考虑到法律职业高于普通人的特殊伦理要求,又要认识到法律职业者也是人,而非神;既需要进行法律职业地位、职责的教化,也需要为他们提供相应的物质保障和给予相应的职业荣誉以及对违反者进行严厉的制裁;还要建立法律职业的自治组织,要有畅通的接受社会监督的渠道;等等。

我国《法官职业道德基本准则》中一些表述脱离实际,很难被落实,还有一些规定存在技术性问题,如关于约束业外活动,《法官职业道德基本准则》规定:"加强自身修养,培育高尚道德操守和健康生活情趣,杜绝与法官职业形象不相称、与法官职业道德相违背的不良嗜好和行为,遵守社会公德和家庭美德,维护良好的个人声誉。"钓鱼、美容、旅游肯定不是不良嗜好,但是,如果法官把自己的嗜好透露给了律师或者当事人,当事人就会投其所好。社会上也流传着"不怕你铁板一块,就怕你没有爱好"的说法。所以,关键问题不是有没有爱好,而是不应该披露自己的爱好。

总之,法律职业伦理规范内容的科学完整和相应机构以及运行机制的完善,都对法律职业伦理内化有影响。如果内容脱离实际,法律职业者进行职业伦理内化时就会产生抵触情绪;如果机构和运行机制不完善,就缺乏有效的监督,会使一些规范落空。

五、教育状况的影响

教育,尤其是德育教育是环境影响人的中介因素,如果没有教育这个环节,环境对人的影响就成为一个非常难以把握的因素,而教育可以把环境对人的影响引向正确的方向。[①] 但是,又必须认识到,教育只是法律职业伦理内化过程中的一个因素,它只能促进法律人对法律职业伦理的认知,为解决道德冲突提供经验和可供选择的方案,

---

① 参见戴钢书:《德育环境研究》,人民出版社2002年版,第372页。

而不能完全解决法律职业伦理内化的所有问题。如果不清楚地认识到这一点,就很容易把道德教育蜕变成为道德说教或者道德强制。

从教育对法律职业伦理内化的影响来看,以中国教育状况为例,应该从以下几个方面来考察:一是整体教育环境状况,二是法学教育状况,三是法律职业教育状况。就整体教育的状况看,普遍存在只重视知识和技能的教育、忽视思想品德教育的现象,或者说,思想品德教育忽视研究、发掘适合道德教育规律的教育方法,往往只是采取说教方式,收效甚微。就法学教育的状况看,法学教育的确出现了前所未有的繁荣,但是,在法学教育中缺少职业内涵,以往基本没有职业伦理教育。教育部高等教育司编写的《普通高等学校本科专业目录》中的法学教育目标和培养要求中都没有关于法律职业伦理的培养目标和具体培养要求。虽然近年来各地法学院开设法律职业伦理课程逐渐增多,但是囿于师资条件、教学方法等局限,该门课程并没有得到充分的重视。而法律职业教育,多年以来一直处于补课状态,即一直在着力解决法律职业队伍最基础的学历教育问题,基本没有进行职业伦理教育。这一系列状况,使得法律职业人几乎没有机会对法律职业伦理进行系统的学习,这无疑极大地影响着法律职业伦理的内化。可喜的是,这种情况已经引起了教育部门和法律职业机构的重视,也正在逐步改变。

六、自身因素的影响

法律职业伦理内化程度高低、进程快慢,除上述因素外,还与法律职业者个人的人生观、价值观、认知能力、认同程度、自控力以及性格甚至家庭成长环境等因素有关系。

我们知道,面对一种情形,人们作出判断和行为选择时,并不完全取决于理性分析和逻辑推理的力量,还受信念、态度、愿望、兴趣、目的、性格和偏好等多种因素的影响,而且,信念、态度、愿望、偏好、性格等情感因素所起的作用,往往远远超过理性和逻辑的力量,而这些因素同样影响着法律职业伦理的内化。

(一)人生价值观的影响

人生价值观是指人们对人生活动所具有的价值属性进行认识、

评价时所持有的根本观点和看法。它是人们判断事物价值的原则或标准,不同的价值观必然产生不同的价值判断。从个体发展的角度看,人的价值观是伴随着人的社会化过程形成的,也是人们在按照一定的价值判断去开展人生实践活动的过程中获得的。从社会意识的角度看,人生价值观是一定物质生活条件和社会关系的反映,带有强烈的时代性和现实性。对人生价值的态度,取决于人生价值目标和人生价值取向。价值目标是人生目的、人生理想知识在人生价值观念中的体现,人生价值目标因人的需求不同也表现出高低不同的层次。人生价值观不同,也表现出不同的价值趋向。法律职业人的不同价值目标和不同价值趋向,在法律职业伦理内化过程中,也会有不同的反应。如一个把取得更多个人财富作为人生价值目标的人,在面对各种物质和精神诱惑时,就会把手中的权力当作换取金钱的工具;一个把吃喝玩乐作为人生价值取向的人,就会很容易地放弃原则甚至拿原则做交易。相反,一个把个人进取目标与社会集体发展目标联系在一起的人,一个把为人民服务作为人生价值取向的人,就会视职业整体的利益高于个人利益,就会把为公众服务放在首位。可见,价值目标和价值取向层次越高,法律职业伦理内化程度就越高,内化的速度也越快。所谓"富贵不能淫,贫贱不能移,威武不能屈"的境界是需要信念支撑的。

(二)认知和认同程度的影响

法律职业者对法律职业、对法律职业群体、对法律职业伦理规范的认知和认同程度,直接影响其法律职业伦理内化的水平。

一个人只有认同自己所从事的职业,才会珍惜执业机会,才可能时刻按照职业道德的要求约束自己的言行。虽然法律职业有比较高的社会地位和比较好的物质待遇,但同时也有很多约束,甚至存在很多执业风险。只有法律职业者认识到他们所从事的是天底下最神圣、最崇高的事业,以自己的职业为骄傲和自豪,才会促使其作出维护职业荣誉的行为。如果只是因为手中的权力而得意,对于法律职业的社会价值存在错误认识,那么他就可能将手中的权力作为换取利益的工具。目前,在中国有不少人想从事法律职业并不是看到它的崇高,而是羡慕它的权力,这种人一旦得到这种权力,很难不用它为自己牟私利。所以,对于法律职业的认同,是法律职业者自觉进行法律职业伦理内化的基础。

法律职业者对法律职业群体的认识和评价,对其将法律职业伦理内化到何种水平有关键性的影响。个体和所在群体之间的相互认知和认同的状况,对个体道德状况是有影响的。前面提到过个体与群体之间是相互依存的关系,这里侧重从个体对群体①的态度的角度考察其对个体自身伦理内化的影响。如果个体对群体的评价是肯定性的,就会珍惜职业声誉,维护职业利益;如果这种评价是否定性的,他就不会珍惜职业的声誉,就可能作出有损职业整体利益的行为。这种情况,在我国法律职业队伍中是有表现的。

对于法律职业伦理规范的认知和认同,就是不仅知道按照法律职业伦理规范的要求行事是正确的,还要相信有必要根据规范或准则行事,而且,这些规范是法律职业内部绝大多数人都能够做到的。对法律职业伦理的认知,是从事法律职业所必需的,它属于法律职业者必须具备的最低限度的能力要求。但是,在法律职业伦理内化的过程中,仅仅认知法律职业伦理的规范要求是不够的,如果他们中的多数感到约束他们的规范或者准则实际上是他们很难做到的,那么,这种准则就没有什么实际意义。所以,对法律职业伦理规范的认同,对于法律职业伦理的内化更为重要。使法律职业伦理得到法律职业者多数认同的方法,就是使法律职业伦理真正成为自律规范,而不是或者不只是法律机构的外在要求,即规范产生于法律职业多数人的意愿,这涉及法律职业伦理规范的产生程序和运行机制等问题,非本章节的内容,不在此展开论述。

作为法律职业者应该认识到的是,法律职业伦理规范不可能满足每一个职业者的内心需求,只能按照职业中多数人的意愿形成统一规范,因为多数人的意愿就代表着职业的整体利益,个体必须服从职业的整体利益,才可能使职业生存、得到社会的认可和尊重。例如,律师职业道德规范中有禁止律师私自接受委托的规定,因为私自

---

① 与法律职业共同体一词区别使用。这是因为,其一,我国的法律职业共同体还未完全形成;其二,这里的群体主要指个体的法律职业者所处的最紧密的工作环境中的工作群体。

接受委托的经济利益是显而易见的,每一个律师个体在面对这种情况时,内心都会有一种或强或弱的冲突,但是,每一个理性的律师又都能够认识到这种行为对于律师职业整体的危害,都能够认识到对职业整体利益的破坏其实就是在损害职业个体的利益。所以,遏止这种行为,主要依赖个体对整体利益的认同,依赖个体基于整体利益认同而遵守规范的约束。

认同具有自觉性和主动性,而且,一旦对法律职业、对法律职业群体、对法律职业伦理规范达到认同的程度,这种认识就具有一定的稳定性,可以有效地指导法律实践,使法律职业伦理内化达到比较高的阶段。只有达到了对法律职业、对法律职业群体、对法律职业伦理规范的认同,才可能信奉规范的内容,才可能自觉遵守。

（三）自控力的影响

一般说来,人格是由三方面因素塑造而成的,即智力因素、道德因素、意志因素。自控力属于意志因素的范畴。人格高尚的人并非完美无缺的人,只是有比较强的自制力,能够意识到人性的缺陷,能够主动用规范来约束自己的思想和行为,遇到道德冲突的情形时,能够依靠意志力用正义战胜邪恶,用光明战胜黑暗,取职业利益而舍个人利益。例如,一般来说,律师都希望自己的名气大一些,这样肯定对自己的经济收入有好处。有些律师就能够权衡接受采访与否对于职业形象的影响、对于委托人利益的影响,能够克制自己的私欲,谢绝某些不利采访;而有些律师无论什么样的采访内容都会接受,被自己成名的动机驱使,缺乏克制力,不惜利用当事人的信息宣传自己。由此可见自制力对于法律职业伦理的内化还是有影响的。

（四）需求满足的程度的影响

尽管我国古代就有"养心莫善于寡欲"的说法,认为只有不受外来物欲引诱,才能保持和发挥自己的善心。但是,无可否认,任何人从事某种职业,都有一种内心期待,期望满足自己的一些愿望。从心理学的角度讲,人的需要分为生理需要、安全需要、从属和爱的需要、尊重的需要、自我实现的需要。人的本能就是每实现一个层级的需要,就会同时产生满足更高层级需要的欲望。因此,这些需要以及需要满足欲望的不断升级,对于从事法律职业的人来说都是现实的无法克服的心理状态,而且,能够从事法律职业往往需要付出很大的代价,其满足内心需要的期待更高。我们应该客观地承认,多数进入到法律职业队伍的人还是期望获得高收入、高地位和较多的社会尊重,尤其是希望这种获得能够与取得从事法律职业机会的付出相匹配,最起码,在最初进入法律职业队伍时是怀有这样的动机的。如果不承认这一点,那么,我们制定的制度和规范就是不符合人性和事物发展规律的,也势必是行不通的。当然,在现实社会中,的确存在公而忘私、大公无私的人,但是,在进行制度设计和规范的制定以及从宏观上考虑法律职业伦理内化问题时,却不能够幻想一个人能够永远地无私奉献。

因此,法律职业制度能够在多大程度上满足多数法律职业者的内心期待,对法律职业伦理的内化是有影响的。当然,对于不同价值观和对法律职业认知、认同程度不同的人,影响的程度也是不同的。但是,应该承认影响是客观存在的。应该注意的现象是,如果一个人不能够从其谋生的职业获得需要的满足,尤其是这样一个从事被社会认为政治地位较高的法律职业、被职业崇高形象吸引到法律职业队伍中的人,如果法律职业本身不能实际地满足上述需要的话,就可能在法律职业以外,通过其他渠道去谋求这种满足,而这些渠道往往是违反法律职业伦理的。

(五)性格的影响

性格是一个人对现实的稳定态度和习惯化了的行为方式中所表现出来的个性心理特征,如诚实与虚伪、勇敢与怯懦、果断与优柔寡断等。不同性格的人面对同样的事件,可能会作出不同的行为选择,如对于金钱行贿,一个胆小的人不敢收,一个胆大妄为的人可能就收下了。但是,不同性格的人也可能作出相同的行为选择,这种情况下,其内心的心理过程仍然可能是不同的。如同样是对于金钱行贿,两个人都没有收,一个人是出于胆怯,害怕事情败露被追究;一个人是因为真正认识到这样做的危害性,认为不应该收而没有收。可见,法律职业伦理之于不同性格的人,其发生作用的机理并不完全相同,也就是说,在法律职业伦理内化的过程中,法律职业伦理内化的程度,还受法律职业主体自身性格的影响。

(六)家庭的影响

家庭在人的道德形成和发展中具有影响作用是显而易见的,这方面的论述很多,故不赘述。尽管法律职业者必须具有严格的从业要求,在法律职业者开始从业时,已经形成了比较稳定的人格,但是,法律职业者儿童和青年时期的家庭环境对于已经成年的法律职业者仍然会发生绵延的影响。而且,法律职业者自己组成家庭以后,其配偶的执业状况和思想道德水平对于法律职业者也是有影响的。

综上所述,影响法律职业伦理内化的因素是多样的、复杂的,其发生作用的机理也是多变的、不甚确定的。这一切使得法律职业伦理内化过程变得更加复杂和难以控制。但是,对于这些影响因素进行研究又是必要的,它有助于法律职业伦理建设按照客观规律进行,从而有助于推动法律职业伦理内化的进程。

第四节　法律职业伦理内化和养成的途径

只有将法律职业的道德规范融进骨髓中、融化在血液中,法律职业者才能够成为社会期望的那样——适应社会主义市场经济需求、对法律在一个社会中的价值与功能具有批判性认识能力、具有追求社会正义和为社会法制完善做贡献的司法理念、能够促进社会长远进步的人才。如何使法律职业者成为有道德的人,是一个非常复杂的社会过程,不是教育所能够单独完成的,也不是仅仅通过学习就可以完成的。

美国心理学家雷斯特(Rest)详细研究了特定道德行为的产生过程,并把这一过程概括为解释道德情境、作出道德判断、进行道德抉择和履行道德行为计划等四种成分。他认为,个体的道德行为是一种自觉的行为,尽管它受一个人的认识和情感支配,但主要是由个体的道德意向和道德动机决定的。忽视了个体的道德意向和道德动机,就不可能真正理解个体的道德行为。[①] 因此,法律职业伦理内化

---

① 见伍新春主编:《高等教育心理学》(修订版),高等教育出版社1999年版,第292页。

的过程,要注重采用和挖掘各种有助于形成符合法律职业伦理要求的道德意向和道德动机的途径和方法。不同的途径和方法,影响着内化的速度和内化的水平。

一、加强自我修养

自我修养,主要是指个人在道德意识和道德行为方面,自觉按照一定社会或阶级的道德要求所进行的自我锻炼、自我改造和自我提高等行为活动,以及经过这种努力所形成的相应的道德情操和达到的道德境界。自我修养是一种自尊自律的基本方法。法律职业者在伦理内化的过程中,应该更加自觉地加强自我修养。

（一）主动学习

对道德的学习,是对道德规范的接受过程。这个接受过程,就是把主体之外的要求转化为主体内在的行为需要的过程。道德学习,在根本上是不同于知识的学习和技能的学习的。知识的学习,主要是解决"懂不懂"的问题,强调接受理解;技能学习是解决"会不会"的问题,强调熟练操作;道德学习是解决"信不信"的问题,强调潜移默化、个体觉悟和行为实践。道德学习,不是简单的道德知识的学习,而是要把道德知识内化为做人的信念。通过学习,把外在的道德行为规范、道德价值体系不断内化,上升为道德信念。道德学习的过程,是将外在的行为要求转化为内在的行为需要,不是直接的传授式学习所能达到的,单靠听课是不能完成道德学习的全部任务的。与智育学习过程比较,具有"非直接传递性"和"不可控性",学习的结果具有"不确定性"。长期以来,我们把德育宏观上的价值传递性与具体方式上的非直接传授性混为一谈,导致道德教育过程的简单化和直接灌输模式,致使内化效率低下。道德学习具有个别性,重在触动个体的内心世界,它往往是悄然无声的,更适合潜移默化、耳濡目染的陶冶方式。

在明了道德学习的特点之后,法律职业者作为法律职业内化的主体,就应该有意识地将被动学习与主动学习结合起来,通过学校等教育培训机构学习法律职业伦理的基本知识,通过在执业过程中对典范的观察,去学习和感悟法律职业伦理对于法律职业的价值。

（二）勇于实践

再好的道德思想,如果不能付诸实践,都是一句空话。对法律职业伦理的学习,也必须与法律实践结合起来。因为人对于职业价值和职业规范必要性的评价是与个体自身积累的社会经验密切相关的。也就是说,各种因素对于主体的作用,是通过实践活动这个过程发生的。如果一个人不投入社会,如果法律职业者不进行法律执业活动,他就根本无法真正体会法律职业伦理对于自身的约束意义和对于社会的积极影响。法律职业者必须在实际的执业活动中,用整个身心去感悟法律职业的价值,感受法律职业伦理的价值。即在特定的情景中经历法律职业伦理的力量,体验这种约束带来的内心冲突以及战胜冲突后的内心满足,这种特定的体验是法律职业伦理内化过程必不可少的。在实践活动过程中,法律职业者不仅要自己经受这种心理过程,还要接受来自群体的积极或者消极评价,这都会对法律职业伦理内化主体的身心体验产生影响。

（三）经常自省

道德的学习和提高常常是一个自我教育、自我监控、自我超越的过程。反躬内省是道德修养的重要方法。我国古代所说的"吾日三省吾身"讲的就是要严格要求自己,经常反省自己的思想和行为是否符合道德要求。自省就是强调道德修养上的自律精神。法律职业伦理因为其远远高于一般社会成员的伦理要求,所以,就更加强调自省在职业伦理内化中的作用。孟子云:知不足,然后能知反也。在道德内化的过程中,最重要的是自己认识到不足,所以,应该经常地进行自我反省,自我监督,并且及时地进行自我纠正。

（四）做到慎独

"慎独"是中国伦理思想史上一个古老的、特有的修养方法。《礼记·中庸》说:"君子戒慎乎其所不睹,恐惧乎其所不闻,莫见乎隐,莫显乎微,故君子慎其独也。"就是说,"君子"在别人看不见的时候,总是非常谨慎的,在别人听不见的时候总是十分警惕的,从最隐蔽处最能够看出人的品质,从最微小处最能显示人的灵魂。所以,"君子"越是独自一人,没有监督时,越要小心谨慎,不做违反道德的事。慎独,强调了信念的作用,体现了严格要求自己的自律精神。当一个人独处时,他做了好事、坏事都没有人知道,行为的善恶和行为的选择,全凭良心评判和个人意志。这是对人的道德水平的真正考验。但是,经历这种考验,对于提高人的道德自律精神是大有益处的。"慎独"不仅是一种道德修养的方法,也是一种更高的道德境界。

法律职业的特性决定了法律职业者的很多执业活动,是在个体独处时完成的,这就对法律职业者提出了挑战。无论是执业活动内外,都能够在自己独处时,作出与有人在场监督一样的道德选择,这是法律职业伦理修养内化达到一定程度才能有的境界。一个法律职业者能不能经常地经受这种考验并战胜内心冲突,是标明其法律职业伦理内化程度的一个标尺。对于法律职业者来讲,慎独,就是要做到个人独处时,在没有社会和他人监督的情况下,仍然能够坚守自己的道德信念,严格按照法律职业伦理规范办事,自觉抵制各种诱惑,"莫以善小而不为,莫以恶小而为之",时时处处防微杜渐,自觉地培养自我管理、自我约束的能力和习惯。

二、把法律职业伦理教育作为法律(学)教育的灵魂

法律职业伦理教育就是要培养和提高法律职业伦理水平。它应该成为法律职业教育的灵魂。法律职业伦理教育的最终目的不在于使学生记住职业道德规范的条文,而是通过法律职业伦理教育,使之深刻理解法律职业的精神和理念,能够以良好的职业道德修养对实践中出现的各种情况予以善意的理解、准确的判断和理性的处理,能够时刻维护法律职业的形象和荣誉。

(一)法律院系的法律伦理教育应该起到塑造法律职业精神的作用

应调整现行法学教育目标,将法学教育的目标设定在培养适应社会主义市场经济需要、对法律在一个社会中的功能与价值具有批判性的认识能力、具有追求社会正义和为国家法制完善做贡献的司法理念、能够促进社会长远进步的人才。从法律院系毕业的学生,不应该是统治的工具,也不应该仅仅是运用法律的技师。必须防止一种错误倾向,以为单纯地提高学历可以代替法律职业伦理教育。实

践证明,如果不加强法律职业伦理教育,高学历的法律职业者可能具有更高水平的不公正的司法操作能力。

(二)法律职业培训机构的岗前教育和继续教育应该把法律职业伦理教育作为重要内容

正因为教育对于法律职业伦理内化具有重要作用,所以,本书对该问题设专章,在此不赘述。

三、法律职业的相关机构应该促进法律职业内环境的建设

法律职业的整体状况以及与法律职业相关的制度运行状况构成了法律职业伦理形成和发展的内环境,法律职业的相关机构有责任促进法律职业内环境的建设,使每一个法律职业者在法律职业共同体内部能够受到良好道德风气的熏陶,这将极大地促进法律职业者的伦理内化。

第一,改善法律职业队伍状况,加快法律职业的职业化建设。提高法律职业者法律知识和技能水平的同时,要把好道德关。比如,对于参加法律职业资格考试的人员要进行道德评价,对于已经进入法律职业的人也要经常性地进行制度性的道德评价。目前,我们在制度层面,不能说没有道德评价,但是,标准太低,而且,在执行中存在走过场的情况。

第二,建立和完善法律职业制度体系,尤其是要对法律职业者的道德行为进行评价、监督和奖惩。我们对监督和奖惩的作用比较重视,但是,对于评价对法律职业伦理内化的作用,法律职业的相关机构还未引起重视。

评价既是个体自我发展的需要,也是社会整体发展的需要,对于法律职业共同体内部形成良好的道德氛围是至关重要的。从一般意义上讲,评价具有四个方面的功能。一是引导功能。通过评价,人们,尤其是职业内部的人们对符合法律职业伦理规范要求的行为进行肯定或者对于不符合法律职业伦理规范要求的行为予以否定。在这一过程中,加强个体对于自身行为的认识,指导自身行为向着符合规范要求的方向发展。二是诊断功能。通过评价,发现法律职业队伍的道德状况,并可以及时分析产生问题的原因,从而有针对性地采

取措施。三是强化功能。通过评价,使本来随意发生的行为在职业者内部一定范围内人群中产生一定的情绪体验:肯定性评价可以激发群体的积极情绪和情感;否定评价所产生的消极情绪,则会降低不良行为再次发生的概率。四是调节功能。评价作为职业内部的一种信息,在传递的过程中会对职业内部相关机构起到目标调整、方法改进的作用。

我们现在对法律职业队伍的道德状况也有评价,但只是职业内外自发的评价,而没有建立相应的评价机制,所以,也没有产生十分有效的评价效果。这方面应该着力从心理学、教育学、管理学的角度,注重激励性,完善评价标准和评价程序等。

第三,有意识地举办一些与业务活动相结合的集体活动,激发法律职业者对于法律职业的集体荣誉感。从心理学的角度讲,人在集体活动中,比较容易激发出利他的道德情操。所有的道德规范,说到底都是一种利他规范,所以人在集体活动中容易变得高尚起来。这种在集体中的高尚行为和由此得到的高尚评价又会强化个体的道德意识。所以,法律职业的相关机构如果能够有意识地从法律职业伦理内化的需要出发,举办一些有益的活动,在活动中激发法律职业者的职业荣誉感,要比纯粹的道德说教效果好得多。但是,需要注意的是,在举办这些活动时,要注意做到"教育无痕",才能达到"润物细无声"的效果。如果外在强化教育的痕迹太明显,就可能适得其反。如中华全国律师协会2001年举办全国律师辩论大赛,从组织、策划、选拔到半决赛、决赛,长达半年的时间里,全国各地涌现出了很多无私奉献的先进人物,荧屏内外都展示了当代律师的精神风貌,与平日里很多人所认为的"律师只知道挣钱"的说法形成很大反差。

第四,树立职业典范,激发内化法律职业伦理的自觉性。我们常说,榜样的力量是无穷的,这是一个朴素的人所共知的道理。在法律职业者的队伍中,也有自觉遵守法律职业伦理规范的典型人物,一方面,法律职业者自身要注意向他们学习;另一方面,法律职业机构也要善于发现这样的人物,注意在树立典型时,要树立和普通法律职业者最接近的人物,其行为是其他法律职业者能够做到的,而不是高不可攀。这样的典型人物才有号召力和影响力。

第五,对少数违反法律职业伦理的人,坚决予以惩处,绝不能够姑息。此外,还可以不断拓展社会监督渠道,主动接受舆论监督等多种形式的社会监督。

四、发现和利用外环境中的积极因素

通过第三节的论述,我们已经知道,法律职业伦理内化受多种因素的影响,除法律职业者自身因素、法律职业内环境因素外,还有许多因素实际上是法律职业者无能为力的。但是,对于这个问题,应该用辩证的眼光去看待它。虽然,制度、机构和个人都无力改变环境,但是,环境中毕竟有许多真、善、美的事。同样的环境,用不同的价值观去看待它也会产生不同的效果。所以,法律职业者和法律职业机构,应该有意识地发现和利用外环境中的有利因素,主动地进行道德提升。各行各业都有许多品德高尚的人,虽然职业不同,但是,在敬业精神、职业责任感方面是相通的,如2003年中国抗击"非典"中的白衣战士,他们的无私无畏与战士的冲锋陷阵没有区别。在他们心中,职业利益、职业形象高于个人利益。这些完全可以作为法律职业伦理教育的生动事例。法律职业者之所以要接受严格的伦理约束,就在于法律职业利益的需要,就在于法律职业承载着社会公正、秩序、廉洁、平等等众多人类最基本、最美好的价值期待,法律职业者有义务承担这种责任,维护这种职业形象。

第五节 阅读与思考

一、判决与"以理服人"

一份判决书[①]

案情:

威尔士学生对威尔士语是非常热爱的,他们对于向威尔士广播

---

① 引自〔英〕丹宁勋爵:《法律的正当程序》,李克强、杨百揆、刘庸安译,法律出版社1999年版,第5—10页。

的节目用英语而不用威尔士语非常不满,于是进行游行抗议。他们来到伦敦,闯入了法庭……

下面是判决书的部分摘录——

上星期三,正是一周以前,高等法院的劳顿法官也在这个地方审理了一个案件,是发生在一名海军军官和一些出版商之间的诽谤案,陪审团参加了审理。无疑这是一个重要的案件,但是与今天的目的相比较,它也许是最不重要的。这不碍事,因为那个事件本身确实是严重的。现在这个案件是一群青年学生,有男的,也有女的,闯入了法庭。这显然是事先安排好的。他们从阿伯利斯瓦斯大学远道而来,跨进审判庭律师席,涌入公共走廊,高呼口号,散发小册子,而且还唱歌,破坏了审讯。法官不得不休庭,直到把学生驱逐出去才恢复了秩序。

当法官返回法庭的时候,3个学生被带到法庭受审。法官以蔑视法庭罪判处每人3个月监禁,其他人在法庭再次开庭以前继续拘留。以后又有19个学生被带到法庭。法官挨个问他们是否准备认错。其中8人同意认错。法官判处每人50镑罚金,并要他们具结保证守法。另外11人不肯认错。他们说,他们认不认错是个原则问题,所以不能随便答应。法官便以蔑视法庭罪判处每人3个月监禁。

在用这种办法对这些年轻人作出判决时,法官行使了一种延续几个世纪的审判权。早在二百年以前,威尔莫特法官在一篇起草好了的但从未发表过的意见书中就对这种权力作了很好的说明。他说:"判处当面蔑视法庭的人以罚金和监禁,对每一个法院来说都是必要的。"这是在王国政府诉阿尔蒙案中说的。"当面蔑视法庭"这个术语听起来有些古怪老气,但它的重要意义在于强调:在所有必须维护法律和秩序的地方,法院是最需要法律和秩序的。司法过程必须不受干扰或干涉。冲击司法正常进行就是冲击我们社会的基础。为了维持法律和秩序,法官有权并且必须有权立即处置那些破坏司法正常进行的人。这是一个很大的权力,一个不经审判当即监禁某人的权力,然而它是必需的。的确,甚至直到最近为止,对法官行使这种权力都是不允许上诉的。以往没有防止法官错误地或不明智地行使这种审判权的保障办法,到1960年这种情况得到了纠止。现在可以到上诉法院进行上诉了,在适当场合还可以从本院上诉到上议院。因为有了这些保障办法,这种审判权才得以保留并应该保留下来。

11名年轻人行使了这种上诉的权利。我们把其他所有案件放到一边,先来受理此案。这是因为我们关心他们的自由权利。我们的法律把臣民的自由权利看作是比什么都重要的。

所以我要赞扬这种做法,正是据此,沃特金·鲍威尔先生为学生们提出了上诉。他们做的和我们以前所听到的任何辩护一样。我们也得到检察总长的很多帮助,他不是作为公诉人,而是作为法庭之友来到这儿的。他提出了一切有关的注意事项,对我们很有裨益……

因此,我认为,高等法院的一名法官根据普通法仍然享有对蔑视法庭的刑事罪犯即刻判处监禁的权力。这种权力至少不受1967年法令各条款的影响。普通法上的这些权力原封不动。这些权力是:判以罚款和监禁;作出即刻判决或延缓执行;在作出判决以前将某人先行监禁;勒令某人规规矩矩、遵守法律;勒令某人一经传讯即须到庭受审。这些权力使法官事实上可以采取延缓执行的做法。在这方面的现代制定法通过以前,我经常听到一些法官在审理一般犯罪时按照普通法说:

"我勒令你一经传讯立即到庭受审。你听着,假如你再找麻烦,那么你就要为这次犯罪被判刑。我提醒你,你要坐6个月的牢。如果你错过这次机会,就要受到这样的惩罚。"

这就是普通法的缓刑办法,它也可以用于蔑视法庭罪。

现在我来谈谈沃特金先生即鲍威尔先生所说的第三点。他说对学生的判决过分了。而我认为,不论从发布判决的时候,还是从以后发生的情况来看都不算过分,这是对审理某一与学生毫无关系的案件的司法过程的蓄意干涉,法官必须表明(向每一个地方的所有学生表明)这种事情是不可宽恕的。如果学生愿意,可以让他们为自己所信奉的事业举行示威,只要他们喜欢,也可以让他们提出抗议,但必须依照合法方式进行,而不能非法进行。他们冲击了这块土地上(指英格兰,也指威尔士)的司法过程,就是冲击了社会本身的根基,就是破坏了保护他们的东西。仅仅由于维护了法律和秩序,他们才有幸成为学生,能在平静的环境中学习和生活。所以要让他们维护法律,而不是贬低它。

但是现在应怎样做呢？由于法官在上星期三作出了判决，法律才得到了维护。他已表明法律和秩序必须受到维护，而且也将受到维护。然而就本上诉案来说，情况发生了变化。那些学生不再公然在这里反抗法律了。他们向本院提出上诉就是尊重法律的表现。他们已经服刑一周。我认为继续把他们关在里面没什么必要了。这些年轻人不是普通刑事罪犯。他们没有使用暴力、没有进行侮辱或采取不道德的行为，相反，有许多做法还是值得我们赞赏的。学生们想要尽力维护威尔士语言，他们有理由为它骄傲。它是诗一般的语言，是诗人和歌手的语言，听起来远比我们粗鲁的英格兰语音悦耳。就其权威性来说，在威尔士它和英格兰语言应当具有同等的地位。学生们的错误——而且是一种严重的错误——在于他们走到了极端。但是，正如已经做的那样，我想我们能够而且应当宽恕他们，我们应当允许他们回到学堂，回到父母身边，继续完成被他们的错误中断了的美好的学业。

他们还必须保证今后善自检点、遵纪守法。最后我还得再说一点，如有需要，本院有权传讯他们。只要有必要，法院将毫不犹豫地召回他们，把他送进监狱，执行劳顿法官对他们判处的刑罚的保留部分。

以我的同事即将发表的意见为条件，我愿提议今天就释放他们，但他们一定要规规矩矩、遵纪守法；今后12个月以内一有传讯，必须立即到庭受审。

[提示与问题]

这个判决很好地说明了维护法律和秩序的重要性，重要到至高无上的境地。这样一种情感体验，尤其是判决书感人至深的论述，也许比千百次地重复"法律的使命或者法律职业的使命是维护法律和秩序"这样的抽象教化，作用不知要强烈多少倍。我们认为，这样的一份判决，不仅可以使被判决的人心服口服地认识到自己行为的性质和行为的后果，受到一次法律至上文化的深刻教育。同时，或者更为重要的是，对于法官自己，他必须具备法律至上的信念才可能写出如此有说服力的判决，而且，通过这样的反复论述，他自己也会更加坚定维护法律秩序的信念。对于其他法律职业者如律师或者对于准法律职业者来讲,这份判决无疑是一份非常好的培养法律信仰的教育事例。阅读这样的判决可以深刻地感知法律、秩序对于一个国家、一个民族甚或对于一个个人的重要性,可以深刻地感知法律职业维护法律秩序的使命以及如何行使这种使命。

其实,这样的一份判决书本身已经可以说明很多问题了,似乎任何评价都是多余的了。可以想见的是,形成这样的判决书和阅读这样的判决书,对法律职业者的伦理一定是有影响的。

阅读上述材料,谈谈你个人的看法。

二、法律职业信誉

一项针对504名网上人士的调查表明,法官是所有四个法律职业中最不受欢迎的。在被调查者中,认为法官是混乱的、低素质的、徇私的、官僚的等,占被访人数的40.7%。北京零点调查公司在北京、上海、广州、武汉等11个城市,对5673位18岁以上的城市居民进行多段随机入户访问,得出的一个结论是:整体上赋予法官消极形象的人占了约四成,调查发现,提及法官时,有68.5%的人关于法官的联想是中性的,诸如联想到审案、执法人员等;有21.3%的人联想是正面的,如联想到法律的尊严、维护治安、包青天、精通法律等;有13.1%的人联想是负面的,诸如有法不依、执法不严、运转于金钱之中、官官相护、虚伪等。[①]

这些现象说明中国的法官以及其他法律职业遭遇着公众信任的危机。再看另一份调查报告——

在日本职业威信评分调查中,法官得分是87.3,居各行业之首,高于大公司总裁(83.5)、大学教授(83.5)、医师(82.7)、国会议员(81.1)及高级官僚(80.6)。[②] 京都大学法学部纠纷处理研究会在1977年进行的法意识调查也表明,从整体上看,法院的公正和信赖

---

① 转引自田成有:《法律社会学的学理与运用》,中国检察出版社2002年版,第184页。

② 参见〔日〕六本佳平:《法社会学》,日本有斐阁1986年版,第300页。转引自季卫东:《法治秩序的建构》,中国政法大学出版社1999年版,第212页。

度独占鳌头(达 46%),比居第二位的地方自治体(7%)及舆论界(4%)、国会(3.6%)、中央政府(3.6%)都高出一大截。①

[提示与问题]

上述材料中的数据在一定程度上显示了日本有秩序发展的根源,即先有法律职业的威信,然后才有法制的威严。② 因此,中国的法律职业者要想获得社会的尊重和认可,必须认真进行法律职业伦理内化,使法律职业队伍成为一个道德高尚的、高度自律的法律职业共同体。

通过比较,分析一下中国法律职业者信誉较低的原因。

---

① 参见〔日〕佐藤幸治:《法院印象》,载《法意识与纠纷处理——法意识调查中间报告》,京都大学法学部纠纷处理研究会,1978 年,第 89—90 页。转引自季卫东:《法治秩序的建构》,中国政法大学出版社 1999 年版,第 211 页。

② 参见季卫东:《法治秩序的建构》,中国政法大学出版社 1999 年版,第 212 页。

第十章 法律职业伦理教育

法律职业伦理在法律职业人的职业生活中占有十分重要的位置,但是如何对法律职业人员进行系统的教育与训练,是一个非常复杂的工程。本章试图从法律职业伦理教育的任务、方法与途径等方面探索法律职业伦理教育方面的规律,以促进法律职业伦理教育的科学性和规范化。

第一节 法律职业伦理教育概述

一、法律职业伦理教育的概念

李富旺教授编著的《教育法理要典》中,关于教育的定义是"教育(education)是传递社会生活经验并培养人的社会活动"[①]。教育的含义有广义和狭义之分。广义的教育,泛指影响人们知识、技能、身心健康、思想品德形成和发展的各种活动,产生于人类社会初始阶段,存在于人类社会生活的各种活动过程中。狭义的教育,主要指学校教育,即根据一定的社会要求和受教育者的发展需要,有目的、有计划、有组织地对受教育者施加影响,以培养一定社会或阶级所需要的人的活动。

法律职业伦理教育作为法律教育的重要内容,是内化法律职业伦理理念,提高法律人职业素养的社会活动。法律职业伦理教育存在于法律职业的执业活动中,同时延伸至法律职业准入前的阶段及法律职业执业活动结束以后的阶段。

---

① 李富旺编著:《教育法理要典》,天津教育出版社2002年版,第304页。

二、法律职业伦理教育的发展

广义的法律职业伦理教育应该说从法律职业产生伊始就已存在,但狭义的法律职业伦理教育的发展则经历了一个漫长的过程。

对于法律职业的伦理要求,思想家们较多地从法律职业人的人格方面加以论述,"公正""正义""廉明"等是一种普遍适用于一切官职的道德,同时也是对法律职业人的道德要求。法社会学创始人爱尔里希(Ehrlich)有句名言:法官的人格,是正义的最终保障。柏拉图在《法律篇》第11卷中就对律师这一职业作了评论,他认为律师的职业是高尚的,反对那些不顾正义,只为金钱而运用自己的技巧和口才的律师。柏拉图很早就提出了有关代理和辩护的伦理问题。不少法理学家在其论著中都有关于法律人作为政治家的讨论,认为作为法律人应具备忠诚、承诺、超然、坦诚、审慎等品德。早期的法律职业实行学徒制的培养方式,法律职业的新进入者,需要通过学徒期的训练,在训练中资深的法律人对新成员在训练技巧的同时,也通过言传身教,进行职业伦理的思想灌输。而法律职业行会也在努力地培养成员具体的个人道德,强调忠诚、平等、服从、个人责任等价值。在法律职业的准入方面,道德品质良好是必要的条件之一。

罗马是古代法学教育的发源地,从共和国后期以来,国家就容许法学家广收青年传授学业,开办私塾法律教育,首创私人法律学校,至帝国时期又改私立法律学校为公立性质。公元425年狄奥多西二世在康士坦丁始设第一所法律大学。罗马法律教育经过《查士丁尼法典》编纂时期的改革,在师资条件、课程设置、教学方法、考试制度乃至毕业分配等各个方面,都达到相当完备、健全的水平,在历史上首创了五年制大学法律教育的典型,开设了修辞、辩证法、法律、数学、天文、几何、伦理和音乐等课程。在当时,是否受过专门的高等法律教育,便成为国家任免司法官吏的先决条件。

美国现代形式的法学院是在1870年左右发展起来的。在起初的一百年中,法律职业伦理课程并没有成为法律教育内容中独立的部分,当时采用"普遍法"的方式进行职业责任教育,即假设律师们面临的道德问题会随着各种课程的出现而被"普遍地"贯穿始终地进行讲授，很少或者没有专门讲授职业责任的课程。而有学者认为用普遍法进行法律职业伦理教育的法律教育是失败的，因为法律职业伦理问题非但没有得到普遍讲授，反而被普遍忽略。1970年前后，由美国最高法院前法官汤姆·克拉克(Thomas Clark)领导的委员会断定存在一种有关律师纪律的"可耻的"事态，并认为律师行为规则的实施是相当差的，公众大多没有受到能力差或不讲职业道德的律师们的保护。1972年的"水门事件"暴露出，律师们已经卷入尼克松执政时期各种各样的不道德事件中。社会呼吁关注法律教育中的律师职业责任教育。在克拉克委员会的报告以及"水门事件"后的30年间，美国的法律职业伦理教育发生了若干变化。首先，美国每一所法学院的学生都被要求修一门专门讲授律师职业责任的课程。这些课程要求法律学生花30或更多的课时学习律师们在执业时所面临的职业道德问题、适用于律师的行为规则以及其他有关职业道德指南的材料。这些课程属于强制性课程，学生要想毕业必须完成并通过这些课程。许多法学院教授专门研究律师职业责任，并把它看作全部课程中的一个重要部分，并将相当的学术力量用于该题目的研究。其次，美国绝大多数州要求法学院毕业生在获准执业前通过一个关于律师职业责任法的特别考试。未通过考试的学生不能执业。这一考试有助于每个律师了解职业行为的基本规则。最后，美国大多数州都实施对律师的继续教育。

在我国古代，《吕氏春秋·离谓》记载："邓析务难之，与民之有狱者约，大狱一衣，小狱襦袴，民之献衣襦袴而学讼者，不可胜数。"邓析教人诉讼，但《吕氏春秋》说他是"以非为是，以是为非，是非无度，而可与不可日变，所欲胜因胜，所欲罪因罪"，显然伦理的内容并不在其教授之列。明清两代代写诉状的讼师已成为普遍存在的一种社会现象，甚至在社会中还出现了传授"代写词状"的"专著"，如明代的《做状十段锦》就是讲述写状子的要领。但由于这些人的活动没有法律依据，也没有法律来规范和约束，不少讼师敲诈勒索、坑害当事人，深受百姓痛恨，也为统治阶级所不容。直到清朝末年，中国才出现了专门的法学教育机构。1904年，清政府建立了中国有史以来的第一所法学教育专门机构——直隶法政学堂。后来，在北京和各省先后建立起了一些法政学堂,一些综合大学里设有法律系科,清末的法政学堂的课程设置、教材、师资无不深受日本影响。在南京国民政府时期,大学法学教育与法律职业紧密联系在一起,法律学校专注于法律学的灌输,而忘掉道德的训育,全国的法律学校的课程中,讲到法律伦理学的,除中央大学法学院与东吴法律学院外,其他学校都没有设置。[①] 新中国的法学教育历来注重法律理论课程,对法律职业伦理的教育一直重视不够,往往依赖于一般的政治和道德教育。

现阶段,"依法治国"被明确写入宪法,成为治国基本方略,社会主义法治在不断地建立和完善。对初任法官、检察官和取得律师资格实行统一的法律职业资格考试制度,标志着法律共同体正在逐步形成。中国的法律教育正面临着前所未有的挑战,这意味着法律教育担负的不再仅仅是传授法律知识和培养法律智慧的责任,更主要的是要担负起建构法律共同体、塑造法律的品格并进而塑造法治社会之秩序的重任。法学教育应当重视素质教育的理念在法学界已经形成共识,中国法学教育中的素质教育应当包含以下几个方面:培养追求真理、维护正义的崇高理想;培养崇尚法律、法律至上的坚定信念和具备法律职业伦理、恪守法律职业伦理的精神品质。

三、法律职业伦理教育在法律教育中的战略地位

法律职业伦理对于法律职业是十分重要的。习近平指出,一个人纵有天大的本事,如果没有很强的法治意识,不守规矩,也不能当领导干部,这个关首先要把住。要加强教育、培养自觉,促使领导干部不断增强法治意识,养成法治习惯。[②] 法律职业伦理教育正是提高法治意识的重要途径和手段。从法律职业发展史来看,是否存在法律家职业伦理被认为是法律职业产生、存在与否的标志之一。如果没有法律职业伦理,那么法律家纯粹技术性的功能也会受到威胁。有学者认为,法律家的职业技术是一种有意识地排斥道德与政治等

---

① 参见孙晓楼:《法律教育》,王健编校,中国政法大学出版社1997年版,第34页。
② 参见中共中央文献研究室编:《习近平关于全面依法治国论述摘编》,中央文献出版社2015年版,第122页。

诸种法外因素的所谓"人为理性"或"技术理性",其中道德的含量很低。① 法律职业除了要加强其职业技能专长即"业务"能力之外,还需要通过职业伦理来抑制其职业"技术理性"中的非道德性成分,使之控制在最低程度;需要通过职业伦理来保障其职业技术理性中的道义性成分发挥到最高程度。这就使业内人士更关注职业伦理。法律职业伦理的形成是法律职业形成的一个重要标志,没有法律职业伦理的社会是不存在成熟的法律职业的。

在我国,关于法学教育的目标,有三种鲜明的观点。其一,精英说。即将我国的法学教育目标定位为法律精英教育。如有学者提出,我国的学院式法学教育应当突破非职业化模式,而转向重视素质教育和职业教育,同时还应借鉴国外的法学教育模式(如日本的"法律职业精英"模式),在法学教育上侧重精英教育。原因在于:一方面精英教育是作为高度经验理性的法治的需要;另一方面,法律职业者作为"产品"要有众多的知识,更需要高尚的职业道德和职业品格。其二,职业教育说。有学者认为,我国的法学教育目标应当定位在培养适应社会经济、政治、文化等各方面发展要求的职业法律人才。法学教育的最终目的在于对有志于从事法律实务的人进行科学且严格的职业训练,使他们掌握法律的实践技能及操作技巧,能够娴熟地处理社会当中各种错综复杂的矛盾。因此,法学教育的使命在于进行职业教育或者说在于进行职业训练。其三,通识说。有学者指出,具有高尚的职业道德是培养法律人才的首要价值标准。平等、公正、正义的民主思想应当是法律人才职业道德品质的应有内容。有学者指出,法学教育作为现代普通大学教育的一部分,其所提供的应当是一种通识教育。②

无论哪一种学说,大家的共识就是法学教育要注重职业技能及法律职业伦理的培养,因此,法律职业伦理的教育在法律教育中起着举足轻重的作用。

---

① 参见孙笑侠:《法律家的技能与伦理》,载《法学研究》2001 年第 4 期。
② 参见郭明瑞、王福华:《创新法学教育推进依法治国——"现代法学教育论坛"综述》,载《法学论坛》2001 年第 5 期。

第二节 法律职业伦理教育的任务

一、提高法律职业群体的素养

法律职业者担负着正确适用法律、公正解决纷争、有效维护社会秩序的重要职责。"徒法不能以自行"。司法的最终目的是使法律得到严格遵守,司法正义得以完全实现,作为司法活动行为者,人的因素至关重要,因为法律的成效最终取决于法律职业人的素质。一般而言,现代法治社会都要求法律职业者必须具备较高的职业素质,这种素质的内涵或特征至少应包括以下三个方面:其一,对法律知识的掌握。"知法懂法,信仰法律"是对其简单的描述。法律职业者应当成为法律的专家,通晓程序法和实体法,同时也要知道如何正确地应用法律。更重要的是具有法治意识,法律理念。其二,法律职业者还必须具备他们处理法律事务时所必需的社会知识和人文素养,具有文化修养和广博知识。其三,对法律有着深刻的理解和准确的把握并能将其灵活地运用到具体案件中的技术化的高素质。它包括法律思维与推理能力、对法律规范的理解与解释技能、法律意识、掌握证据和事实的能力、思辨、辩论和撰写法律文书的能力等。这种技能,使法律职业者在从事司法的过程中,能够对各种证据作出正确的认定,对各种案件事实进行准确的分析。它决定着法律运作过程及其结果的质量与效率。

一个国家的法治化水平与其对法律职业素养的要求成正比,二者应当相互适应、相互促进。法律职业素养的构成包括职业语言、职业知识、职业思维、职业技术、职业信仰和职业伦理等六个方面。法律教育是从事法律职业的必经之路,从逻辑上讲,法律教育提供的系统的法律学问为法律职业技能和职业伦理铺设了专业基础,否则法律职业就是无源之水、无本之木。法律职业的技能与伦理的统一主要是靠法律教育来实现的。未经法律专业训练者是不大可能在实践中靠自学、靠摸索系统地掌握一整套法律职业技能与职业伦理的。因为法律职业素养是一种不同于大众的"自然理性"的专业化的"人为理性"。即使是法律职业伦理,也只能在法律专业学习过程中结合法律原理从而得以理解和培养。

二、培养法律职业人的职业荣誉感,促进法律人个体职业伦理的内化

作为以社会正义为最终追求目标的法律职业人士,法官、检察官以及律师应具备为其他行为人所尊崇的品质,具有很高的伦理要求。然而,法律职业人同其他自然人一样,有着一般人所具有的感情和弱点,有着常人趋利避害的平凡心理。因此,法律活动的特性要求他们超越一般的日常生活行为模式,即他们的法律职业身份使他们多了一份监督——内化的职业伦理和法律职业共同体具体制度规范的制约作用。法律职业人因遵循有别于其他职业的职业伦理而形成了一种身份意识,这种身份意识或职业伦理对法律职业人士构成了一种无形的约束,使之保持警觉和自我批判,以自觉维持自身作为法律职业代表的荣誉。社会对追求公平正义的法律职业有着较高的伦理期望,赋予法律职业神圣的社会使命。法律职业的职业荣誉感及法律职业人的身份意识反过来要求他们遵循法律职业伦理,他们需要严格地遵循相关的职业伦理规则,并且形成职业内部对这些规则的共识。面对司法腐败问题,人们往往过于倚重思想教育和来自职业之外的严厉监督,却忽略了真正有效的监督机制恰恰不是来自外部,法律职业者相互之间对相关职业伦理形成一致认识并将这种认识加以内化,在这种情况下,法律职业人才更有可能自觉地恪守法律职业伦理,维护法律职业荣誉,任何对伦理准则的违反都可能为同事所觉察,并受到来自周围的一致鄙视。这样的环境会形成巨大的压力,同时也是一种巨大的动力,因为它会在心理上激发人们在职业共同体内部崇尚法律职业荣誉,有效地减少腐败和其他不当行为。

三、培养法律职业人的法治观念及程序正义观念

法律职业的最高品格是公平、公正,对法律职业者而言,这既是执法的技术问题,更是一种道德要求。尤其是司法人员所从事的司法活动常常被视为主持公道、伸张正义、惩恶扬善、抑浊扬清,是社会

正义的最后一道防线。这就要求他们必须具有不可动摇的正直品格,能够成为社会公众信赖的楷模。没有了这种正气,司法就不再是正义之源。维护公正首先被视为一种对法律职业者职业道德品质方面的要求。鉴于法律职业者的活动具有较大的独立性和自治性,相对于外在的监督制约,职业道德和行业自律是更为重要和有效的保证机制。其基本要求是对实体法和程序法的严格遵守。这些职业道德不能仅仅停留在观念的层次或沦为口号,而应当成为具体的行为规范,它是内部控制司法腐败的重要防线。通过法律职业伦理教育培养法律职业人的依法治国观念与公正观念,使之在司法工作和法律服务工作中,真正做到依法独立行使职权,公正地裁决或者提供优质的法律服务,从而树立我国法治的良好形象。

职业伦理使法律职业能够与社会相互融合,法律职业人在适用法律的活动中要基于这种共同的伦理要求为产生这种法律制度的社会服务,以恢复被破坏的社会秩序。法律职业伦理不同于普通的社会道德或职业道德,有时甚至相互"抵触"。在法律职业中,他们可能追求"客观真实",但更主要的是遵从"法律真实";他们因为"十个有罪的人逍遥法外,远胜过一个无罪的人冤枉坐牢"而"宁纵勿枉";等等。实质正义反映的是普遍的道德要求,而程序正义反映的则主要是伦理要求,两者的有机结合使"正义不仅应当得到实现,而且还应以人们能够看得见的方式得到实现"。

四、更新法学教育观念

伦理学通常将建基于人性之上的伦理自然法则(moral natural law)分为三个层面:第一层面的伦理自然法则是自明的道德法则,不需要通过理性的思考即可以为人所认知。第二层面的伦理自然法则由第一层面的伦理自然法则直接演绎出来,譬如:父母应当爱护子女,子女应当孝敬父母,不可杀人,不可盗,等等。这些都是第一层面法则的分析和说明,也具备了自明的特性。第三层面的伦理自然法则是以第一层面伦理自然法则为基础,加上客观的认识论,经过逻辑推演而形成的。这种伦理自然法则的性质并不是自明的。它涉及人类知识的不同方面,往往必须经过缜密的思考和研究,才能看出其性质。职业伦理便是属于这种第三层面的伦理自然法则。它是某种职业或专业的从业人员以第一层面的伦理自然法则为基础,根据本行业的专业知识,经过逻辑推演而形成的。法律职业伦理除普通职业道德中共通的要求之外,还包括法律职业特殊的道德,它们来源于法律职业的专门逻辑,因而区别于大众的生活逻辑。法律家的职业逻辑包括两部分:一是法律家的"技术理性",即法律家特有的语言知识体系和技能思维方法,二是法律职业伦理中的程序伦理;前者属于技术问题,后者属于伦理问题。法律职业特殊的道德要求是表现法律职业伦理的个性方面的那些内容,因为它们主要表现在法律程序中,法律职业伦理的绝大部分内容都与法律程序有关,所以我们称之为"法律家在法律程序内的伦理",亦可简称"程序伦理"。程序伦理是法律职业伦理的主要构成部分。

《中共中央、国务院关于深化教育改革全面推进素质教育的决定》指出,实施素质教育,要以培养学生的创新精神和实践能力为重点,造就"有理想、有道德、有文化、有纪律"的德、智、体、美等全面发展的社会主义事业建设者和接班人。法科学生将来毕业后所从事的职业,是一种执掌和维护国家法律的特殊职业,因此,法科学生的素质教育,除应符合素质教育的一般要求外,还要特别注意培养他们公平正义的理念,崇尚法治和献身法治的精神,清正廉洁的职业道德,忠于法律和维护法律的使命感与责任感。当今中国法学教育中最缺乏的不是一般法学知识的教育,而是法律职业伦理道德的教育。法律职业伦理的教育不仅应该融于法律职业信仰的培养和法律技能的训练之中,体现在法律教育的各个环节,还应设置专门的法律职业伦理课程加以强化。职业伦理的训练是伴随着接受法律教育的过程而进行的,一个人没有经过专门的法律教育,则不可能形成系统的法律职业伦理素养。法律职业教育要改变长期以来法学教育存在的重视法学理论的教学而忽视职业伦理教育,依赖于一般的政治教育和德育的做法。

一切社会腐败的危害莫过于司法腐败的危害。屡治不止、日益严重的司法腐败现象,迫使人们反思和关注法律教育体制和传统存在的问题。我们长期以来没有把握法律教育的职业性特点,忽视法律职业伦理教育。法律职业伦理是法律职业产生与存在的重要标志,如果没有法律职业伦理,那么法律职业人员纯粹技术性的作用不仅难以正确体现出来,而且还会变异出背离法律职业要求的非职业化行为。司法体制改革,不仅仅是对制度加以变革,更应该考虑的是法律职业人员的素质问题,良好的立法如果不能通过具备良好素质的法官、检察官、律师甚至广大行政执法人员适用和执行于社会生活,落实在每一个具体的司法和执法行为之中,也只能是一纸空文。法律职业的特殊性对于法律职业人员的素质和职业操守提出了超出其他职业的特殊要求。要培育这一特殊职业素质和道德,大学法律教育责无旁贷。

第三节 法律职业伦理教育的途径和方法

如前所述,法律职业伦理教育存在于法律职业的执业活动中,同时延伸至法律职业准入前的阶段及法律职业执业活动结束以后的阶段。法律职业伦理的教育包括:法学院有关法律职业伦理的课程教学,法律职业准入的职业伦理考试要求,法律职业有关法律职业伦理的继续教育。

一、法学院有关法律职业伦理的教学

在课程体系中,各国普遍重视有关伦理的课程,试图建立伦理与职业、法律知识与技术相互结合的富有人文基础的课程。在美国,从20世纪70年代中期美国律师协会就已要求合格的法学院提供职业责任的教育,尽管绝大多数法学院通过强制性的伦理课程满足了这一要求,但一些法学院选择将一体化的伦理问题融入核心课程中。还有小部分学校综合了这些方式。道德责任是一切法律实践至关重要的因素。在这些课程中,有的给一年级的学生灌输一种简要的观点,有的给三年级的学生提供高级的、精深的计划。在教学方式上采用了讲解、角色扮演、分析讼案记载、假设问题讨论、录像以及邀请实践部门或相关学科的嘉宾参与的方式。

"法律诊所课程"是20世纪60年代在美国法学院兴起的一种新

型的法学教学方法。这种教学模式已成为当今世界法学教育改革的一种趋势。它的教学目标是培养学生从事法律工作必备的职业道德,帮助学生学会如何从实践中学习法律知识、办案经验和综合处理疑难问题的技能。课程分为课堂内和课堂外两部分。课堂内主要讲授相关的实体法与程序法,进行模拟案例操作,进行协商、谈判、辩论、询问等一些诉讼基本技能的训练。课堂外给学生提供代理真实案件、接触司法机关和当事人的机会,让学生参与办理真实案件的全过程,并以学生为主要承办人,由学生具体操作办案步骤,教师针对学生代理案件中遇到的问题给予适时、必要的指导,借以传授和培训学生有关法律实践的基本技能。

二、严格的法律职业准入制度

现代法律人才不仅应具有专业知识和专业技能,还必须具有很高的思想道德素质和文化科学素质,正因为如此,当今世界几乎所有国家都有严格的法律职业准入制度。对从业资格考试、选任、培训、纪律和职业伦理惩戒以及业务素质的不断提高加以规范,以保证法律职业人员的基本素质,维护法律职业的声誉。法律职业成为社会中最为训练有素的一个行业。

在法律职业资格的取得上,当今世界各国对此都作了严格的规定,一般都要求必须具有高等的法学教育学历,经过相当时期的见习,再通过法律职业资格考试或考核合格,同时必须品行良好。

三、制定完备的法律职业伦理规范

在西方,律师以及医师、牧师等被称为专业人士(professional)。这三种职业都有一种特征,医师是照顾人的身体,律师是照顾人的生命权、身体的自由权、财产权,牧师是照顾人的灵魂,所以这"三师",从中世纪开始就被视为专业人士,他们被赋予比较高的伦理要求。各国都对这三种职业有比较高的社会期待,这些职业的从业人员需要靠内部的自治来建立职业伦理规范,以维护行业的良好社会形象。法律行业的职业道德及行业规则构成了完整的法律职业伦理,两者相辅相成,共同维系着法律职业伦理体系。职业道德规范较为概括、原则,但针对性差,可操作性差;而执业规则由职业道德演绎而来,但更为具体,针对性强,可操作性强。违反执业规则的行为会受到相应的制裁,在执业规则没有规定的方面职业道德则起着指导的作用。联合国《关于律师作用的基本原则》中规定,律师在任何时候都应"根据法律和公认的准则以及律师的职业道德,自由和勤奋地采取行动"。作为一个独立、自主,以评判正当性与合法性为其职责的职业群体,职业水准的高下并不完全取决于专业知识的掌握,具有为其他行为人所尊崇的品质是法律正义的前提,因而必须强调群体成员的自律,而增强其自律意识的关键又在于自律机制的建立和完善。这种机制应该能够给职业地位与专门知识带来荣耀,具有可操作的制度与手段使其成员严格地执行规范,一有违反必然惩戒,加上共同体成员之间相互熟知所产生的来自同事的关注和监督等,将可以有效地维护这一群体成员的职业道德。

西方法律教育中,法律职业伦理教育是通过相当严格、非常详细和具体的职业法规体现和实施的,虽然这些规则主要不是由国家的强制力保障的,而是由法律职业团体强制实行的,但在实际上具有法律的效力。这些职业规范也并非仅仅是对法律职业的限制,同时也是对职业的一种建设性的支持,它们保证了法律职业行为的规范化,保证了司法公正和社会公众的利益,同时也维护了法律职业共同体的存在和团体利益。法律职业伦理一方面应通过法律伦理学、法律道德、法律职业伦理与执业纪律规范、法律名家名著等课程教化,另一方面也通过法律史学、程序法、实体法等专业课程强化。

美国律师协会作为美国各州投身律师行业的律师们组成的志愿性组织,成立于1878年,该协会的目标是提升司法水准,寻求美国法律的统一,以及维系法律职业的崇高标准。协会之下有30个委员会,它们负责诸多的法律问题,比如海商法、职业伦理、法律教育委员会、司法制度以及穷人的法律援助。它的分支机构包括美国法律学生协会、美国律师基金会(该组织致力于法学研究和教育)等。

正规的法律教育和考试所强化和内化的知识、技能、伦理乃至信仰能够在司法过程中对法律解释进行严格而细致的制约,对司法过程参与者的行为加以规范。在西方国家,不论是英美法系国家还是大陆法系国家,都有非常完备的法律职业培训制度。这种培训有以下基本特点:其一,设立专门培训机构。各国普遍都成立有专门的培训机构,对法律职业者进行在职培训和后续教育,如日本的司法研修所,德国的法官进修学院,法国的国家法官学校,美国的国家司法学院,英国的法官学习委员会,等等。其二,设立强制性规章,要求法律职业者在一定的时期接受不得低于一定时间的培训。其三,经费保证。大陆法系国家培训机构由国家设立,经费也由国家统筹保障。其四,培训方式灵活多样。培训的目的是使从业者不断适应社会需要,提升理论水平和理论素养,掌握新的适用法律技术。因此,培训采用各种不同的形式,如学习讨论会、讲授学习班、专题研究等。规范化的培训制度,使法律职业者始终保持较高的业务素质,保证诉讼活动的高质量。

第四节　阅读与思考

法律教育之目的[①]

教育的目的,是为国家培养人才;法律教育的目的,是为国家培植法律人才;不过怎样叫作人才,怎样叫作法律人才;我们要明白了怎样叫作人才,怎样叫作法律人才;我们要明白了怎样才算人才,方可实施相当的教育,要明白了怎样才算法律人才,方可进行高深的法律教育;不然,无的放矢,结果是一场空。我所说的法律人才,不是在于做律师的大小,也不是在于官职的高低,更不是在于赚钱的多少,而是在于他所做的事业于社会公众的福利上有多少的努力和贡献。[②] 因为法律是社会组织的纤维,所以法律的事业是公益的事业,是社会的事业。[③] 研究了法律,不能为社会服务,为公众谋利益;而专为自己个人寻好处,求享用,这不能叫作人才,更不能算作法律人

---

① 节录自孙晓楼:《法律教育》(修订版),王健编校,中国政法大学出版社2004年版,第11—13页。
② 参阅孙晓楼:《我对于本校同学之愿望》,载《东吴法声》1933年第4期。
③ John Hanna, "A Modern Approach to Legal Education", *The American Law School Review*, No. 12, p. 750.

才。而法律人才的培养,一定要具备下列三件:

1. 要有法律的学问

研究法律的目的,当然在求得法律学问,法律学问的求得,第一个步骤,当然是在认识法律,究竟法律是怎么一回事,怎样一个东西。第二个步骤,是在运用法律——于认识法律之外,再注意如何运用这个法律。最后一个步骤,我们于认识法律,于运用法律之外,应当知道哪种法律适用于现实的时代和社会,并且如何可使法律现代化、社会化。所以我们研究法律,不是只求认识法律而已,应当于认识法律之外,进而推求其法律应有的态度,这是法律人才的第一个要件。

2. 须有法律道德

研究法律者,只有法律知识,断不能算作法律人才;一定要于法律学问之外,再备有高尚的法律道德。所谓法律道德,不仅是研究法律的在执行律务时所应当注意的,在平时亦当有道德的修养:第一点应当有守正不阿的精神,有孟子所谓"富贵不能淫,贫贱不能移,威武不能屈"。不徇情面不畏强御,抱有不挠不挠的大无畏精神。第二点是牺牲小己的精神,所谓牺牲小己,便是什么议案或法律,既经合法的手续以产生,那么无论如何应当牺牲个人的意见,来拥护这法案之实行,不应当固执成见,做出阳奉阴违的恶事来。这两点是最重要的法律道德,不单是做律师法官者应当特别注意,无论在什么地方,凡是关于法律的运用上,都应当特别注意。

3. 要有社会的常识

有了法律学问、法律道德,还要有社会常识;所谓法律不外乎人情,人情便是社会常识。一切法律问题,都是人事问题,都是关于人干的事体问题;所谓柴、米、油、盐、酱、醋、茶的开门七件事,所谓吸烟、吃饭、饮酒的问题,所谓住房、耕田的问题,买卖、借贷的问题,结婚、生小孩的问题,死亡分配财产的问题,骂人、打人、杀伤人的问题,偷鸡、摸鸭子的问题,大至国家大事,小至孩童争吵,都是人干的事情。从这些事情里遂发生了许多的法律问题。[①] 假如我们能于社会

---

① 见燕树棠:《法律教育之目的》,载《法学杂忐》1935年第2期。

上发生的种种问题,加以详细的研究,得有相当的经历,那么当然对于是非的批评、曲直的判断,可以比较清楚些,周到些;将来于运用法律的时候,不至一知半解,转顾学理而不顾事实。所谓法律的三度论,是说法律有事实性、空间性、时间性,皆不过引起学者注意到事实环境和时代罢了。① 不要专在牛角尖里求法律的真理,而忘了法律的本身是一个合于时代性、社会性、事实性的许多常识的结晶呢。

法律教育的目的,是在训练为社会服务为国家谋利益的法律人才,这种人才,一定要有法律学问,才可以认识并且改善法律,一定要有社会的常识,才可以合于时宜地运用法律,一定要有法律的道德,才有资格来执行法律;法律教育家应当从这三个方面着眼,来办理法律学校,从这三个方面着眼,来陶冶法律学生,那么这种法律学校的学生,将来毕业以后,虽不能望其个个都是能为社会服务的有用之才,至少也不至于在社会上,拿了法律的工具来敲诈人家、欺侮人家、使社会上添一害群之马罢! 美国康奈尔(Cornell,原译康纳尔)大学校长怀特(Andrew D. White)于该大学法律学院创立之日说:"我们创办法律学校的目的,非在造就许多讼棍;乃欲以严格之训练,提高其程度,使将来出校之后,有高深的学问,有远大的目光,有高尚的道德,若再资以相当之经验,则无论其为法官,为律师,为各种公共事业,鲜有不成为造福国家的法学者。"

[提示与问题]

上述材料是民国时期的法学教育家孙晓楼先生写于20世纪30年代的文章,至今已经近百年,今天重读这篇文章仍然备感亲切、备感言之戚戚。法学教育应当培养什么样的人才,法律人才应当是什么样的人才,确实是值得我们每一位从事法律研究、实践和学习的同仁认真思考的问题。通过本学期的学习,你是否认识到法律职业伦理对于法律人才培养具有十分重要的价值? 结合上述文章,谈谈你个人的看法。

---

① Dr. John C. H. Wu, *Juridical Essays and Studies*, The Three Dimensions of Law, pp. 1–5.